피크 퍼포먼스

피크 퍼포먼스

매순간 나를 넘어서는 힘

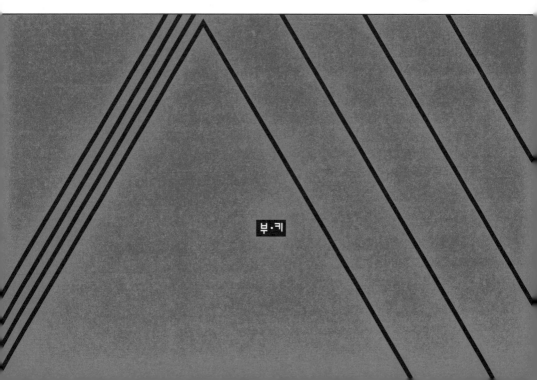

PEAK

브래드 스털버그·스티브 매그니스 지음 | 김정아 옮김

당신 안에 잠든 성장 본능을 깨워라!

PERFORMANCE

부·키

지은이 **브래드 스털버그** Brad Stulberg

20대에 맥킨지앤컴퍼니 컨설턴트로서 탁월한 업무 능력을 인정받아 백악관 국가경제위원회에서 의료정책 자문 구성안 작성을 도왔다. 현재는 전업 작가로서, '건강' '성과 과학' 등을 주제로 글을 쓴다. 《아웃사이드》《뉴욕》의 칼럼니스트로 활동하고 있고, 《포브스》《로스앤젤레스타임스》《러너스월드》《하버드퍼블릭헬스리뷰》, NPR 등에서 그의 글을 만날 수 있다.

트위터_ @Bstulberg

지은이 **스티브 매그니스** Steve Magness

고교 시절 1마일을 4분 1초에 달린 육상 천재. 세계 최고 장거리 선수들의 코치로서 올림픽과 세계선수권대회를 준비하는 수많은 선수를 지도했다. 과학과 훈련을 통합한 코칭 방식을 바탕으로 스포츠 코칭의 혁신을 이끌어 왔다. 세인트메리대학교 교수로 '체력과 조건화'에 대해 가르치고 있으며, 《러너스월드》《뉴욕타임스》《뉴요커》《월스트리트저널》, ESPN, BBC의 전문가 자문을 맡은 바 있다. 저서로는 《달리기의 과학 The Science of Running》이 있다.

트위터_ @SteveMagness

옮긴이 **김정아**

생각과 말이 글이 되고, 글이 글로 옮겨지는 과정이 좋다. 번역가로서 그 과정의 든든한 통로가 되고 싶다. 고려대학교 영어영문학과를 졸업했고, 좋은 책을 찾고 읽고 옮기는 몰입의 순간을 즐기며 전문 번역가로 활동하고 있다. 옮긴 책으로는 《올에이 우등생들의 똑똑한 공부 습관》《설탕, 커피 그리고 폭력》이 있다.

피크 퍼포먼스

2021년 11월 10일 초판 1쇄 발행 | 2023년 5월 1일 초판 2쇄 발행

지은이 브래드 스털버그, 스티브 매그니스 | 옮긴이 김정아 | 펴낸곳 부키(주) | 펴낸이 박윤우 | 등록일 2012년 9월 27일 | 등록번호 제312-2012-000045호 | 주소 03785 서울 서대문구 신촌로3길 15 산성빌딩 6층 | 전화 02) 325-0846 | 팩스 02) 3141-4066 | 홈페이지 www.bookie.co.kr | 이메일 webmaster@bookie.co.kr | 제작대행 올인피앤비 bobys1@nate.com
ISBN 978-89-6051-893-3 03190

이 책에 쏟아진 찬사

"번아웃을 피해 최고의 성과를 유지하는 방법에 관해 정곡을 찌르는 책! 저자들은 성과의 최강자들과 함께 일했고 지금도 일하고 있으며, 풍부한 경험을 성공 과학과 버무려 누구든 실천할 수 있는 통찰로 제시했다."

—애덤 그랜트(《오리지널스》《기브앤테이크》 저자)

"성과의 최강자들이 최고가 되기 위해 진짜로 하는 일은 무엇일까? 브래드 스털버그와 스티브 매그니스가 여기서 확실한 답을 준다. 스트레스를 재발견하는 것부터 '자아'를 넘어선다는 것까지, 《피크 퍼포먼스》의 아이디어는 상상 이상으로 더 나은 사람이 되도록 우리를 도와줄 것이다."

—다니엘 핑크(《드라이브》 저자)

"브래드 스털버그는 이 시대에 과학을 주제로 글을 쓰는 작가 가운데 가장 재능 있는 사람 중 하나로, 흥미로운 발견을 튼튼한 전략으로 옮길 줄 안다. 이 책은 탁월함에 관한 최신 연구를 통해 실질적인 통찰을 제공한다. 능력을 키우고, 경계를 넘어서고, 안전지대를 벗어나고 싶은 사람들이 반드시 읽어야 할 책이다."

—켈리 맥고니걸(스탠퍼드대학교 심리학 강사, 《움직임의 힘》《스트레스의 힘》 저자)

"신체적, 정신적 성과는 내가 아주 좋아하는 관심사다. 브래드 스털버그는 그 두 주제를 다루는 내 '최애' 작가이고, 이 책에는 그 주제들이 모두 들어 있다."

-라이언 홀리데이(《돌파력》《에고라는 적》 저자)

"브래드 스털버그와 스티브 매그니스는 어려운 성과 과학을 대중적 언어로 바꾸는 기술 면에서 상위 1퍼센트에 드는 사람들이다. 배운 것을 1초라도 빨리 실행해 보고 싶어서 마음이 간질거리지 않고 이 책을 읽기는 힘들 것이다."

-데이비드 엡스타인(《스포츠 유전자》《늦깎이 천재들의 비밀》 저자)

"브래드 스털버그와 스티브 매그니스는 성공과 행복, 그리고 삶에서 최대치를 끌어내는 방법에 관한 필수 지침서를 완성했다."

-아리아나 허핑턴(《제3의 성공》《수면 혁명》 저자)

"브래드 스털버그는 건강과 과학을 주제로 글을 쓰는 사람 중에 내가 제일 좋아하는 작가이며, 스티브 매그니스는 챔피언들의 사려 깊은 코치다. 두 사람은 완벽한 팀이 되어 누구에게나, 그리고 어떤 영역에서나 적용할 수 있는 원리들을 제시하며 건강하고 지속 가능한 방식으로 최대치를 끌어내는 법을 알려 주었다."

-에이미 커디(《자존감은 어떻게 시작되는가》《THE TRUTH 부서진 삶의 위안》 저자)

"세계 최고의 운동선수, 예술가, 지식인의 통찰과 과학을 통해 인간 최적화의 신비를 다룬 이 책은 한계를 초월하고, 내면의 위대함을 발휘하며, 시간이 지나도 이를 유지하는 데 필요한 로드맵을 제공한다. '최고의 나'로 이어질 잠재력을 깨우고자 하는 모든 사람의 필독서다!"

— **리치 롤**(《파인딩 울트라(Finding Ultra)》《플랜트파워 웨이(The Plantpower Way)》 저자)

"훌륭한 예술가와 뛰어난 운동선수, 우수한 연구가들의 공통점은 무엇일까? 브래드 스털버그와 스티브 매그니스는 어느 분야에서나 뛰어난 성과로 이어지게 하는 숨겨진 방법들을 찾아 멋지게 버무려서 기대 이상의 성과를 내놓았다."

— **알렉스 허친슨**(《러너스월드》 칼럼니스트, 《인듀어》 저자)

"이 책 곳곳에서 깊은 울림을 느꼈다. 브래드와 스티브는 업무 및 운동 영역에서 성과로 이어질 실질적인 조언을 통해 최고의 성과와 그것을 이루는 방법을 세심하고 깊이 있게 전달한다."

— **딕 코스톨로**(전(前) 트위터 CEO)

"능력의 최대치를 발휘하고자 힘쓰는 모든 사람이 꼭 읽어야 할, 영감과 정보가 가득한 책이다. 나는 이 책을 앞으로 몇 년이고 다시 읽을 것이다."

— **맷 빌링슬리**(테일러스위프트밴드 드러머)

"이 책은 삶의 어떤 영역에서든지 성장하고 성공하기 원하는 모든 사람의 필독서다. 성공한 사람들에게서 공통적으로 나타나는 방법과 규범을 짚어 가며, 꿈꾸는 성공을 이루려면 무엇을 해야 하는지 적용하기 쉽고 이해하기 좋게 가르쳐 준다. 여기서 배운 것들을 육상과 그 너머의 모든 것에 적용하려고 하니 신이 난다."

―**카라 가우처**(올림픽 2회 출전자)

"브래드와 스티브는 우리가 각자의 분야에서 더 효율적으로 일할 수 있도록 세계 최고의 성과를 내는 사람들의 비밀을 밝혀 주었다. 이 책은 운동선수, 예술가, 경영인을 포함한 모두의 필독서다. 기본적으로 지금 가진 능력을 한 단계 올리고자 하는 모두를 위한 책이다."

―**밥 코커**(벤록캐피털 파트너, 스탠퍼드대학교 의과대학 겸임 교수,

전(前) 미국 대통령 보건정책 특별보좌관)

"이 책을 읽으면서, 내가 프로 선수로서 능력을 키우는 동안 찾은 방법들을 과학으로 뒷받침할 수 있다는 사실에 놀라지 않을 수 없었다. 독자들은 브래드와 스티브가 알아낸 대단한 사실들을 읽으며 깜짝 놀랄 것이다. 그리고 최고의 성과를 내고자 마음가짐을 달리할 힘을 얻게 될 것이다."

―**라이언 홀**(미국 하프 마라톤 기록 보유자)

"왜 누구는 대단한 성공을 거두는데 누구는 그렇지 못할까? 미스터리 같은 질문이다. 그러나 이 책은 판도를 바꾸는 사람들이 공통적으로 하는 일들을 과학을 통해 설명하며, 어떻게 하면 우리도 삶에 그것들을 적용하여 최고의 성과를 낼 수 있을지를 가르쳐 준다."

—데이비드 고스(오하이오주립대학교 수학과 명예 교수)

"고도의 창의성이 나타났다 사라지는 주기는 내가 아무리 노력해도 이해할 수 없는 영역이었다. 그런데 이 책이 그 영역을 깊이 있게 파고들었다. 스털버그와 매그니스는 분명 대단한 일을 해내고 있다."

—에밀 알자모라(세계적 조각가)

케이틀린, 어머니, 아버지, 로이스, 에릭

어머니, 아버지, 에밀리, 필립

그리고 이 책의 토대가 되는 눈부신 업적들을 이뤄 낸
모든 연구가와 성과의 최강자들에게 이 책을 바칩니다.
우리가 한데 모을 수 있도록 그 조각조각을 내어 주셔서 고맙습니다.

차 례

Part 1 피크 퍼포먼스의 비밀을 찾아서

CHAPTER 1 • 매번 한계를 넘어서는 사람들의 비밀

CHAPTER 2 • 나를 살리는 스트레스 나를 죽이는 스트레스

CHAPTER 9 · 자기 맞춤형 목적을 계발하는 방법

육상 천재와 백악관의
라이징 스타에게 벌어진 일

2003년 여름, 조숙한 18세 청년이 워밍업 트랙 옆 잔디밭에 초조하게 앉아 있었다. 곧 출발선으로 선수들을 부르는 안내 방송이 나올 터였다. 청년은 흔한 고교 육상 경기나 주州 챔피언 결정전에 나온 것이 아니었다. 이곳은 육상 대회의 최고봉, 프리폰테인클래식 Prefontaine Classic이 열리는 자리였다. 그는 며칠 전만 해도 물리 수업 시간에 짝사랑 어맨다를 생각하던 고등학생이었지만, 지금은 세계 최고 주자들 틈에서 육상의 꽃 1마일 종목을 치러 내는 일이 급선무였다.

올림픽 메달리스트 버나드 라가트 Bernard Lagat 같은 스타들이 경기를 앞두고 복잡한 루틴을 이어 가는 동안, 청년은 '게임보이'로 긴장을 풀었다. 유독 눈에 띄는 모습이었다. 몇 시간 같은 몇 분 뒤, 선수들에게 워밍업을 마무리하고 출발선에 설 것을 알리는 방송이 나왔다. '슈퍼마리오'의 위안에서 벗어나야 할 시간이었다. 경기가 열리는 헤이워드필드Hayward Field는 명실공히 육상의 메카인 오리건대학교 캠퍼스에 있었다. 효과는 없겠지만, 청년은 인파로 가득한 경기장에 들어서며 평정심을 유지해 볼 셈으로 거듭 주문을 외웠다. "고개 들지 마. 고개 들지 마." 그의 얼굴 대신 정수리가 NBC 카메라를 통해 전국에 생중계됐다. 올림픽에서 5위에 올랐던 케빈 설리번Kevin Sullivan의 옆 레인에 들어서려는데, 갑자기 시끄러운 스피커를 뚫고 그의 이름이 호명됐다. 평정심이란 환상은 깨져 버렸고 온몸이 긴장되기 시작했다. 배 속에 든 콩알 하나까지 게워 낼 지경이었다. "됐어. 그냥 뛰자." 진행원이 출발 신호용 총을 들어 올렸다. "토하지만 말고."

상황이 종료되는 데까지 걸린 시간은 4분 1초. 그 짧은 순간에 그는 미국 1마일 종목 역사상 여섯 번째로 빠른 고교 선수이자, 미국에서 가장 빠른 현역 고교 선수, 전 세계에서 다섯 번째로 빠른 주니어 선수가 되어 있었다. 3분 53초의 개인 기록 보유자로 나중에 3분 46초의 미국 신기록을 세운 대학 슈퍼스타 앨런 웹Alan Webb과는 막상막하로 결승선을 끊었다. 전설의 마이클 스템버Michael Stember를 간발 차로 뒤쫓았고, 마지막 바퀴에서는 1마일 종목 현 미국 챔피언인 세네카 래시터Seneca Lassiter를 따돌렸다. 래시터는 풋내기 고등학생이 먼지를 일으키며 앞질러 나가자 곧바로 기권해 버렸다. 다시 말해, 그는 이제 명실상부 십 대 육상 천재가 되어 있었다.

그러나 간발의 차로 마의 4분대 기록을 깨지 못한 것은 영 실망스러웠다. 공식 결과가 발표되자 NBC 방송 화면에 호리호리하지만 강단 있어 보이는 어린 선수가 기진맥진 양손으로 얼굴을 감싸 쥔 모습이 나타났다. 그러나 처음의 벅찬 감정이 잦아들자 힘들게 얻은 결과에 대한 만족감이 살짝 고개를 들었다. 그는 생각했다. '열여덟 살에 미국에서 제일 큰 프로 대회를 뛰었어. 4분대를 깨는 건 나중에 생각하자.'

NBC 해설자들은 이 고교 선수의 성과를 두고 혀를 내둘렀다. "어린 선수가 이렇게 훈련이 잘돼 있다니 정말 놀랍습니다!" 하지만, 그게 다가 아니었다.

재능과 노력만으로 이 정도 성과를 낼 수는 없었다. 주변에서는 그를 말할 때 모두들 한 단어를 떠올렸다. 집착. 이보다 더 정확한 말은 없었다. 친구들이고 가족들이고 워낙 자주 입에 올리니 진부한 표현 정도로 생각될 수 있었지만, 그는 정말로 집착이 강했다.

그는 오로지 최고만 생각하며 하루를 살았다. 아침 6시에 일어나 밖으로 나가서 9마일(약 14.5킬로미터)을 뛰고, 학교에 갔다가 근력 운동을 한 뒤, 저녁 6시에 다시 9마일을 뛰었다. 부상과 질병을 피하려고 엄격한 식단을 고수했고, 친구들보다 몇 시간 일찍 칼같이 잠자리에 들었다. 그에게 삶이란 의지력과 자제력 속에서 이뤄지는 운동이었다.

　그는 무슨 일이 있어도 훈련 계획은 반드시 지켰다. 심지어 방학 때는 일주일 동안 크루즈선을 타고서도 100마일(약 161킬로미터)을 달렸다. 갑판 위에 마련된 0.1마일짜리 트랙을 돌고 또 돌았다. 그 만큼에서 그친 이유는 지쳐서가 아니라 어지러워서였다. 태풍이 올 때도, 여름철 폭염 주의보가 내릴 때도, 집에 급한 일이 있을 때도, 그는 달렸다. 비가 와도 눈이 와도 건물이 무너져도, 무조건 운동은 계속됐다. 집착은 연애 생활에서도 나타났다. 물론 집착 때문에 연애 생활 자체가 많지도 않았다. 여자 친구를 만나다가도 경기를 망치면 그래서 졌다는 생각에 연락을 끊어 버렸다. 안됐지만 여자 친구는 오랫동안 사과도 받지 못했다. 당연히 경기와 여자 친구는 아무런 관계가 없었지만 말이다. 주말이면 집착은 더욱더 눈에 띄게 나타났다. 파티가 있거나 여자를 만나도 꼬박꼬박 10시 취침을 사수한 것이다. 말하자면 그는 평범한 고등학생 남자애가 아니었다. 하긴, 평범한 고등학생 남자애가 1마일을 4분만에 달리겠는가? 그는 이뤄야 할 꿈이 있었다. 목표에 닿기 위해 할 수 있는 건 다 하겠다는 끈질긴 집념이 있었다. 그리고 그 성과가 눈에 보이고 있었다.

　그는 기록으로 보아 지구상 가장 빠른 열여덟 살 중 한 명이자, 스포츠 역사상 가장 빠른 고교 육상 선수 중 한 명이었다. 오리건 대학교 같은 운동의 요람부터 하버드대학교 같은 학문의 보루까지 미국의 거의 모든 대학에서 입학을 제안받았다. 그의 꿈은 오직 올림픽에 나가서 메달을 따고 세계를 제패하는 것뿐이었다. 모두 머지않아 이뤄질 현실 같았다.

  몇 년 뒤, 미국 저편 워싱턴 DC에서 또 다른 청년 하나가 새 직
장에서의 첫날을 준비하고 있었다. 그는 평소처럼 아침 루틴을 마
치고 서둘러 밖으로 나갔다. '양치―면도―샤워―옷 입기―출발'
로 이어지는 이 루틴은 이제 12분짜리로 압축돼 있었다. 아침 루
틴이 늘 그렇게 재바르게 이뤄진 건 아니었다. 하지만 최고 컨설팅
회사 맥킨지앤컴퍼니에서 2년을 일하고 나자, 그는 《포천Fortune》
500대 기업에만 아니라 자신의 생활에도 그 무시무시한 효율성을
적용하기에 이르렀다. 시간 낭비는 금물. 휴식도 금물. 간단했다. 효
율성을 극대화한 아침의 유일한 난관은 땀이 난다는 것이었다. 게
다가 딱 붙는 정장과 워싱턴의 습한 여름은 불붙은 데 부채질하듯
체온을 올렸다.

  집을 나서서 처음 10분을 걷는 동안은 한 가지 생각뿐이었다.
제발, 땀, 좀. 그만. 정장이 익숙지 않았지만 새로 일할 곳의 복장 규
정보다 한 단계 높여 차려입은 터였다. 아침 루틴을 변경해야 할 것
같았다. 시간을 더 투자하든지, 샤워할 때 물 온도를 낮추든지. 아
니면 둘 다 필요할 수도 있었다. 그는 이런 분석에 강했다. 몇 달 전
에는 의료 개혁이 미국 경제에 미칠 영향을 계산하는 예측 모형을
만들었다. 의료 개혁은 여러 산업에 걸쳐 큰 파장을 일으킬 광범위
하고 까다로운 법안이었다. 예측 모형은 워싱턴 정계 인사들과 전
문가들한테까지 들어갔고, 대부분 그보다 나이가 두 배는 많은 그

들은 이 모형을 두고 탁월하다고 입을 모았다. 새 직장을 찾게 된 것도 분명 그 덕이 컸다.

그러나 펜실베이니아가(街)로 접어들자 어디서부터 아침 루틴을 바꿀지 따위는 어느새 머릿속에서 사라지고 없었다. '대박. 최고다!' 그는 생각했다. 펜실베이니아가 1600번지, 백악관에 입성한 것이다. 여기서 그는 그 유명한 국가경제위원회에서 일하며 미국 대통령에게 보고될 의료 정책 자문의 구성을 도울 예정이었다.

놀라운 성과를 내는 대부분 사람들과 마찬가지로 이 젊은 전문가의 백악관 행보도 그 뿌리는 뛰어난 DNA와 노력의 조합에 있었다. 그는 어릴 적 IQ 테스트에서 높은 점수를 받긴 했지만 절대적인 천재는 아니었다. 언어 지능은 뛰어났지만 수학과 공간 지각 능력은 극히 평범한 수준이었다. 학창 시절에는 눈에 불을 켜고 공부했고, 보통은 술과 파티보다 철학, 경제학, 심리학에 공을 들였다. 작은 대학의 미식축구팀에서 뛸 만큼 운동도 잘했지만 미시간대학교에 진학해서 공부에 전념하기로 했다.

그 유명한 맥킨지앤컴퍼니 컨설팅 회사의 채용 담당자들은 뛰어난 성적을 보고 그를 눈독 들였다. 그는 맥킨지에 입사했고, 금세 누구보다 높은 성과를 내며 이름을 날렸다. 주 70시간을 일했고, 그러고도 남는 시간이 있으면 프레젠테이션 기술을 연습하고《월스트리트저널》과《하버드비즈니스리뷰》를 집어 들었으며 수도 없이 경제 서적을 읽었다. 친구들은 그를 가리켜 '놀 줄도 모르는 바보'라며 놀리곤 했다. 맞다, 그는 일벌레였다. 하지만 즐거운 일벌레였다.

그는 맥킨지에서 승승장구하며 점점 더 비중이 큰 프로젝트를 맡았다. 수십억 자산 기업의 총수들에게 조언을 건넬 정도가 되기까지는 긴 시간이 걸리지 않았다. 그러던 2010년 겨울, 앞서 얘기한 대로 미국 의료 개혁의 영향을 예측할 모형을 만들어 달라는 요청이 들어왔다. 어마어마한 작업이었다. 서로 영향을 주고받는 50가지 불확실한 변수에 대해 '앞으로 일어날 일을 표로 말해 달라'는 주문을 받는다면 어떨 것 같은가?

그는 프로젝트에 돌입해서 어느 때보다 열심히 일했다. 일을 하느라 잠을 못 자거나, 일을 안 하면 불안해서 잠을 못 잤다. 손발은 늘 찼다. 의사는 스트레스 탓일 테지만 확실친 않다고 했다. 상담은 늘 전화로 했다. 병원이 보통 문 여는 시간에는 병원 갈 시간을 낼 수 없어서였다.

하지만 프로젝트는 마무리됐고 결과로 나온 모형은 제대로 작동했다. 효과적이고 명쾌했다. 전국의 보험 회사와 병원이 이 모형을 사용했다. 사실, 백악관에서 연락이 온 것도 모형이 그렇게 잘 작동한 덕이었다. 백악관에서는 관련 법안의 적용을 도와 달라고 했다. 그가 보고할 내용은 두어 단계만 거치면 대통령 앞으로 간다고 했다. 한때 그를 가리켜 '바보'라고 했던 친구들은 이제 이러다 이 친구가 나라를 움직이겠다며 농담을 했다. 순식간에 큰 이해관계가 오락가락하는 문제 해결의 세계에서 그는 떠오르는 스타였다. 그가 스물네 살 생일을 몇 달 앞둔 시점이었다.

이쯤 되면 궁금할 것이다. 대체 이 사람들은 누굴까? 어떻게 하면 나도 그렇게 성공할 수 있을까? 하지만 얘기는 여기서 끝나지 않는다.

그 뒤 고교 육상 천재는 그해 여름 프리폰테인클래식에서보다 한 발짝도 더 빨리 뛰지 못했다. 컨설팅계의 샛별도 회사를 내거나 중견 기업의 파트너가 되지 못했다. 사실, 백악관을 나왔고 그 뒤로 승진도 못 했다. 이 육상 선수와 컨설턴트는 더없이 빛나던 시절도 있었지만, 결국 수행 능력이 떨어지고 건강이 나빠졌으며 만족감도 시들해졌다.

이건 특별한 이야기가 아니다. 이런 일은 어디서든 누구에게든 일어날 수 있으며, 우리에게도 그랬다. 이 책의 저자인 우리가, 바로 그 육상 선수(스티브)와 컨설턴트(브래드)다.

우리는 각자 '번아웃'을 겪은 지 2년쯤 돼서 처음 만났다. 그리고 몇 차례 맥주를 기울이며 이야기를 나누고 보니 각자의 이야기가 서로 닮아 있음을 깨달았다. 그때 우리는 둘 다 두 번째 삶을 시작하고 있었다. 스티브는 성과 과학자performance scientist(예술, 스포츠, 교육, 비즈니스 등 고도로 훈련된 기술이 성과로 연결되는 분야에서 성과 전반을 종합적으로 연구하는 사람—옮긴이) 겸 신예 마라톤 코치였고, 브래드는 신인 작가였다. 둘 다 새길을 시작할 무렵이었으니 당연히 궁금증이 생겼다. 과거의 실패를 반복하지 않고 최고 수준의 성과를 낼 수 있을까?

우리는 서로의 지지자로 시작해서 성과 과학Performance Science이라는 관심사를 공유하며 이를 바탕으로 가까운 친구가 되었다. 그리고 호기심이 일었다.

건강하고 지속 가능한 방법으로 최고의 성과를 낼 수 있을까? 만일 그렇다면, 그 방법은 무엇일까? 비결은 무엇일까? 훌

건강하고 지속 가능한 방법으로 최고의 성과를 낼 수 있을까? 만일 그렇다면, 그 방법은 무엇일까? 비결은 무엇일까? 훌륭한 성과의 기저에는 어떤 원리가 숨어 있을까? 우리처럼 평범한 사람들은 그런 원리를 어떻게 적용할 수 있을까?

룡한 성과의 기저에는 어떤 원리가 숨어 있을까? 우리처럼 평범한 사람들은 그런 원리를 어떻게 적용할 수 있을까?

우리는 각자 과학자와 작가로서 이 질문에 접근했다. 자료를 뒤지고 수학자, 과학자, 예술가, 운동선수 등 다양한 역량과 영역 면에서 훌륭한 성과를 내는 많은 사람과 이야기하며 답을 찾았다. 술잔이 앞에 있으면 대담한 아이디어가 새록새록 솟아나는 법. 우리의 책은 그렇게 탄생했다.

이 책을 읽으면 올림픽에서 금메달을 따고, 다음 그림은 걸작이 되며, 수학 이론의 토대를 마련할 수 있을 것이라 장담하지는 않겠다. 유전자는 불행히도 그 모든 영역에서 부정할 수 없는 역할을 한다. 그러나 약속한다. 이 책은 타고난 본성을 잘 길러 건강하고 지속 가능한 방법으로 잠재성을 극대화하는 열쇠가 되어 줄 것이다.

늘 최선을 다하는데
왜 원하는 결과가 나오지 않을까?

간단한 질문으로 시작해 보자. 잘해야 한다는 압박을 느낀 적이 있는가? 아니라고 답했다면 당신은 도를 깨우친 사람이거나 만사에 무관심한 사람일 것이다. 둘 중 한쪽이라면 이 책을 덮어도 좋다. 그러나 그런 압박을 느껴 보았다고 답했다면, 세상에는 당신 같은 사람이 대부분이라는 것을 기억하기 바란다. 그리고 계속 읽어 보기 바란다!

학교, 사무실, 작업실, 경기장, 그 어디서든지 우리는 대부분 한 단계 더 능력을 끌어올리고 싶어지는 시점을 만난다. 좋은 일이다. 가능하다고 생각하는 선보다 높게 목표를 세우고 착착 달성해 가는 과정에서 사람은 가장 큰 성취감을 맛보곤 한다. 이런 욕구를 느낀다면 다행인 또 한 가지 이유는 우리가 그 어느 때보다 더 그래야만 하는 시대에 살고 있기 때문이다.

이 책의 초점은 더 좋은 성과를 내는 '방법'을 알리는 것이다. 그러나 먼저 그래야만 하는 '이유'를 간단히 살펴보기로 하자.

전례 없는 압박

사람이 내는 성과에 대한 기대치가 이렇게 높았던 적은 없었다. 스포츠에서는 매주 기록이 깨지고, 대학에 들어가려면 어느 때보다 높은 요건을 채워야 한다. 전 세계 어디를 가도 먹느냐 먹히느냐를 놓고 경제 전쟁이 벌어진다. 짐 클리프턴은 저서 《갤럽보고서가 예고하는 일자리 전쟁》에서 우리는 지금 '좋은 일자리를 쟁취하기 위한 글로벌 총력전'의 절정에 서 있다고 말했다. 불만 많은 직장인 하나가 블로그에 쏟아낸 말이라면 그런가 하고 말겠지만, 이 말을 클리프턴이 했다면 얘기가 달라진다. 클리프턴은 갤럽의 회장이자 CEO다. 엄격하고 과학적인 여론 조사 방식으로 국제적 명성이 자자한 연구 기업 말이다. 나아가 클리프턴은 갤럽의 최근 여론 조사를 들어, 국제적인 경쟁 탓에 '뛰어난 사람들을 위한 좋은 일자리'가 부족해졌다고 설명한다. 그는 그 결과를 이렇게 적었다. '세계적으로 점점 더 많은 사람이 비참과 절망, 고통을 느낀다. 사람들은 위험할 만큼 불행해지고 있다.'

클리프턴이 내놓은 무시무시한 분석은 불행히도 틀린 말이 아니다. 자료에 따르면 미국인의 항우울제 복용은 지난 10년간 네 배가 증가했고, 불안 지수는 현재 사상 최고치다. 상황이 이렇게 된 것은 유전적인 원인 탓도 있겠지만, 클리프턴이 묘사하듯 우리가 살아가는 환경 탓이 클 것이다.

이렇게 된 이유를 이해하려면 멀리 볼 필요 없이 우리가 온종일 놓지 못하는 전자 기기를 살펴보면 된다. 디지털 기술은 몇 번의 터치 안에 세상을 집어넣음으로써 인재 활용 창구를 크게 열어 놓았다. 한 가지 일에 몸 바칠 수 있는 사람도, 그 일을 수행할 수 있는 장소도 모두 놀랍게 늘었다. 인적 자원 전문가이자 《뉴욕타임스》 베스트셀러 《프로모트 유어셀프Promote Yourself》의 저자 댄 쇼벨 Dan Schawbel은 상황을 이렇게 말한다. "10년 전 업무 환경이 아닙니다. 압박이 어마어마하죠. 세상 누구라도 더 싼값에 내 일을 가져갈 수 있으니 이런 경쟁이 또 없습니다. 그러니 더 열심히 일할 수밖에요." 그리고 앞으로 10년이 지나면, 우리는 다른 사람만이 아니라 지치기는커녕 안 자고 안 먹고도 끄떡없이 일할 수 있는 슈퍼맨과도 맞붙어야 할 참이다.

기계와의 경쟁

컴퓨터와 로봇 같은 인공 지능 기반 자원이 사용되면서 사람이 내는 성과에 가해지는 압박은 점점 더 커지고 있다. 이런 압박은 주로 우리가 알아차리지도 못할 만큼 미묘하게 일어난다. 예컨대 아마존 같은 회사들은 그 어느 때보다 정교한 기술을 사용하여 물리적 공간과 재고 관리, 판매 인력의 필요성을 없앰으로써 운영비를 절감했다. 아마존은 이런 식으로 우리가 살 만한 모든 상품을 어마어마하게 싼값에 팔 수 있게 됐다. 그러나 이런 거대 온라인 상점에는 어두운 이면도 있다. 이런 회사는 많은 일자리를 사라지게 한다는 것이다. 실제로 아마존이 부상하자 아마존의 일부 경쟁사들은 추락과 파산을 겪었다. 가장 두드러진 예가 오프라인 서점의 대표 주자 '보더스 Borders'였다. 전성기 적 보더스에는 약 3만 5000명이 근무했다. 그리고 그 많은 직원이 일자리를 잃었다. 제일 무서운 건 아마존이 책 외에도 어마어마하게 많은 상품을 팔고 있으며, 그 대부분을 사람이 아닌 드론으로 배달할 방법을 궁리하기 시작했다는 점이다. 여전히 아마존 VIP 멤버십이 자랑스러운가?

기계가 꿰차고 있는 자리는 소매점과 판매직만이 아니다. 노스캐롤라이나대학교 교수로 과학 기술의 사회적 영향을 연구하는 제

> 컴퓨터와 로봇 같은 인공 지능 기반 자원이 사용되면서 사람이 내는 성과에 가해지는 압박은 점점 더 커지고 있다.

넵 투펙치Zeynep Tufekci 박사는 이렇게 썼다. '기계는 더 높은 지능으로 무장하고 더 많은 일자리를 향해 달려든다.' 기계는 지난 10년 간 사람의 일상 언어를 이해하고 얼굴을 인식하며 표정을 읽고 성격을 구분 짓는 법을 학습했으며, 심지어 대화도 주고받게 되었다.

과학 기술이 인간을 향해 무섭게 영향력을 넓혀 가는 상황을 우려하는 사람은 투펙치 박사만이 아니다. 세계에서 가장 명석한 두뇌를 자랑하는 사람들 또한 여기에 입장을 같이한다. 물리학자 스티븐 호킹 박사와 연쇄 발명가serial inventor(새로운 것을 계속해서 발명하는 사람―옮긴이) 일론 머스크, 구글 연구소장 피터 노빅 등은 새로운 인공 지능의 개발에 있어 특히 주의를 기울일 것을 촉구하며 연구자들 앞으로 공개서한을 작성하여 공동으로 서명했다. 호킹은 BBC와의 인터뷰에서 이렇게 말했다. "우리가 지금 가진 초기 형태의 인공 지능이 매우 유용하다는 것은 이미 입증된 사실입니다. 그러나 인공 지능을 완전한 형태로 개발한다는 건 인류의 종말을 고하는 일과 같을 겁니다."

물론 여기서 인간과 기계가 전쟁을 치르는 인류 마지막 날을 이야기하겠다는 건 아니다. 하지만 우리는 이미 여러 면에서 그 전쟁을 치르고 있다. 기계에 뒤처지지 않으려면 경쟁력을 끌어올려야만 한다. 피할 수 없는 사실이다.

인간과의 경쟁

1954년에 로저 배니스터Roger Bannister가 육상 1마일 경기에서 인류 최초로 4분 벽을 무너뜨리자, 사람들은 이로써 인간의 한계가 확인 됐다고 생각했다. 배니스터는 결승선에 들어온 직후 인터뷰에서 이 렇게 말했다. "의사들이나 과학자들은 4분 벽을 깨는 게 불가능하 다고 했습니다. 그러다 죽을 수도 있다더군요. 그래서 저는 결승선 에서 쓰러졌다가 일어나면서 내가 죽었구나 싶었습니다."

오늘날 미국에서는 매년 스무 명 남짓의 선수들이 4분 벽을 깬 다. 케냐와 에티오피아 같은 육상 강국을 포함한 여러 다른 나라의 선수들까지 포함하면, 1마일을 4분 안에 들어오는 선수는 매년 수 백 명에 달한다고 전문가들은 말한다. 게다가 개중에는 이 속도로 인터벌 훈련interval training(강한 강도의 운동과 약한 강도의 운동을 교대로 수행하는 고강도 훈련법—옮긴이)을 하는 선수들도 있다! 정상 아닌 것이 정상이 된 것이다. 1마일 경기의 최근 신기록은 1999년에 히 샴 엘 게르쥬Hicham El Guerrouj가 세운 3분 43초다. 만일 엘 게르쥬와 배니스터가 같이 달렸더라면, 배니스터가 직선 코스에도 못 들어왔 을 시점에 엘 게르쥬는 결승선을 끊은 셈이다.

시간을 다투는 거의 모든 경기에서 요즘 고교 선수들은 웬만하 면 반세기 전 세계 기록을 넘어선다. 팀 경기도 그동안 놀라울 만큼 경쟁이 치열해졌다. 1947년에 6피트 4인치(약 193센티미터)였던 프 로 농구 선수들의 평균 신장은 현재 6피트 7인치(약 200센티미터)로 증가했다. 향상된 것은 신장처럼 유전적으로 결정되는 신체적 특징만이 아니다. 기술은 어떤가. 1950년대 경기 영상을 보면 핸들링이 특기인 포인트가드조차 익숙한 손만으로 드리블을 한다. 그런데 요즘은 코트에 나오는 거의 모든 선수가 양손을 쓴다.

왜, 어떻게 이렇게 됐을까? 전통 경제에서처럼 스포츠 경제에서도 인재 풀pool이 전 세계로 확대되면서, '업계'에는 특정 스포츠에 대해 이상적인 유전자를 가진 사람도 늘고 최고가 되고자 기꺼이 몸 바칠 사람도 늘었다. 과학적인 훈련이 강화되고, 영양 공급 및 회복의 방식이 양적으로도 질적으로도 훨씬 나아졌음을 생각하면, 엘 게르쥬와 배니스터 사이의 16초는 더 쉽게 수긍이 간다.*

성과에 대해 압박이 커지는 현상은 모든 영역에서 일반적인 일이 되었다. 이러한 움직임은 끝이 보이지 않으며, 호킹의 생각이 맞다면 지금은 그저 시작일 뿐일지도 모른다. 그렇다면, 사람들이 물불 가리지 않고 결정적인 '한 방edge'을 찾아 헤매는 것도 놀랄 일이 아니다.

---

* 도핑(운동 능력을 강화하기 위해 약물을 불법적으로 사용하는 것)도 짚고 넘어갈 부분이다. 이 책에서는 기록이 곧 성과인 영역들을 아주 자세히 다루는데, 불행히도 도핑은 그러한 영역에서 부정할 수 없는 역할을 많이 해 왔다. 하지만 모든 육상 경기에서의 일반적인 기량 상승을 도핑 탓으로만 돌릴 수는 없다.

열심히, 무조건 열심히!

'GNC'나 '더 비타민샵The Vitamin Shoppe' 같은 건강 보조제 전문점에 들어가 본 적이 있는가? 그런 곳에 가 본 사람이거나 우리같이 평범한 사람이라면, 대체 누가 이 많은 알약과 파우더, 셰이크를 사는지 궁금했을 것이다. 수치로만 보면, 답은 거의 모든 사람이다. 선진국 인구 가운데 미네랄이나 비타민이 부족해서 보충해야 할 사람은 극소수이지만, 전 세계 건강 보조제 산업의 연간 수입은 꼬박꼬박 1000억 달러를 넘는다.

더 놀라운 건 가장 인기 있는 건강 보조제 및 관련 제품 회사들이 흔히 내놓는 희한한 주장들이다. 가령, '뉴로블리스Neuro Bliss'라는 제품을 살펴보자. 한 병에 2달러 남짓하는 뉴로블리스는 스트레스는 낮추고 두뇌와 신체 기능은 높인다는 음료다. 이 회사의 홈페이지에서는 '분초를 다투는 세상에서 당신의 경쟁력을 끌어올려 줄 음료'라는 문구로 제품을 홍보하지만, 이 주장을 뒷받침할 과학적인 근거는 어디에도 보이지 않는다. 그러나 뉴로블리스의 인기는 식을 줄 모른다. 사람들은 어떤 종류든 '결정적 한 방'이 급하다. 과학적으로는 이 한 방의 존재를 전혀 뒷받침할 수 없는데도 말이다. 안타깝게도 이런 갈증은 성과를 높이기 위해 규제된 약물을 찾아 헤매는 위험한 길의 첫걸음이 되곤 한다.

어느 명문대의 시험 기간, 세라(가명)는 친구들 사이에 무시할 수 없는 유행이 번지자 평소보다 더 긴장이 됐다. 자신과 성적이 비슷한 학생들 중에 '애더럴Adderal'을 먹는 친구들이 늘고 있었던 것이다. 주의력결핍 과잉행동장애(이하 ADHD) 또는 임상적 의미의 주의력과 집중력 장애 치료제로 쓰이는 애더럴은 각성제 성분인 레보암페타민levoamphetamine과 덱스트로암페타민dextoamphetamine을 결합한 것으로, 결국 완화된 버전의 마약이라고 할 수 있다.

많은 전문가는 ADHD의 자연 발병률을 전체 인구의 5~6퍼센트 정도로 추정하지만, 질병통제예방센터CDC에 따르면 진단율은 그 두 배, 즉 미국 청년층 인구의 11퍼센트에 달한다. 하지만 세라가 보기에는 캠퍼스의 거의 모든 학생이 애더럴을 쓰는 것 같았다. ADHD를 진단받았거나 그 치료제를 처방받았는가와는 별개로 말이다.

어떻게 된 일일까? 대학생들이 약물에 관한 평범한 사람들의 조언을 찾아 주로 들어가는 웹MDWebMD(미국 최대 의학 정보 검색 사이트—옮긴이)에서는 애더럴을 복용하면 '주의력과 집중력이 향상되고 초조함이 개선된다'라고 말한다. 식욕 감퇴, 복통, 구토, 두통, 불면, 환각 같은 부작용이 대수겠는가? 이 학생들은 ADHD 증세가 없는데도 '심리적 한 방'을 위해 두뇌용 스테로이드제 격으로 애더럴을 복용하고 있었다. 학생들의 이런 약물 남용은 운동선수들의 스테로이드제 남용과 매우 흡사하다. 스포츠에서는 건강한 사람이 '신체적 한 방'을 얻기 위해 질병 치료에 쓰이는 약물을 불법으로 쓰는 일이 벌어진다. 일각의 연구에서는 학생 30퍼센트가 비의

료적인 목적으로 애더럴 등의 각성제에 손을 댄다고 추산한다. 당연히 애더럴이 가장 많이 오용되는 때는 스트레스가 가장 높이 치솟는 기간이다. 수많은 학생이 애더럴 같은 약은 피로는 날려 주고, 독해력, 흥미도, 인지력, 암기력은 높여 준다고 말한다.

CNN은 최근에 한 탐사 보도를 진행하며 애더럴을 복용하는 학생들에게 경험을 물었다. 그들은 마치 광고 문구 같은 답변을 내놓았다.

- "이게 불법이란 생각은 잘 안 들어요. 누구나 쉽게 먹는 약인데 불안해할 이유를 모르겠어요."
- "애더럴을 먹으면 힘이 나고 정신이 바짝 들어요. 눈앞에 쌓인 일들을 해치울 준비가 되는 기분이에요."
- "리포트 열다섯 장을 몇 시간이면 끝낼 수 있어요. 정말 든든한 약이죠."

상황이 이렇다 보니 세라가 살짝 부담을 느끼는 것도 이해가 된다. 세라는 말한다. "전 안 먹을 거예요. 부정행위랑 다를 바가 없으니까요. 하지만 그게 너무 흔한 일이 된 건 사실이에요."

'한 방'을 염두에 둔 불법 약물 복용이 학교만의 일이라 해도 큰 문제일 텐데, 이 추세는 전문직 종사자 사이에서도 점점 더 흔하게 나타나는 모양새다. 의학 박사인 킴벌리 데니스는 시카고 외곽에 있는 약물 남용 센터의 의료 책임자다. 데니스는 학생들처럼 한 끗 차이라도 유리한 고지를 점해 보려는 25~45세의 전문직 종사자들 사이에서 애더럴 등의 약물 복용 사례가 폭발적으로 증가하는 것을 관찰해 왔다고 말한다.

전문직에서 일하는 엘리자베스는 《뉴욕타임스》와의 인터뷰에서 이렇게 말했다. "약은 필수예요. 제일 뛰어나고 똑똑하고 높은 성취도를 자랑하는 사람들의 필수 생존 무기죠." 엘리자베스는 혁신을 지향하는 건강 기술 회사를 설립하는 과정에서 열심히 일하는 것만으로는 충분하지 않다는 것을 깨달았다. 시간을 더 써야 할 것 같은데 잠이 문제였다. 그래서 그녀는 애더럴을 먹기 시작했다. "금융권과 월스트리트에서 일하는 트레이더 친구들은 새벽 5시에 하루를 시작해서 최고로 실력을 발휘해야 해요. 그래서 대부분 애더럴을 먹죠. 뒤처지면 안 되거든요. (······) 제가 아는 회사 중에 젊고 의욕 넘치는 사람들이 있는 곳들은 거의 다 비슷해요. 성과에 대해 어느 정도의 기대치를 채워야 하니까요."

펜실베이니아 병원 신경과장이자 《미학의 뇌》의 저자인 안잔 채터지 박사는 업무 환경에서 생산성을 높이려고 약물을 복용하는 것은 '확실해 보이는 미래'에 매달리는 일이라고 말한다. 미국인들은 앞으로도 계속 업무 시간은 늘고 휴가는 줄일 것이다. 채터지 박사는 말한다. "힘이 생기고 집중력이 커지는 데다 잠 같은 시간 낭비도 막아 준다는데, 왜 약을 마다하겠습니까?"

끔찍해 보이는 예견이지만 이렇게 말하는 사람은 채터지 박사만이 아니다. 윤리·도덕 싱크탱크인 헤이스팅스센터The Hastings Center

에서 행동 과학을 연구하는 에릭 패런스Erik Parens도 여기에 동의한다. 그는 미국에서 각성제 복용이 유행하는 현상은 연중무휴로 일하고, 끊임없이 이메일을 확인하며, 어제보다 오늘 더 잘해야만 하는 현대인의 삶에서 필연적으로 나타나는 증상이라고 말한다. 하지만 그렇다고 해서 이렇게 생활하는 것이나, 이런 생활을 유지하기 위해 각성제를 복용하는 것이 괜찮다는 뜻은 아니다. 곧 알아보겠지만, 약물을 쓰든 쓰지 않든 충분한 휴식 없이 끊임없이 결과를 쏟아 내는 방식은 절대 최선이 아니며 최악의 경우에는 위험한 일이 될 수도 있다. 앞서가는 건 둘째고 자리라도 보존해야 하니 법을 어기고 속임수를 쓰도록 몰아가는 문화는 좋지도 않고 지속 가능하지도 않다.

> 앞서가는 건 둘째고 자리라도 보존해야 하니 법을 어기고 속임수를 쓰도록 몰아가는 문화는 좋지도 않고 지속 가능하지도 않다.

채터지 박사를 비롯한 전문가들은 업무 환경에서의 도핑을 말할 때 스포츠에서의 도핑에 빗대어, 치열한 경쟁과 높은 위험부담, 모든 것을 희생하고 얻는 승리로 이뤄지는 환경에서는 아주 조금만 유리한 점이 있어도 결과가 크게 달라질 수 있다고 말한다. 불행히도, 업무 환경이 정말로 스포츠와 같은 방향으로 움직이고 있다면 그건 모두에게 아주 끔찍한 소식이다.

더 크게, 더 빠르게, 더 강하게!

홈런 기록, 투르 드 프랑스Tour de France의 노란색 티셔츠(프랑스에서 개최되는 세계 최고 권위의 사이클 대회로서 종합 우승자는 노란색 티셔츠를 입게 된다—옮긴이), 올림픽 메달 등은 초인적 성과의 위업을 달성했음을 뜻한다. 그러나 불행히도 이런 성과들은 대부분 말 그대로 인간이 할 수 없는 일임이 입증됐다. 이것들은 최고의 병원에나 있을 법한 약리학적 자원과 의학적 정교함이 더해진 환상일 뿐이다. 도핑으로 적발되는 선수는 전체 도핑 선수의 2퍼센트 미만이지만, 연구에 따르면 엘리트 선수들의 최대 40퍼센트가 경기력을 향상하기 위해 금지된 약물을 복용하는 것으로 나타난다. 텔레비전에 나오는 선수의 4분의 1이 더러운 경쟁을 하고 있을 수 있다는 얘기다.

이는 스포츠계 상위권 선수들에 국한된 문제로 생각하기가 쉽지만 실상은 전혀 그렇지 않다. 대학과 고교, 아마추어 선수들 사이에서도 도핑은 비일비재하다. 청소년약물방지재단Partnership for Drug—Free Kids이 2013년에 시행한 조사에서는 고교생 11퍼센트가 전해에 한 차례 이상 합성 성장 호르몬HGH을 투여한 것으로 나타났다. 가만, 10대 청소년의 11퍼센트가 발달 중인 몸에 화학 물질을 직접 주입했는데, 그것이 신체에서 가장 강력하게 작용하는 호르몬이라니! 더 당황스러운 것은 이것이 그 부모들의 머리에서 나온 생각의 결과일 수 있다는 점이다.

안타깝지만 사실이다. 경쟁심에 불타는 아마추어 선수들도 예외가 아니다. 육상, 사이클, 철인3종경기 등에서 같은 연령대 선수들을 이기려 하는 중년 남녀 선수들 사이에서도 경기력 향상 약물 PED: performance enhancing drug 을 사용하다 적발되는 사례가 늘고 있다. 문제가 커지자, 이런 경기의 운영진들은 프로가 아닌 선수들에 대해서도 약물 검사 프로그램을 도입하는 실정이다. 도핑 탐사 보도로 신망이 두터운 데이비드 엡스타인 기자는 아마추어 선수들의 PED 사용 문제를 심도 있게 취재하며 추한 현실을 눈으로 확인했다. 그는 '노화 방지'에 들어가는 돈이 1200억 달러에 이르는데 그 큰 부분이 중년 남성에게 스테로이드제를 공급하는 데 쓰인다고 밝혔다. 이 시장은 젊음과 경쟁력을 유지하고자 하는 돈 많은 베이비붐 세대의 노화와 함께 성장 가도를 달릴 일만 남은 셈이다. 엡스타인이 이 상황을 한마디로 요약하여 기사에 붙인 제목은 〈만인의 PED Everyone's Juicing 〉였다.

    수단과 방법을 가리지 않고 좋은 결과를 내야 한다는 풍조는 과장이 아니다. 한 사람을 스타로 만들 만큼 믿기 어려운 성과는 말 그대로 믿기 어려운 일이 되었다. 캠퍼스에서든 직장에서든 경기장에서든 누군가 뛰어나게 잘하는 사람이 있으면 그것이 진짜 실력인지 의심하지 않을 수 없다. 메이오 클리닉 Mayo Clinic 의 성과 전문가인 마이클 조이너 박사는 말한다. "우리는 모든 뛰어난 성과에 의심의 눈초리를 던지는 세상에 삽니다." 그러나 이 풍조가 사회적으로 아무리 참담하다 하더라도 개개인에게만큼 참담하지는 않을 것이다. 특히 앞서 언급한 세라처럼 깨끗하게 경쟁하며 건강과 도덕성을 지키기로 하는 경우라면 더더욱 그러하다. 결과적으로 세라 같은 사람들은 불가능한 선까지 능력을 끌어올려야만 한다. 하지만 그래서 결과가 좋은 경우는 드물다.

번아웃

2014년에 전 세계 90개국 2500여 개 기업을 대상으로 실시한 조사에 따르면, 요즘 고용주들이 가장 시급하게 느끼는 과제는 '일에 짓눌린 직원들'이라고 한다. 사람들은 '가동 중'일지 모를 다른 사람을 의식하며 나도 항상 그래야 한다는 불안감 탓인지 하루에 150번 가까이 핸드폰을 확인한다. 그리고 핸드폰 화면을 오른쪽으로 넘기면 물밀 듯이 정보가 쏟아진다. 한 연구에서는 화이트칼라 노동자의 절반 이상이 스스로 한계점에 다다랐다고 생각하는 것으로 드러났다. 그들은 지금보다 손톱만큼도 더 정보를 받아들일 힘이 없으며 그래서 더 위축감을 느낀다고 했다.

우리는 그러면서도, 애써 봐야 부질없겠지만 그렇다고 손 놓고 있을 수만은 없다는 생각을 한다. 이런 충동은 특히 미국인들 사이에 더 흔하다. 미국인은 전체 근로자의 3분의 1만이 제대로(책상을 벗어나서) 점심을 먹는다고 한다. 나머지 66퍼센트는 일하는 동안 먹거나 끼니를 거르고 만다. 점심시간만이 아니다. 우리는 저녁에도 밤에도 주말에도 일을 쉬지 않는다. 경제학자 대니얼 헤머메쉬 Daniel Hamermesh와 일레나 스탠커넬리Elena Stancanelli는 〈너무 오래 (그리고 너무 자주 이상한 시간에) 일하는 미국인들〉이라는 기가 막힌 제목의 논문에서, 미국인의 27퍼센트는 밤 10시와 아침 6시 사이에 일하는 것이 일상적이며, 29퍼센트는 주말에도 조금은 일을 한다고 밝혔다.

물론, 긴 휴식을 통해 몸을 재충전하고 활력을 되찾음으로써 중독처럼 일한 시간을 보상하고 있다면 별개다. 그러나 미국인들은 평균적으로 매년 연례 휴가 중 5일을 쓰지 않은 채 해를 넘긴다. 2014년에 갤럽이 시행한 조사에서처럼 이를 계산에 넣으면, 우리는 일반적으로 주 40시간이 아닌 47시간을 일하는 셈이다. 다시 말해 미국 근로자

미국 근로자들은 매주 하루를 더 통째로 일에 갈아 넣는다.

들은 매주 하루를 더 통째로 일에 갈아 넣는다. 상황이 이러하니 미국인의 53퍼센트가 번아웃을 토로하는 것도 전혀 이상한 일이 아니다.

쉬지 않고 미친 듯 일한 결과는 지쳐 나가떨어지는 것으로 그치지 않는다. 이렇게 일하면 건강도 위협을 받는다. 그 극단적인 예가 뱅크오브아메리카 메릴린치에서 인턴으로 일했던 21세 청년 모리츠 에르하르트Moritz Erhardt다. 에르하르트는 72시간을 쉬지 않고 일한 끝에 자택 욕실에서 죽은 채로 발견됐다. 부검 결과, 사인은 피

로가 원인인 듯한 간질 발작이었다. 에르하르트의 비극적인 죽음 직후, 또 다른 일류 투자 회사인 골드만삭스는 인턴의 하루 근무 시간을 17시간으로 제한하는 규정을 만들었다.

에르하르트의 끔찍한 이야기만큼 극단적이지는 않지만, 지속 가능하지 못한 업무량과 계속되는 긴장은 불안, 우울, 불면, 비만, 불임, 혈액 순환 장애, 심혈관 질환을 비롯한 여러 생물물리학적 결과로 이어지는데, 이것들은 우리 삶에 질적으로도 양적으로도 주로 해로운 영향을 끼친다. 여기서 모순은 번아웃이 기업만의 문제가 아니라는 점이다. 번아웃은 건강을 교육하고 사람들의 건강을 돕기 위해 존재하는 분야에서도 흔히 나타난다. 연구에 따르면, 병원 레지던트의 57퍼센트 이상, 전문의의 최대 46퍼센트 정도가 번아웃을 겪는 것으로 분류된다. 교사 역시 30퍼센트 이상이 번아웃을 겪는다는 조사도 있다.

9시부터 5시까지는 꼼짝없이 일만 해야 하는 듯한 사람들은 예술가나 작가의 유연성과 자율성이 부러울 수도 있다. 그러나 생각과 달리 유연성과 자율성은 번아웃의 시원한 해결책이 아닌 것으로 드러났다. 예술가들은 십중팔구 어느 정도 시점이면 창의력이 바닥나 괴로워한다. 약이 되기도 하고 독이 되기도 하는 열정 때문에 예술가들 역시 심심찮게 번아웃을 겪는다. 기원전 4세기에 플라톤이 말했듯 열정은 '가장 큰 축복을 받는 통로'이며, 독창성과 상상력에 불을 붙이고, 영감 어린 작품을 만들어 낸다는 점에서 약이 된다. 하지만 통제를 벗어난 열정은 예술가 스스로 제 무덤을 파게 하는 독이 되기도 한다.

집착, 완벽주의, 예민함, 통제의 필요성, 높은 기대치 등은 위대한 예술가들에게서 공통으로 나타나는 특징으로, 모두 창의력 측면의 번아웃과 연결된다. 여기에 작품으로 생계를 꾸려야 한다는 부담과 날 선 비판, 사회적 비교, 창작의 고독까지 더해질 테니 그토록 많은 예술가가 번아웃 또는 그 이상을 겪는다는 것도 쉽게 납득이 간다. 연구에서는 창의적인 분야에서 일하는 사람일수록 불안증과 우울증, 알코올 중독, 자살에 취약한 것으로 나타난다.

열정과 압박이 쉽게 충돌하는 또 다른 영역은 운동이다. 여기서 번아웃은 어린 선수부터 아마추어, 프로 선수까지 모두가 운동을 그만두는 가장 큰 이유 중 하나다. 선수들이 휴식 없이 자신을 채찍질하는 일이 워낙 흔하다 보니 '과훈련 증후군'이라는 의학 용어가 생겨났을 정도다. 과훈련 증후군 상태에서는 중추신경계가 고장을 일으켜 몸에 줄줄이 부정적인 증상들이 나타난다. 결국 과훈련 증후군은 심각한 피로와 질병, 부상, 경기력 쇠퇴로 이어진다. 몸이 "이제 그만. 더는 안 돼"라고 말하는 셈이다. 이를테면, '강제 종료' 상태가 되는 것이다.

과훈련 증후군이라고 하면 무슨 수를 써서라도 피해야 할 것으로 들린다. 몸으로 먹고사는 사람에게는 더욱 그럴 것이다. 그러나 엘리트 육상 선수의 60퍼센트 이상이 선수 생활 중에 훈련을 과하게 받은 적이 있다고 말한다. 다소 의외인 점은 몸이 훈련을 줄

이라고 말하는데도 훈련을 더 해야
한다는 유혹에 굴복하는 것이 엘리
트 선수들만의 문제는 아니라는 점
이다. 고교 선수와 아마추어 선수의
30~40퍼센트가 선수로 뛰는 동안

적어도 한 번은 지나친 훈련으로 고통받은 경험이 있었다.

여기서 분명히 할 점은 성과에 대한 압박은 전방위적으로 밀
려온다는 것이다. 그 결과 점점 더 많은 사람이 한계 효용 체감
diminishing return (투입량이 증가하는데 그만큼 산출량은 증가하지 않는 상
태―옮긴이) 지점 너머까지 자신을 몰아붙이고 있다. 그러다 보면
건강과 명예를 담보로 법과 윤리를 무너뜨리면서까지 PED에 의존
하는 사람도 생긴다. 요즘 세상에서 이것은 정말 성공의 새로운 필
요조건이 돼 버린 것일까? 더 나은 길이 있어야만 한다.

밝혀진 바로는, 더 나은 방법은 존재한다. 지금부터 그 방법을
자세히 알아볼 것이다.

더 나은 길

지난 몇 년간, 우리는 영광스럽게도 다양한 기능과 영역 면에서 최
고를 달리는 사람들이 낸 성과를 깊이 있게 들여다볼 수 있었다. 우

리가 연구하고 인터뷰하고 관찰했으며 때에 따라 함께 일하기도 했던 이들은 자기 영역의 성과만이 아니라 성과 자체에 있어 최고인 사람들이었다. 우리는 그 과정에서 이들이 눈에 띄게 유사한 방식으로 과제에 접근한다는 점을 알아냈다. 올림픽 출전 자격을 갖추든 수학 이론의 기초를 닦든 뛰어난 예술품을 만들든, 건강하고 지속 가능한 성공의 기본이 되는 많은 원칙은 다르지 않았다.

시간이 지나도 변하지 않으며 안전하고 윤리적이고 합법적인 이 원리들은 수 세기 동안 위대한 성과를 낸 사람들이 따라간 원칙이었다. 그러나 새로운 과학이 그런 성과의 원인과 방법을 이제야 밝힌다는 사실은 흥미롭지 않을 수 없다. 이 점을 이해하면 누구라도 이 원리들에 다가갈 수 있다. 지금부터는 이러한 원리들을 꼼꼼하게 들여다볼 것이다. 그리고 과학과 이야기를 접목하여, 확실한 근거와 함께 구체적이고 실용적인 방법들을 제시할 것이다. 누구든 능력을 끌어올리고자 할 때 사용할 수 있게 말이다.

우리는 성과의 과학과 기술을 파악해 나가는 동안 전통적으로는 별개로 여겨지던 영역들을 연결할 수 있게 되었다. 이렇게 간과되던 부분들을 연결 지으면 성과에 대해 힘 있는 통찰이 생긴다. 작가 겸 혁신 전문가인 에릭 와이너는 '사람이 자기 분야의 한 가지 본질을 깨닫고 가능성에 대한 가능성에 진정으로 마음을 열 때' 획기적인 발전이 일어난다고 말한다. 그리고 이렇게 덧붙인다. "X라는 일을 하거나 Y라는 생각을 하는 데 또 다른 방법이 있음을 깨달으면 온갖 새로운 통로가 열립니다." 이 점을 염두에 두고, 우리는 이 책 전반에서 예술가가 운동선수에게서 배울 점과 지식인이 예술가에게서 배울 점, 그리고 운동선수가 지식인에게서 배울 점을 알아보려고 한다.

또한, 지적 영역에서 복잡한 문제에 대한 해결력을 기르는 것과 신체적 영역에서 중량 운동 능력을 기르는 것의 유사점을 알아볼 것이다. 즉, 세계 최고의 사상가와 세계 최고의 역도 선수는 동일한 과정을 통해 성장을 끌어낸다는 점을 이야기할 것이다. 루틴과 환경의 영향도 깊이 있게 짚어 보려고 한다. 스타 운동선수와 예술가, 연설가의 사전 워밍업이 왜, 어떻게 그토록 서로 유사하고 효과적인지 설명할 것이다. 패션에 관해서도 이야기한다. 알베르트 아인슈타인 같은 어제의 천재와 마크 저커버그 같은 오늘의 천재가 패션에 별 관심이 없는 이유를 과학적으로 설명하려고 한다. 그리고 걸작을 그리든 큰 상을 받는 소설을 쓰든 스포츠에서 세계 기록을 세우든, 왜 탁월한 성과를 내는 그 많은 사람은 획기적인 성과를 이룩한 뒤 자기 바깥의 힘(가족, 신, 또는 다른 초월적인 힘)에 감사하며 성공의 공을 돌리는지도 살펴볼 것이다.

우리가 이 일을 잘해 낸다면, 당신은 이 책을 덮을 무렵 다음과 같은 것들을 제대로 이해하고 있을 것이다.

- 성장과 발전을 뒷받침하는 과학적인 주기
- 최고의 성과를 내고 일상의 생산성을 극대화하는 법
- 성과를 향상하는 목표의 힘

그러나 이보다 훨씬 중요한 것은 어떤 분야에서든지 당신이 실제로 이러한 개념을 활용할 수 있게 되는 것이다. 이 과정을 돕기 위해 중간중간 짤막하게 '퍼포먼스 가이드' 코너를 마련했다. 이 부분들을 통해 핵심 요점을 명확히 파악하고 그것들을 어떻게 삶에 적용할지 생각해 보기 바란다.

피크 퍼포먼스의
비밀을 찾아서

매번 한계를 넘어서는
사람들의 비밀

이두박근 같은 근육을 강화하려면 무엇이 필요할까? 잠시 생각해 보자. 너무 무거운 중량을 들어 올리려고 하면 한 번을 반복하기도 어려울 것이다. 그리고 설령 들어올린다 해도 도중에 부상을 입기가 쉽다. 반대로 너무 가벼운 중량을 들어올리려고 하면 대단한 결과를 보기는 어렵다. 그렇게 해서는 절대 근육이 늘지 않는다. 여기서 필요한 건 골디락스Goldilocks('적당한 상태'를 가리키는 경제 용어, 영국 전래 동화 〈골디락스와 세 마리 곰〉에서 골디락스가 뜨겁지도 차지도 않은 적당한 온도의 수프를 골라 먹었다는 데서 유래했다—옮긴이) 중량을 찾는 일이다. 쉽지 않지만 애쓰면 들어 올릴 만한 무게여야 한다.

운동을 마칠 때쯤이면 지치고 피로하되 부상은 없을 정도가 적당하다. 그러나 알맞은 중량을 찾았다고 끝나는 건 아니다. 아무리 적당한 무게라도 중간중간 충분히 쉬지 않고 매일 하루에 몇 번이고 들어올리면, 분명 그 끝은 번아웃이다. 그러나 운동 자체를 하러 가지 않는다면, 그리고 꾸준히 자신을 한계 너머로 밀어내지 않는다면, 그때도 근육은 크게 단단해지지 않는다. 곧 알게 되겠지만 이두박근은 물론 몸과 머리, 마음의 모든 근육을 강화하는 열쇠는 적당한 스트레스와 적당한 휴식의 균형을 맞추는 것이다. '스트레스+휴식=성장'은 어디에나 적용되는 성공 공식이다.

균형 잡기의 기술

운동 과학의 세계에서는 이러한 스트레스와 휴식의 반복을 보통 '주기화'라고 부른다. 스트레스는 몸에 압력을 가하며, 무너지기 직전까지 몸을 밀어붙이기도 한다(여기서 스트레스란 남자친구나 직장 상사와의 마찰이 아닌, 무거운 중량을 드는 것 등으로 생기는 자극을 말한다). 이 과정은 보통 경미한 기능 저하로 이어진다. 격한 웨이트트레이닝 뒤에 팔을 움직이기가 어려워지는 것이 그 예다. 그러나 스트레스기期가 끝난 뒤 휴식하고 회복할 시간을 주면 몸은 적응을 거쳐 더 단단해지고 다음에 더 큰 자극을 견딜 힘이 생긴다. 시간이 가면서 주기는 다음과 같이 전개된다.

① 키우고 싶은 근육이나 능력을 별도로 분리한다.
② 스트레스를 가한다.
③ 휴식과 회복을 통해 적응할 시간을 만든다.
④ 위 1~3 과정을 반복한다. 단, 이번 시기에는 근육 또는 능력에 가하는 스트레스를 약간 더 늘린다.

세계적인 운동선수들은 이 주기의 달인이다. 짧게 보면, 그들은 힘든 날(예: 근육이 약해지고 완전히 지치기 직전까지 인터벌 훈련을 하는 날)과 그렇지 않은 날(예: 보행 속도로 조깅을 하는 날)을 번갈아 가며 훈련한다. 또한 최고의 선수들에게 무엇보다 중요한 것은 휴식이다. 그들은 경기장이나 체육관에서의 시간만큼 소파와 침대에서의 시간을 중시한다. 조금 더 길게 보면, 뛰어난 선수들은 한 달을 강도 있게 훈련한 뒤 한 주를 쉬곤 한다. 시즌을 계획할 때는 의도적으로 큰 경기는 몇 개만 잡고 그 사이사이에 신체적, 심리적 회복기를 넣는다. 경지에 이른 선수들의 하루와 한 주, 한 달, 한 해, 그리고 전체 선수 경력을 살펴보면 스트레스와 휴식이 밀물과 썰물처럼 끊임없이 반복되는 흐름으로 나타나는 것을 알 수 있다. 그 사이에서 올바른 균형을 찾지 못한 선수는 부상이나 번아웃(스트레스는 지나치고 휴식은 부족한 상태)을 겪기도 하고 정체기(스트레스는 부족하고 휴식은 지나친 상태)를 겪기도 한다. 그러나 여기서 올바른 균형을 찾은 선수는 평생 챔피언 자리를 내주지 않는다.

지속 가능한 성장을 만드는 방법

디나 캐스터Deena Kastor는 1996년에 아칸소대학교를 졸업했다. 그때까지 그녀는 괜찮은 선수이긴 했으나 큰 승리를 거둔 적은 없었다. 캐스터는 여러 차례 올아메리칸All-American(미국 내에서 스포츠에 특출한 재능을 가진 아마추어 선수들을 선발해 구성한 대학팀 또는 그 학교의 선수―옮긴이)으로 선정되었고 시상대 가장 높은 자리까지 오르기도 했지만, 전미 대학 챔피언 결정전Collegiate National Championship에서만은 항상 단 몇 초 차로 우승을 놓쳤다. 그럼에도 불구하고 캐스터는 육상에 전부를 걸었다. 캐스터는 졸업 후에 전설적인 코치 조 버질Joe Virgil을 만나서 그를 따라 콜로라도 앨러모사Alamosa부터 캘리포니아 매머드레이크Mammoth Lakes까지 공기 속 산소 농도가 떨어지는 곳들을 다녔다. 그리고 해발 9000피트(약 2700미터)가 넘는 매머드레이크에서 대학 시절의 성공으로는 감히 넘보지 못할 수준에 도달하는 것을 목표로 훈련했다.

전성기 시절 캐스터의 훈련 일지를 보면 한 단어가 떠오른다. 비범함. 캐스터는 보통 사람이 100야드(약 90미터)를 전력 질주하는 속도로 마일 단위 인터벌 훈련을 이어 가며 해발 7000피트(약

2100미터) 고지에서 24마일(약 38.6킬로미터)을 뛰었다. 마일당 5분 속도로 폐가 찢어질 듯 2마일을 4회 반복해 달리는 방법도 좋아했다. 이런 훈련은 모두 매머드레이크의 가장 높은 코스에서 이뤄졌다. 그런데 이 엄청난 훈련은 그녀가 달린 총거리의 일부에 불과했다. 캐스터는 한 주가 끝나면 훈련 일지 오른쪽 아래 귀퉁이에 '총 달린 거리'를 적고 동그라미로 표시했는데, 그 숫자는 거의 항상 110~140마일(약 177~225킬로미터) 사이를 유지했다. 이렇게 비범해 보이는 일들이 캐스터에게는 평범한 일상이었다. 그 결과 캐스터는 운동선수로서 가장 높은 경지에 오를 수 있었다.

디나 캐스터는 의심할 것 없이 미국 여자 육상계에서 가장 먼저 떠오르는 이름이다. 물론 좋은 쪽으로 그렇다. 올림픽 마라톤에서 동메달을 거머쥐었고, 미국 내 많은 주요 경기에서 두각을 나타냈다. 42.195킬로미터를 2시간 19초에 달려 미국 마라톤 신기록을 세우기도 했다. 1마일을 5분 20초에 주파한 속도였다. 1마일을 그렇게 빠른 속도로 뛰는데, 그걸 쉬지 않고 26회 반복한다고 상상해 보자. 더 믿기 힘든 건 마흔두 살에 뛴 마라톤 경기에서 2시간 27분에 결승선을 끊었다는 사실이다(1마일을 5분 40초에 뛰었다). 그렇다. 캐스터는 마라톤 선수로서는 지는 해가 되고도 남았을 나이에 아직도 상상을 초월하는 속도로 뛰고 있다. 자기보다 열 살, 스무 살 어린 선수들한테 질 때도 있지만, 꾸준히 선두를 지키면서 딸뻘의 어린 선수들과 경쟁하며 그들을 이기는 때가 훨씬 많다.

캐스터에게 이 정도 수준의 성과를 유지하는 비결을 묻는다면,

주기화에서 답을 얻게 될 것이다. 캐스터는 훈련에 쏟아붓는 노력만큼 그에 상응하는 나머지 부분 또한 강조한다. "지난 여러 해 동안 제가 이룩한 뛰어난 성과들은 훈련 환경 외적인 요소들과 휴식 방식에서 비롯됐습니다." 2009년, 캐스터가 《컴패티터Competitor》 잡지와의 인터뷰에서 한 말이다. "훈련 중에는 몸의 약한 조직을 무너뜨리고 몸에 제대로 스트레스를 가하게 되죠. 그 훈련 사이사이에 자신을 어떻게 다루느냐에 따라 근육이 단단해지고 다음 훈련을 격파할 힘을 얻는 겁니다."

캐스터는 훈련만 열심히 해서는 충분하지 않다는 사실을 일찌감치 깨달았다고 말한다. 그리고 심지어 훈련은 차라리 쉽다고 한다. 캐스터가 남다른 선수가 된 비결, 곧 지난 25년간 그렇게 빨리, 멀리 달릴 수 있었던 마법은 휴식하는 방식에 있다. 캐스터는 매일 10~12시간 잠을 자고, 꼼꼼하게 식단을 관리하며, 매주 마사지를 받고, 여러 번 스트레칭을 한다. 다시 말해 그녀는 훈련 밖 모든 것을 지지대 삼아 훈련 속 모든 것을 소화한다. 스트레스는 휴식을 필요로 하고 휴식은 스트레스를 뒷받침한다. 캐스터는 휴식을 통한 인풋의 최강자다. 그녀는 자신이 어느 정도로 스트레스를 견딜 수 있고, 어느 정도로 휴식을 필요로 하는지 안다. 그리하여 그녀가 평생의 성장과 성과라는 아웃풋을 낸다는 것은 전혀 놀라운 일이 아니다.

> 스트레스는 휴식을 필요로 하고 휴식은 스트레스를 뒷받침한다.

달리기를 멈춘 운동선수들

캐스터는 분명 독보적이다. 그런데 그녀의 이야기와 닮은 꼴인 연구가 있다. 1996년, 스티븐 사일러Stephen Seiler는 미국에서 생리학 박사학위를 받은 뒤 곧바로 노르웨이로 이주했다. 그는 처음에 그곳에서 의아한 점을 발견했다. 세계 최고의 크로스컨트리 스키 선수들이 교차 훈련cross-training(근력 증강 훈련법의 일종—옮긴이)을 하는데, 언덕이 나오자 달리기를 멈추고 천천히 걸어 올라가는 것이었다. 이상했다. 세계 정상의 장거리 선수들이 왜 이렇게 쉬운 훈련을 할까?

사일러는 수소문 끝에 노르웨이 크로스컨트리 스키 국가대표팀 코치인 잉거 브로튼Inge Bråten을 찾아냈다. 브로튼은 여덟 차례나 금메달을 목에 건 비에른 델리Bjørn Daehlie 같은 전설적인 선수들을 훈련시킨 사람이었다. 사일러는 선수들이 천천히 언덕을 올라가는 것이 훈련인지, 아니라면 대체 그들이 무얼 하는 건지 설명해 달라고 했다. 브로튼의 대답은 간단했다. 사일러가 본 선수들은 바로 전까지 고강도 훈련을 했기 때문에 쉬운 훈련을 할 차례였다는 것이다.

이 말을 듣자, 사일러는 퍼뜩 논문 하나가 떠올랐다. 케냐 육상 선수들은 훈련 시간 대부분을 달팽이 속도로 달리는 데 쓴다는 내용이었다. 그런데 논문을 다시 찾아보니, 케냐 선수들은 아주 고된 훈련을 하는 날과 아주 수월한 훈련을 하는 날을 번갈아 가며 운동한다는 부분도 눈에 들어왔다. 그 순간 사일러는 세계 최고 하계 스포츠 선수들과 세계 최고 동계 스포츠 선수들이 아주 흡사한 훈련을 하고 있음을 깨달았다. 누구 못지않게 훌륭한 과학자였던 사일러는 이 가설을 확인해 보기로 했다.

사일러는 육상, 스키, 수영, 사이클 등 다양한 장거리 종목 최정상 선수들의 훈련 과정을 추적했다. 그 결과, 이들은 종목이나 국적과 관계없이 대략 같은 방식으로 훈련하고 있음이 드러났다. 세계 최강 선수들은 '고통 없이 얻는 것 없다'라는 말을 신봉하지 않았다. 그렇다고 스포츠 잡지에서 유명해진 고강도 인터벌 훈련HIIT을 하거나 그날그날 이것저것 섞어 만든 운동 순서를 따르지도 않았다. 대신 그들은 고강도 훈련과 수월한 훈련 사이를 체계적으로 오갔고, 그러자면 슬슬 언덕을 걸어 올라가는 날도 있기 마련이었다. 엘리트 선수들에게 계속 진보하고 발전한다는 것은 스트레스와 휴식의 주기 속에서 운동한다는 것임을 사일러는 알아냈다.

지적인 사람들의 뇌 사용법

사일러가 최고 장거리 선수들의 공통점을 탐색할 무렵, 다른 한편에서는 창의적이고 지적인 영역에서 세계 최고를 자랑하는 이들의 공통점을 찾는 사람도 있었다. 이를 연구한 사람은 행복, 의미, 최적 성과에 관한 아이디어로 유명한 긍정 심리학의 선구자, 미하이 칙센트미하이Mihaly Csikszentmihalyi였다. 많이들 아는 '플로우flow'(고도

의 집중력으로 한 가지 일에 완전히 몰입
한 상태)가 바로 그의 결과물이다.

플로우만큼 유명하지는 않지만,
칙센트미하이는 창의력 연구에서도
그에 상응할 정도의 통찰을 제시했
다. 그는 다양한 영역을 쥐락펴락하는 천재들을 대상으로 50여 년
동안 수백 차례 인터뷰를 진행하며, 획기적인 발명가와 혁신적인
예술가, 노벨상을 받은 과학자와 퓰리처상을 받은 작가들을 만났
다. 사일러가 세계적인 장거리 선수들이 비슷한 방식으로 훈련한다
는 사실을 알아냈듯, 칙센트미하이는 창의력 세계의 천재들도 같은
방식을 따른다는 것을 알아냈다. 즉, 가장 명석한 두뇌를 가진 사람
들도 격하게 일하는 때가 있고 완전히 휴식하고 회복하는 때가 있
었다. 칙센트미하이는 이런 접근 방식이 창의력 측면의 번아웃과
지적 피로를 방지할 뿐 아니라 획기적인 아이디어와 발견을 끌어
냄을 알아냈다(이유는 4장에서 더 자세히 다룰 것이다).

칙센트미하이는 분야와 관계없이 지적이고 창의적인 영역에서
최고의 성과를 내는 대부분 사람이 공통으로 따르는 과정을 다음
과 같이 나타냈다.

① 몰입: 멈추지 않고 고도의 집중력을 발휘하여 일에 완전히
    몰두한 상태
② 배양: 일은 전혀 생각하지 않는 휴식과 회복의 시간

③ 통찰: '아하'와 '유레카'를 외치게 되는 순간. 새로운 아이디어가 떠오르고 사고가 확장하는 때.

앞에서 다룬 방법이 반복되는 것 같지 않은가? 지적, 창의적 영역에서 탁월한 성과를 내는 이들이 지속적으로 두뇌를 성장시키는 방식은 신체적 영역에서 탁월한 성과를 내는 이들이 지속적으로 몸을 성장시키는 방식과 닮았다. 우리의 근육과 두뇌가 생각보다 더 많이 흡사하기 때문일 것이다. 이제부터 살펴보겠지만, 근육처럼 두뇌도 에너지의 손실과 소진을 겪는다.

퍼포먼스 가이드

- 가장 중요한 일을 할 때는 스트레스와 휴식의 주기를 오가며 진행한다.
- 하루를 일하는 동안 중간중간 짧은 휴식 시간을 넣는다.
- 강도 높은 스트레스기에 이어서 쉬는 날, 긴 주말 연휴, 휴가 등을 전략적으로 배치한다.
- 대체로 일이 힘들어지는 시점을 파악하고 그 바로 앞에 회복할 시간을 넣는다.

마음의 근육을 키워라

1990년대 중반, 케이스웨스턴리저브대학교Case Western Reserve University에서 교수로 재직하던 사회 심리학자 로이 바우마이스터Roy Baumeister 박사는 마음과 마음의 능력에 관한 통념에 혁신을 일으켰다. 바우마이스터는 일상에서 일어나는 어려움의 근원을 알고 싶었다. 예를 들어, 복잡한 문제로 진을 뺀 뒤면 마음이 '피곤'해지고, 다이어트로 온종일 불량한 음식을 멀리한 뒤면 결국 밤이 되어 무너지고 마는 이유가 그는 궁금했다. 말하자면 지적인 능력과 의지력이 떨어지는 과정과 이유가 바우마이스터의 관심사였다.

처음에 이 문제에 접근할 때 바우마이스터가 사용한 것은 최신식 고성능 뇌 영상 촬영 기술이 아니었다. 그에게 필요한 것은 쿠키와 무가 전부였다.

바우마이스터는 동료들과 함께 정교하게 실험을 설계한 뒤, 초콜릿 칩 쿠키 냄새가 진동하는 방 안으로 성인 67명을 들여보냈다. 참가자들이 자리에 앉자, 이번에는 갓 구운 쿠키를 안으로 들여보냈다. 모두의 침샘이 작동하기 무섭게 재밌는 상황이 벌어졌다. 참가자 절반에게는 쿠키를 먹게 하고 나머지 절반에게는 먹지 못하게 한 것이다. 엎친 데 덮친 격으로 쿠키를 먹지 못한 참가자들에게는 그 대신 무를 주고 먹어 보라고 했다.

상상할 수 있겠지만, 쿠키를 먹은 참가자들은 실험 첫 단계에서 아무 문제가 없었다. 그런 상황이라면 누구나 그렇겠지만 그들은 그저 맛있게 쿠키를 먹었다. 반면 무를 먹은 참가자들은 몹시 괴로워했다. 바우마이스터는 이렇게 적었다. '무를 먹을 사람들은 쿠키를 보자 눈에 띄게 관심을 보이며 행복한 눈으로 접시를 바라봤고 심지어 쿠키를 집어 들고 냄새를 맡아 보는 이도 있었다.' 쿠키를 참는다는 건 절대 쉬운 일이 아니었다.

그러나 이 정도를 혁신적인 실험이라고 할 수는 없을 것이다. 맛있는 디저트를 보고만 있어야 한다면 누군들 괴롭지 않겠는가? 그러나 실험이 두 번째 단계에 이르자 상황은 더 재밌게 흘러갔고, 무를 먹은 참가자들에게는 괴로운 시간이 계속됐다. 각자 먹기를 마친 뒤, 참가자들은 풀릴 것처럼 보이지만 사실은 풀 수 없는 문제를 풀도록 요청받았다(맞다. 잔인한 실험이었다. 특히 무를 먹은 참가자들에게는!). 무를 먹은 그룹은 8분 남짓 앉아서 19차례 다시 문제를 풀었다. 반면 쿠키를 먹은 그룹은 20분이 훌쩍 넘도록 자리를 지키며 33차례 다시 문제를 풀었다. 이 극명한 차이는 어디서 온 걸까? 무를 먹은 사람들은 쿠키를 참느라 '마음 근육'을 소진했지만, 쿠키를 먹은 사람들은 '마음 연료'를 가득 채운 덕분에 문제 풀이에 훨씬 큰 힘을 쏟을 수 있었기 때문이다.

바우마이스터는 그 뒤로도 여러 차례 방법을 바꿔 가며 이 연구를 이어 갔고 매번 같은 결과를 얻었다. 유혹을 이기고 어려운 퍼즐을 맞추고 힘든 결정을 내리는 등 정신적인 에너지가 들어가는 과제를 수행해야 할 때, 앞서 마음 근육에 힘을 가해야 했던 참가자들은 쿠키 먹기 같은 쉬운 과제를 거치며 마음 연료를 채운 통제 집단보다 성과가 떨어졌다.

마음 피로와 신체 능력의 상관관계

인식과 자기 절제는 별개의 영역이지만, 어느 쪽에 사용하든 두뇌의 힘은 한 곳에서 나오는 듯하다. 사람들은 (비극적인 영화를 보면서 절망이나 슬픔을 드러내지 말아야 하는 등의 방식으로) 감정을 억눌러야 했을 때, 크게 보면 (먹고 싶은 음식을 참거나 무언가를 기억하는 것처럼) 아무 관계없는 일들에서 결과적으로 어려움을 느낀다. 이 현상은 여기서 끝나지 않는다. 정신적인 근육에 큰 힘을 가한 뒤에는 신체에 부여된 과제(가령, 벽에 등을 대고 앉는 자세로 하는 근력 운동)도 수행이 어려워진다. 연구에 따르면, 몸 상태가 아무리 좋아도 마음이 피로하면 신체 능력이 떨어진다. 다시 말해, 정신적 피로와 신체적 피로의 경계는 우리가 생각하는 것처럼 분명하지 않다.

> 인식과 자기 절제는 별개의 영역이지만, 어느 쪽에 사용하든 두뇌의 힘은 한 곳에서 나오는 듯하다.

〈사랑에 대한 굶주림: 불륜에 대한 자기 규제의 영향력Hungry for Love: The Influence of Self‒Regulation of Infidelity〉이라는 기발한 제목의 연구가 있었다. 애인이 있는 32명의 대학생에게 이성 상대로 가장한 연구원들과 채팅을 하게 했는데, 그 전에 참가자 절반은 맛있는 음식을 참게 했고 나머지 절반은 마음껏 먹게 했다. 예상할 수 있겠지만 음식을 참게 한 그룹은 상대에게 전화번호를 주는 경우가 많았고, 심지어 커피 데이트 신청을 받아들인 경우도 있었다. 연구자들의 결론은 다음과 같았다. '절제력의 약화는 오늘날 애정 관계에서 일어나는 다양한 수준의 불륜에 대한 잠재적인 원인이 될 수 있다.' 사랑하는 사람에게 다이어트를 권유할 생각이라면, 다시 생각하는 게 좋을 것이다(이미 아는지도 모르겠지만).

스트레스 + 휴식 = 성장

그 후 연구자들은 쿠키와 무 대신 화려한 영상 기술을 사용하여 마음 근육의 개념을 연구하기 시작했다. 그리고 제법 흥미로운 점들이 발견되고 있다. 연구자들은 마음 근육이 줄어든 사람의 뇌를 fMRI(뇌의 내부 활동을 관찰할 수 있는 기계)로 촬영하여, 피로한 사람의 뇌는 특이한 방식으로 작동한다는 사실을 알아냈다. 예를 들어 육즙이 흐르는 치즈버거같이 군침 도는 이미지를 보여 주거나 어려운 문제를 풀게 했을 때, 이들의 뇌에서는 감정적인 반응을 담당하는 부분(편도체와 안와전두피질)이 논리적이고 합리적인 사고를 담당하는 부분(전전두피질)보다 강한 활동성을 보였다. 절제해야 하는 상황을 겪으면 전전두피질의 활동성이 현저히 떨어지는 현상이 나타난 실험도 있었다. 정신적으로 고갈된 상태에서는 복잡한 문제를 풀거나 자제력을 발휘하기는 어려워지고, 그 대신 만화책과 쿠키를 집어 들게 되는 것도 당연한 일일 것이다.

피로할 정도로 무거운 중량을 들어 올린 뒤에는 팔이 제 기능을 하지 못한다. 두뇌도 마찬가지다. 유혹을 참고, 어려운 결정을 하며, 난도 높은 지적 활동을 수행하는 등으로 피로해진 뒤에는 두뇌도 제 기능을 할 수 없다. 우리는 이 피로감 때문에 쿠키를 먹고, 머리를 써야 하는 어려운 문제를 포기하고, 운동 중에 너무 일찍 손을 놓아 버린다. 그리고 최악의 경우 애인을 두고 불륜을 저지른다.

다행인 것은 몸과 마찬가지로 마음도 스트레스와 회복을 거쳐 더 강해진다는 점이다. 과학자들은 유혹을 참고, 깊이 있게 생각하며, 고도로 집중하는 능력은 사용할수록 커진다는 사실을 알아냈다. 새로운 계통의 연구에서는 특히 의지력에는 한계가 없다고 했던 기존 과학자들의 생각에 이의를 제기하며, 작은 부분에서 생산적인 변화를 이뤄 내면 더 큰 부분에서 변화를 이룰 힘이 생긴다고 말한다. 의지력이 바닥나서든 더 쓸 힘이 없어서든 방법상 문제가 있어서든, 쉬지 않고 머리를 쓸 수는 없다(적어도 효과적인 방법은 아니다). 결국 언젠가는 피로를 느낄 것이다. 그리고 더 작은 일을 통해 먼저 힘을 기르지 않은 상태에서 심리적으로 더 크게 느껴지는 일을 해낼 수는 없는 법이다. 결국 이 모든 것을 따져 보면, '스트레스+휴식=성장'이라는 시작점으로 돌아가게 된다.

- '스트레스는 스트레스'임을 기억한다. 전혀 관계없는 일들이라도 한 쪽에서 넘친 피로는 다른 쪽으로 번진다.
- 한 번에 한두 가지 일만 한다. 그러지 않으면 말 그대로 에너지가 동 난다.
- 목표를 뒷받침할 수 있게 환경을 바꾼다. 피로를 인지했을 때는 더 그래야 한다. 환경이 행동에 미치는 영향은 놀라울 정도로 크며, 피 곤할 때는 더욱 그렇다.

나만의 리듬이 필요하다

앞으로 이어질 2~5장에서는 (스트레스와 휴식으로 구성되는) 성장 공식의 각 요소를 자세히 살펴볼 것이다. 하루, 한 달, 한 해, 그리고 평생 가능한 선에서 최고의 성과를 내기 위해 몸의 근육과 마음의 근육에 스트레스와 휴식을 주는 최고의 방법들을 배우게 될 것이다. 하지만 그 전에 스트레스와 휴식을 오가는 주기의 힘에 대한 보편적 진리를 강조하는 의미에서, 이 주기를 활용해 몸으로도 머리로도 최정상에 이른 한 사람의 놀라운 이야기를 소개하려고 한다.

조시 웨이츠킨Josh Waitzkin이 처음 체스를 알게 된 것은 여섯 살 때 뉴욕시 워싱턴스퀘어파크에서였다. 웨이츠킨은 구름사다리를 나리려고 공원에 갔다가 길 건너 어른들이 체스 게임에 매료됐다. 체스는 빠른 전개가 정말 매력적인 게임이었다. 이 어린아이는 머지 않아 체크무늬 체스판과 그 위를 종횡무진 움직이는 말들로 된 작은 세상에 흠뻑 빠져들었고, 마침내 그 세상을 통달했다.

웨이츠킨이 체스에 통달하게 된 것은 거의 하루아침에 일어난 일이라고 해도 과언이 아니다. 물론 처음에는 훨씬 더 나이 많은 정규 선수들에 비하면 새로운 인물 그 이상도 이하도 아니었지만, 웨이츠킨은 곧 그들을 제치기 시작했다. 여덟 살 무렵에는 경기에서 자기보다 다섯 배는 나이가 많은 선수들을 만나 우위를 점하며 꼬박꼬박 승리를 거뒀다. 조시 웨이츠킨의 경기를 봤다 하는 사람들은 그 재능과 열정이 확연히 눈에 띈다고들 했다. 소문은 무섭게 퍼졌고, 얼마 후부터는 세계 최고의 체스 마스터들이 이 아이의 코치와 멘토가 돼 주겠다며 줄을 섰다.

그가 다수의 국가급 대회에서 우승을 차지하며 미국 주니어 체스계를 강타하기 시작한 것은 아홉 살 때부터였다. 열세 살에는 국가급 마스터National Master로 자리매김하며 이 명예로운 타이틀을 딴 최연소 체스 선수 중 한 명이 되었다. 열여섯 살에는 국제급 마스터International Master가 됐고, 같은 해에 전미 주니어 체스 대회 공동 챔피언이 됐다. 이 대회에서는 21세 이하 선수가 모두 주니어 부문에 포함됐으니 더욱 놀라운 위업이었다. 그리고 이듬해에는 같은 대회에서 단독 챔피언 자리에 올랐다.

이 무렵 파라마운트픽처스는 웨이츠킨이 체스의 제왕이 되기까지를 연대기로 담아 〈위대한 승부Searching for Bobby Fischer〉라는 영화로 출시해 흥행을 맛봤다. 뛰어난 재능이 탁월한 열정과 부지런하고 똑똑한 노력을 만나면 벌어지는 일을 다룬 영화였다. 웨이츠킨이 워싱턴스퀘어파크에서 구름사다리에서만 놀지 않은 건 정말 다행이었다. 그가 구름사다리 주변만 맴돌았더라면 체스로 그런 성과를 내고 국제적인 슈퍼스타가 되는 일은 없었을 것이다.

그러나 몇 년이 지나 20대 초반이 된 웨이츠킨은 여느 젊은이들처럼 다른 곳으로 눈을 돌리기 시작했다. 명상과 동양 철학에 빠져들었고, 이 새로운 관심사는 결국 그를 중국 무예인 태극권으로 이끌었다. 비록 단순히 태극권이 좋았고 무예 자체에 몰입하는 것뿐이었지만, 체스 스타라는 이유로 끊임없이 따라다니던 스포트라이트를 벗어나서 좋기도 했다. 하지만 이 느긋한 시간은 오래가지 않았다.

웨이츠킨은 체스계에서처럼 무술계에서도 오래지 않아 최고가 됐다. 그는 태어나서 두 번째로, 훌륭한 재능과 열정을 겸비한 젊은이가 나타났다는 발 빠른 소문의 주인공이 되었다. 세계에서 내로라하는 태극권 교육자들의 관심을 한 몸에 받았으며, 결국 그들의 제자가 되었다. 그는 태극권에 몸담은 지 겨우 몇 년 만에 국가급 챔피언 결정전을 여러 차례 석권했다. 그리고 서른 살이 되기 전에 태극권의 주요 경쟁 부문인 정보추수와 활보추수fixed step push hands, moving step push hands(태극권의 겨루기 방식—옮긴이) 부문의 세계 챔피언이 되었다.

의심할 것 없이, 웨이츠킨에게는 나.고난 재능이 있었다. 그의 기량에서 유전자가 한 역할을 깎아내리는 건 현명하지 못하다. 그렇다고, 그는 그저 어떤 일이든 잘할 수 있는 DNA를 가졌을 뿐이라고 생각하면 오산이다. 웨이츠킨이 쓴 멋진 책《배움의 기술》에 따르면, 그가 다르게만 보이는 두 영역에서 최고가 될 수 있었던 것은 재능과 경쟁심, 즉 자신의 본성을 잘 길러낸 덕분이었다. 웨이츠킨은 체스와 태극권에서 성공을 거둔 큰 이유를 스트레스와 휴식을 오간 덕으로 돌린다.

무거운 긴장감 속에서 네다섯 시간 체스 게임이 이어질 때면, 자리에서 일어나 경기장을 나와서 50미터쯤 전력 질주를 하거나 6층 계단을 내달리곤 했다. 그런 뒤에 돌아와서 얼굴을 씻으면 완전히 새로운 기분이 됐다. 몸을 단련하는 요즘도 내 훈련의 거의 모든 요소는 크게 보면 스트레스와 회복을 오가는 형태로 돌아간다. …… 정말로 성과를 끌어 올리고 싶다면, 삶의 모든 측면에 스트레스와 회복의 리듬을 접목하라고 말하고 싶다.

2

CHAPTER

나를 살리는 스트레스
나를 죽이는 스트레스

1934년, 맥길대학교McGill University 생화학과에서는 28세의 내분비
학자 겸 약학 전공 조교수가 새로운 호르몬을 찾고 있었다. 그의 이
름은 한스 셀리에Hans Selye. 셀리에는 자신의 연구에 진전이 있다고
믿었고 그럴 만한 이유도 충분했다. 그는 아직 발견되지 않은 성호
르몬이 아니라면 설명할 수 없는 변화를 끌어내기 위해 실험 쥐에
난소 추출물을 주사하고 있었다. 그리고 그때마다 부신피질이 확장
되고 면역체계가 활동성을 띠는 등 쥐에서 독특한 생리 반응을 관
찰했다. 주사량을 늘릴수록 반응 정도도 커졌다. 셀리에는 새로운
성호르몬이 이 생리 변화의 원인이라고 확신했다. 그는 어깨가 으

쓱해져서 일기에 이렇게 적었다. '내가 스물여덟 살에 벌써 새로운 호르몬의 실마리를 쫓고 있다니!'

그러나 생식계와는 아무런 관련이 없는 전혀 다른 용액을 주사해도 같은 반응이 나타나자, 그는 열정에 찬물을 맞은 것 같았다. 심지어 식염수만 주사해도 같은 반응이 일어났다. 의기양양하던 마음은 온데간데없고 좌절감이 들었다. '새로운 호르몬을 찾아내겠다는 꿈은 전부 산산이 조각나 버렸다. 긴긴 연구에 들어간 시간과 자원이 전부 헛것이 됐다. 너무 우울해서 며칠 동안 아무 일도 할 수 없었다. 실험실에 앉아 지난 일을 곱씹을 뿐이었다.' 그러나 그 당시에는 잘 몰랐지만, 그가 우울한 마음으로 하염없이 지난 과정을 돌이킨 시간은 사실 축복이었다.

셀리에는 계속해서 지난 실험 과정을 꼼꼼하게 짚어 봤고, 마침내 자신이 관찰한 것들을 완전히 다른 각도에서 평가해야 할지 모른다는 생각이 들었다. 그런 반응이 일어난 것은 주사한 용액 때문이 아닐지도 몰랐다. 원인은 주사 자체가 일으킨 트라우마 때문일 수도 있었다. 셀리에는 곧바로 자리를 털고 일어나 이 점을 염두에 두고 실험 쥐를 대상으로 체계적으로 트라우마를 일으켜 보기 시작했다. 주사액을 투여하고, 충격을 주고, 수술을 했으며, 그 외에 생각나는 모든 것을 시도했다. 새로 트라우마를 일으킬 때마다 반응은 같았다. 트라우마 상황이 되면 쥐의 부신계과 면역계가 활발해졌다. 쥐는 짝짓기가 아니라 싸움에 대비했던 것이다.

셀리에는 꿈꾸던 대로 새로운 호르몬을 발견하지는 못했지만 아주 큰 위로상을 받았다. 자기도 모르는 사이에, 현대 사회에서 가장 큰 고민거리 중 하나가 될 개념인 '스트레스'와 맞닥뜨린 것이다. 어떤 식으로든 쥐에 충격이나 고통, 불안을 야기하면, 모든 생명체가 타고나는 것으로 알려진 스트레스 반응이 관찰됐다.

스트레스의 두 얼굴

셀리에를 비롯해 셀리에의 성과를 바탕으로 연구를 확장한 이들은 사람에게도 스트레스를 가하기 시작하여 실험 쥐에서와 똑같은 현상을 관찰했다. 그러나 그들의 발견은 거기서 그치지 않았다. 시간이 가자, 사람과 쥐는 모두 저항력을 키워 스트레스의 각 요인에 적응하는 모습을 보였다. 어떤 스트레스원原들은 바람직한 효과를 낼 수 있어서 몸의 특정 부위를 자극해 그 부분을 강화하기도 했다. 스트레스는 해롭기만 한 것이 아니라 성장과 적응을 끌어내는 자극제가 될 수도 있다는 것을 그들은 알게 되었다.

이제는 스트레스에 대한 적응 반응이 일어나는 이유가 '인플래머토리 프로틴', 즉 단백질 분자와 '코르티솔'이라는 호르몬 때문임을 우리는 안다. 인플래머토리 프로틴과 코르티솔은 스트레스로 인해 활성화되어, '우린 이 공격을 견딜 만큼 강하지 않아!'라는 생화학적

> 스트레스는 해롭기만 한 것이 아니라 성장과 적응을 끌어내는 자극제가 될 수도 있다.

메시지를 몸에 전달한다. 그러면 몸은 군대를 모으듯 신체 구성 분자들(탄수화물, 지방, 단백질, 핵산 등 모든 생명체를 구성하는 네 가지 고분자—옮긴이)을 집합시켜 스트레스가 가해지는 부위로 보내서, 몸을 더 단단하게 하고 회복하기 좋은 상태로 만든다. 우리 몸은 앞으로 닥칠 위협에 더 잘 대처하도록 이렇게 놀라운 체계를 가지고 있다.

앞서 언급했듯, 이두박근 같은 근육을 강화하는 과정에는 스트레스가 긍정적으로 작용하는 예가 잘 나타난다. 녹초가 될 때까지 무거운 중량을 들어 올리면 근육 세포가 미세하게 찢어지면서 스트레스 반응이 일어난다. 몸은 현재 자신이 이 스트레스를 견딜 만큼 강하지 않음을 알아차린다. 그 결과, 운동이 중단된 후 몸은 동화同化작용 상태가 되고, 이때 앞으로 더 큰 스트레스를 견딜 수 있게 근육이 는다. 중량 운동부터 달리기, 조정, 크로스핏까지, 몸은 어떤 방식으로든 큰 힘을 쓴 뒤에는 똑같은 과정을 겪는다.

그러나 스트레스가 너무 크거나 너무 오래가면 몸은 적응력을 잃는다. 사실 더 강해지기는커녕 망가지고 만다. 셀리에는 이를 '고갈 상태'로 불렀다. 오늘날 우리는 이 상태를 가리켜 '만성 스트레스'라고 한다. 만성 스트레스 상태가 되면 몸은 반란을 일으켜 이화異化작용에 들어간다. 즉, 끊임없이 무너지는 상태가 되는 것이다. 그러면 염증과 코르티솔의 수치가 높아져, 몸에 회복하고 진정하라는 신호를 보내는 대신 독으로 작용하게 된다. 이제 끊임없이 경계 상태를 유지하던 부신계는 과로 끝에 피로해진다. 그러므로 만성 스트레스가 무수한 질병의 원인인 것도 당연한 일인지 모른다.

몸은 전체적으로 무너지지 않을 만큼만 긴장을 견딜 수 있기 때문이다.

이런 사실을 종합하면 역설이 생긴다. 스트레스는 몸에서 바람직한 적응 과정을 유발하며 긍정적으로 작용할 수 있지만, 심각한 피해와 손상을 유발하며 부정적으로 작용할 수도 있다. 스트레스의 효과는 거의 전적으로 그 정도에 따라 달라진다. 스트레스는 적절한 정도로 가해질 때 생리적으로만이 아니라 심리적으로도 적응을 유발하는 자극제가 된다.

생산적으로 실패하라

우리는 1장 말미에서 국제적인 체스 천재에서 무예 챔피언으로 거듭난 조시 웨이츠킨을 다뤘다. 그는 자신이 세계 최고로서 실력을 기른 과정을 되짚으며 흥미로운 점을 간파했다. 성장은 벽에 부딪히는 저항점에서 일어나며, 배움은 능력의 한계 너머로 자신을 밀어낼 때 일어남을 알게 된 것이다.

혹독한 무술 훈련을 가리킨 말로 들리겠지만, 그렇지 않다. 이는 체스를 정복하는 과정을 염두에 둔 말이다. 웨이츠킨은 태극권을 알기 훨씬 전부터 체스 연습을 할 때면 녹초가 될 때까지 두뇌에 스트레스를 가했다. 신체와 관련된 훈련을 신체와 관련되지 않은 일에 적용하는 책은 무수히 많지만, 웨이츠킨은 그 반대였다. 체스계의 세계 챔피언이 되는 데 쓴 훈련 철학을 무술계의 세계 챔피언이 되는 데 접목한 것이다. 체스의 패턴과 그 깊은 이면 구조를 꼼꼼하게 공부하며 두뇌를 훈련할 때조차 그는 자신에게 스트레스를 가했고, 성장하기 위해 저항점까지 자신을 몰아붙였다. 웨이츠킨은 20년 전에 이 점을 깨달았지만, 배움을 다루는 최신 과학은 이제야 그 방법이 성공한 원인을 밝히기 시작했다.

미시간주 오클랜드카운티Oakland County의 한 공립 고등학교 교사들은 미국의 여느 교사들과 똑같은 이유로 좌절감을 느낀다. 한 반에 학생 수는 너무 많고, 수업 중에 핸드폰이 울려 대며, 당연히 재원도 부족하다. 그러나 그 무엇보다도 교사들을 좌절하게 하는 것은 '커먼 코어Common Core', 즉 지금껏 교사들이 준수해야 했던 국가 표준 교과 과정이다. (나라에서 정한 학년별 최저 교육 기준을 충족하겠다는) 커먼 코어는 의도와 달리 오클랜드카운티에서는 그다지 좋은 결과를 내지 못하고 있었다. 우리는 얼마 전 그곳에 찾아가 다음과 같은 이야기를 들었다.[*]

- **"연방 정부가 교육에 표준을 두려고 하는 이유는 이해하지만, 결과적으로 우리는 판에 박힌 교육을 하고 있습니다. 커먼 코어 때문에 학생이 아니라**

---

[*] 교사들의 신원을 보호하기 위해 학년과 과목은 수정했음.

교과 과정에 초점을 두고 가르쳐야 하거든요."(11학년 과학 교사)

- "교실에서 창의성이 완전히 사라졌어요. 특정 시험에 맞춰서만 가르쳐야 하니까요."(9학년 영어 교사)

- "이건 정말 아니에요. 우린 학생들한테 하나부터 열까지 다 떠먹여 줘야만 하죠. 아이들을 압박할 자유가 없으니 제일 똑똑한 학생들이 특히 손해를 봅니다. 교육이 틀 안에서만 이뤄지고 있어요."(10학년 경제 교사)

귀 기울일 만한 불만이다. 엄격하고 표준화된 시험을 준비하기 위해 평가에 들어가는 특정 범위만 반복해서 암기하는 것은 배움에 도움이 되지 않는다. 오히려 과학에서는, 배움이 일어나려면 학생들이 답을 열어 둔 채 탐구하게 함으로써 개개인의 한계를 넘게 해야 한다고 말한다. 중·고등학교 수학 수업을 다룬 여러 연구에 따르면, 복잡한 문제를 두고 충분히 고민한 뒤에 교사의 도움을 받은 학생들이 곧바로 도움을 받은 학생들보다 성취도가 높았다. 이 연구를 수행한 과학자들은 이 점을 다음과 같이 간결하고 명쾌한 문구로 나타냈다. '실력은 고군분투할 때 자란다.'

〈사람을 가르칠 때 배움으로 이어지는 순간이 따로 있는 이유는 무엇일까?Why Do Only Some Events Cause Learnng During Human Tutoring?〉라는 제목의 또 다른 연구에서 내놓은 답도 간단했다. 논문의 제목에 쓰인 질문의 답은, 가르치는 사람이 대부분 곧바로 답을 주고 너무 빨리 개입하기 때문이었다. 연구자들은 여러 대학에서 운영하는 다양한 수준의 물리학 튜터링 시스템을 조사하고 다음과 같이 결론 지었다. '튜터의 설명 여부와 관계없이 학생들은 교착 상태를 겪지 않으면 배움을 얻지 못했다.' 반면, 가장 효과적인 튜터링 시스템들은 한 가지

공통점이 있었다. 바로, 튜터가 학생이 실패할 때까지 설명을 보류한다는 점이었다. 성장은 벽에 부딪히는 저항점에서 일어난다. 실력은 고군분투할 때 자란다.

운동에서도 마찬가지다. 속도를 높이려는 육상 선수부터 새로운 동작을 익히려는 농구 선수, 어려운 파도를 타려는 서핑 선수까지, 그들은 보통 가장 많이 고군분투하며 불안정한 상태를 거친 뒤에 가장 크게 실력이 는다.

닉 램Nic Lamb은 세계 최고의 빅 웨이브 서핑(6.2미터 이상 높이의 파도 속으로 들어가서 하는 서핑―옮긴이) 선수로, 4층 건물 높이의 파도를 탄다. 그가 물 위에서 펼치는 기량을 보면 전혀 현실감이 들지 않지만, 이는 모두 그가 꼼꼼하게 접근하여 훈련하고 하루하루 갈고닦은 흔들림 없는 마음가짐을 유지했기에 나온 결과다. 브래드는 《아웃사이드Outside》 잡지에서 램을 인터뷰하며, 램이 제일 거센 너울을 타기 위해 어떻게 대비하는지가 특히 궁금했다. 비결은 자신을 불안하게 하는 것이다. "훈련 중에는 겁이 날 만큼 센 파도를 타려고 해요. 내 안전지대를 벗어나야만 성장할 수 있죠. 불안하다는 건 발전하고 성장하고 있다는 뜻이에요. 현실에 안주하는 것과는 정반대죠."

램은 실패를 후퇴가 아닌 성장의 기회로 여기며 난관을 받아들인다. "한계를 넘어서지 않고 몸부림하지 않는다면 전 절대 여기서 더 나아지지 못할 겁니다." 램은 혹독한 난관을 겪거나 기대에 미치지 못할 때를 가장 가치 있게 여긴다. 그럴 때 자신의 신체적, 심리적 약점이 보이고 개선할 부분에 대해 통찰이 생긴다. 그는 몸으로도 머리로도 온 힘을 쏟아 문제를 파악하기 위해 힘쓴다. 그러면 가능하다고 여겼던 한계치가 높아진다.

웨이츠킨과 램 같은 배움의 대가들이 실천하는 바를 '생산적 실패'라고 한다. 과학에서 널리 합의하는 바에 따르면, 이런 실패를 경험할 때 우리는 가장 깊이 있는 배움을 얻는다. 문제에 단순하게 답해 버릴 때보다 난관에 봉착하고 실패할 때 얻는 것이 크다. 실패는 다른 각도에서 문제를 분석할 기회가 되며, 우리는 그럴 때 그 깊은 이면의 구조를 이해하고 문제 해결로 연결되는 기술을 연마할 수 있다. 물론 즉각 도움을 받는 것만큼 만족스러운 일도 없다. 그러나 당장 문제를 해결하려는 충동에 굴복하면 난관을 통해서만 얻을 수 있는 특별하고 깊이 있는 배움은 놓치고 만다.

어려운 일을 쉽게 만드는 방법

노벨상을 받은 심리학자 대니얼 카너먼Daniel Kahneman 박사는 인간의 두뇌는 두 가지 방식, 즉 '1번 시스템'과 '2번 시스템'으로 사고한다고 말한다. 1번 시스템은 자동으로, 빠르게 작동하며 보통 본능과 직관에 의해 움직인다. 반면 2번 시스템은 더 깊이 있는 사고와 분석에 쓰이는 방식으로, 노력이 들어가는 두뇌 활동을 담당한다. 1번 시스템은 에너지가 덜 들어가므로 사고의 기본값이다. 사람이 습관적으로 사고하거나 움직일 때 이 방식이 작동하며, 이때 우리는 주로 기존의 틀에서 세상을 인식한다. 2번 시스템은 무언가를 알아내기 위해 아주 열심히 노력하고 고군분투할 때 활성화된다. 정보를 비판적으로 검토하여 기존의 지식 망에 통합할 '최상의 기회'는 오직 이때만 열린다. 배움을 얻으려면 2번 시스템이 있어야 한다.

2번 시스템을 통한 배움이 그토록 어려운 이유를 알아보려면 뇌를 깊숙이 들여다보아야 한다. 우리의 실질적인 지식 망은 '뉴런'이라고 하는 뇌세포로 이뤄지며, 뉴런은 뇌에서 가느다란 전선 역할을 하는 축삭돌기로 연결된다. 우리가 새로운 것을 배울 때 뉴런 사이에서는 축삭돌기를 따라 전기 활동이 일어난다. 처음에는 이 연결이 (상징적으로도 실제로도) 약하고, 우리는 몸부림을 해야만 겨우 새로운 기술을 쓸 수 있다. 그래서 문법을 정확하게 쓰고 농구 코트에서 익숙지 않은 손을 쓰는 일이 처음에는 어려운 것이다. 만일 이때 새로운 기술을 포기하면, 즉 몸부림하지 않는 쪽을 선택하면 1번 시스템이 자리를 넘겨받는다. 그러면 다시 기존의 강하게 이어졌던 연결 부위에서 전기 활동이 일어나면서, 전처럼 부사 대신 형용사를 쓰고 왼손 대신 오른손으로 드리블을 하게 되는 것이다. 하지만 난관을 받아들이고 계속 새로운 기술을 연마하면 뉴런과 뉴런 사이의 연결이 단단해진다. 이 일이 일어나는 이유 중 하나는 '미엘린Myelin'이라는 물질 때문이다. 미엘린은 뇌 속의 절연체로, 축삭돌기를 감싸고 있다. 어떤 일을 더 많이 할수록 미엘린은 더 많이 생성되고, 그러면 뉴런 사이의 전기 활동은 더 순조로워진다. 다시 말해, 뇌 속 뉴런들이 더 단단하게 연결된다. 그렇게 시간이 가면 과거에 겨우 하던 일을 힘들이지 않고도 할 수 있게 된다.

어떤 일을 배울 때 충분히 오랫동안 끈질기게 노력하면, 2번 시스템으로 겨우 하던 난제가 1번 시스템으로도 충분한 단순 작업이 된다. 쓰지 않던 손으로 드리블하는 법을 익힌 사람이 있다면 물어보라. 아니면, 직접 답해 봐도 좋다. 3 더하기 2는? 6 곱하기 4는?

돌이켜보면, 이런 질문이 항상 쉽지만은 않았을 것이다.

마지막 한 회차를 채우기 위해 안간힘을 써야만 몸이 제대로 성장하듯, 실패할 때까지 고군분투한 뒤에 도움을 받아야만 두뇌도 제대로 성장한다.

목표가 없어도 애만 쓰면 무조건 배울 수 있다는 말은 아니다. 최상의 배움은 정말로 해야만 할 때 일어난다. 근력 운동을 할 때 마지막 한 회차를 채우기 위해 안간힘을 써야만 몸이 제대로 성장하듯, 실패할 때까지 고군분투한 뒤에 도움을 받아야만 두뇌도 제대로 성장한다. 무슨 일을 하든지 계속 나아지고 싶다면, 스트레스를 긍정적이고 바람직하게 여겨야 한다. 스트레스는 너무 크거나 오래가면 위험할 수 있지만, 적절하면 성장으로 이끄는 강력한 자극제가 된다.

퍼포먼스 가이드

- 스트레스는 성장을 부른다.
- 체스 천재에서 무예 챔피언으로 거듭난 조시 웨이츠킨이 말했듯, '성장은 저항점에서 일어난다.'
- 새로운 능력을 기르려면 노력이 필요하다. 실력은 고군분투할 때 자란다.
- 고군분투할 때 2번 시스템이 활성화되고 진정한 발전이 일어난다. 그럴 때 미엘린이 쌓이고 뉴런이 단단하게 연결된다.
- 생산적 실패: 고군분투한 뒤에만 도움을 청한다.

스위트 스폿을 찾아라

심리학자 미하이 칙센트미하이 박사는 최고의 성과를 내는 사람들이 일에 몰입하고 지속하여 실력을 높여 가는 과정을 연구했다. 그가 밝혀낸 바에 따르면, 성과의 최강자들은 모두 한계선 너머로 꾸준히 자신을 밀어냈다. 칙센트미하이는 '몰입'이라는 불명확한 개념을 조금 더 분명하게 바꿔 보기 위해 명확한 개념적 도구를 만들었다.

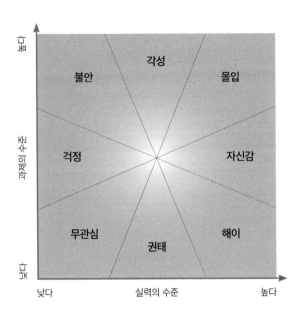

칙센트미하이의 도구를 사용하면, 몰입 상태로 들어가는 법을 찾을 수 있고 나아가 성장에 필요한 스트레스의 최적량을 훨씬 쉽게 결정할 수 있다. 여기서는 그 최적의 스트레스를 '최적점 과제'라고 부르기로 하자. 이런 스트레스는 표 오른쪽 상단 모서리에 있는 '몰입' 영역으로 가는 열쇠다.

최적점 과제란, 통제할 수 있는 것보다 살짝 어렵다고 느끼지만 지나치게 불안하거나 각성할 정도는 아닌 일을 말한다.* 지금 하는 일이 내 능력의 한계치보다 약간 더 바깥에 있다면, '스위트 스

---

* 브래드는 미시간대학교에서 학부 시절을 보낼 때 자신의 교수였던 리처드 프라이스 박사에게서 '최적점 과제'라는 말을 처음 들었다.

폿'(배트에서 공을 치기 가장 효율적인 지점―옮긴이)을 찾은 것이다. 그보다 쉬운 일은 '땅 짚고 헤엄치기'라고 할 수 있다. 그런 일은 너무 쉽기도 하고, 성장을 자극할 만큼 스트레스를 주지도 못한다. 그러나 그 이상으로 어렵거나 가슴 뛰는 소리가 들릴 만큼 불안한 기분이 드는 일이라면 오히려 집중하기가 어려워질 수 있다. 우리가 찾는 것은 스위트 스폿, 즉 당면한 과제가 현재 실력으로 감당할 수 있는 선을 살짝 벗어난 상태다.

> 우리가 찾는 것은 스위트 스폿, 즉 당면한 과제가 현재 실력으로 감당할 수 있는 선을 살짝 벗어난 상태다.

스티브가 세라 홀 같은 세계적인 장거리 육상 선수들을 위해 고안한 운동법이 바로 최적점 과제의 대표적인 예다. 홀은 '2016 세계 하프 마라톤 챔피언 결정전2016 World Marathon Championships'에서 정상에 가까운 성적을 거뒀는데, 대회 전에 마일당 5분 30초의 놀라운 속도로 15마일 템포 런tempo-run(적당히 강한 강도와 속도로 이뤄지는 육상 훈련―옮긴이) 훈련을 마쳤다. 기존에 그녀가 달리던 것보다 아주 조금 빠른 속도였다. 이런 훈련의 목적은 한계치를 높여 선수들이 현재보다 더 높은 수준으로 실력을 발휘하게 하는 것이다. 그래서 스티브의 선수들은 보통 다소 긴장한 모습으로 훈련에 나타난다. 그중에는 자신이 과연 훈련을 끝마칠 수 있을지 의문스러워하는 선수들도 있다. 탁상공론에만 능한 스포츠 심리학자들은 이런 의심과 불확신을 부정적으로 말하지만, 스티브는 의견이 다르다. 약간의 의심과 불확신은 사실 약이 된다. 그것은 성장의 기회가 열렸다는 신호다. 머릿속에서 '난 도저히 못 해.'라는 소리가 희미하게 들려온다면, 잘하고 있다는 뜻이다. 그럴 때, 마음은 안전지대를 뜻하는 익숙한 경로로 우리를 다시 데려가려고 한다. 그러나 최적점 과제는 익숙한 길에서 벗어나 조금 더 힘든 길로 가도록 우리를 독려한다.

이 개념은 운동, 음악, 회사 프로젝트 등 모든 것에 적용할 수 있다. 이 점이 바로 칙센트미하이 도표의 장점이다. 우리는 이 개념을 바탕으로 어떤 일도 계획할 수 있다. 그럴 때는 주어진 시점에서 활동을 더 힘들게도 수월하게도 할 수 있는 여러 상황적 요인을 고려해야 한다.

먼저, 고려할 외적 요소로는 다음과 같은 것들이 있다.

- 날씨
- 관중의 규모 (결과에 따른 금전적 보상)
- 성과금
- 마감
- (그룹/팀 프로젝트라면) 함께 일해야 하는 사람

내적 요소로는 다음과 같은 것들이 있다.

- 그 시점에서 생활에 존재하는 다른 스트레스 요인
- 그 일에 대한 개인적인 관심과 동기

- 신체적, 정신적 건강

평소에 하는 일들을 생각해 보자. 그것들은 칙센트미하이 도표에서 어느 부분에 해당하는가? 건강하고 지속 가능한 성장을 꿈꾸는가? 그렇다고 온종일 최적점 과제에만 몰두해야 한다는 말은 아니다. 현실적이지 못할뿐더러, 노력이 헛되지 않으려면 큰 스트레스 사이사이에 회복할 시간도 필요하다. 재무 모델링부터 그림 그리기, 장거리 달리기까지 무엇이든 기르고 싶은 역량이 있다면 꾸준히 최적점 과제를 찾아야 한다. 그런 과제가 있을 때 안전지대를 벗어날 수 있으며, 성장하기 위해 저항점까지 자신을 밀어붙일 수 있다.

퍼포먼스 가이드

- 어떤 능력을 기르고 싶은지 생각한다.
- 이 일에 대한 나의 현재 실력을 평가한다.
- 내 실력으로 하기에 살짝 어려운 과제를 적극적으로 찾는다.
- 그 일을 완전히 통제할 수 있다고 느끼면 조금 더 어려운 다음 과제를 마련한다.
- 집중 못할 만큼 불안하거나 각성하게 되면 과제의 난도를 낮춘다.

이번 장에서는 스트레스의 이점과 고군분투할 때 실력이 자라는 이유를 살펴보았다. 그리고 좋은 스트레스, 곧 성장을 촉진하는 스트레스를 가하려면(최적점 과제를 수행하려면) 어떤 활동이 필요한지도 알아보았다. 이제부터는 그런 과제를 다루는 방법과 함께, '생산적'인 일에 대한 많은 통념이 성공으로 이어지지 못하는 이유를 살펴보기로 하자.

CHAPTER

'얼마나'가 아닌
'어떻게'를 생각하라

1990년대 초반, 행동 과학자 안데르스 K. 에릭슨Anderson K. Ericsson 박사는 사람이 전문가가 되는 과정을 연구하기 시작했다. 당시에는 전문가가 되는 열쇠는 경험이라고 생각하는 사람이 많았다. 다들 더 오래 연습하면 더 잘하게 된다고 믿었다. 결국 에릭슨은 (해당 분야에 필요한 유전자의 도움도 약간은 필요하지만) 전문가가 되려면 경험이 쌓여야 한다고 결론지었다. 그러나 그는 이 프로젝트를 시작한 지 얼마 되지 않아서 전혀 다른 이야기와 맞닥뜨렸다.

이해할 수 없는 연구였다. UC버클리의 물리학 교수들이 학생들과 함께 기본 개념 문제를 풀었는데, 교수들이 학생들에게 뒤질 때가 있었다고 했다. 하지만 이 교수들 가운데는 수십 년간 물리학을 연구하고 가르친 사람들도 있었다. 뭔가 앞뒤가 맞지 않았다.

에릭슨은 알려지지 않은 연구들을 파헤쳐 나가는 동안 계속해서 놀라운 결과들을 찾아냈다. 예를 들어, 오래 일한 심리 상담사가 반드시 피상담자를 성공적으로 치료하는 것은 아니었다. 의사들은 경험이 '쌓일수록' 방사선 촬영 결과 오판율이 '높아지는' 경우가 많다는 연구도 있었다. 그들은 정식 수련 이후 시간이 흐르면서 더욱더 실수가 잦아졌다.

(와인 감별부터 금융 투자까지) 연구에서 다룬 모든 영역에서, 경험은 최고의 성과를 판가름하는 중요한 변수가 아니었다. 오히려 성과만 놓고 보면 초보자와 베테랑을 구분 짓기가 거의 불가능할 때도 있었다. 어떤 각도로 보더라도 경험과 전문성이 반드시 비례하는 것은 아님을 에릭슨은 알게 되었다.

그래서 에릭슨은 궁금증이 일었다. 경험이 아니라면 대체 무엇이 열쇠일까? 그는 이 점을 알아내기 위해 연구진과 함께 독일 베를린으로 가서 그 유명한 글로벌뮤직아카데미Global Music Academy의 바이올린 전공 학생들을 안에서 살펴보기로 했다. 이 학교는 국제적인 명성이 자자한 바이올리니스트 양성소였고, 세계에서 내로라하는 연주자 중에도 이곳을 졸업한 이가 많았다. 학교에 도착한 에릭슨과 연구진은 학생들에게 지금껏 하던 대로 하되 한 가지만 다르게 해 달라고 주문했다. 바로, 하는 일을 모두 기록하는 것이었다. 학생들은 일과가 끝날 때마다 깨어 있는 시간 동안 한 일을 분 단위로 기록했다. 일주일 후, 에릭슨은 최상위권 학생들과 평범한 학생들의 일과를 비교했다(학교 측 교수들이 국제적인 독주자가 될 만큼 뛰어난 학생들을 분류해 주었다). 학생들 대부분이 매주 연습에 쏟는 시간은 50시간 정도였고, 개인차는 크지 않았다. 어쩌면 당연한 결과인지도 몰랐다. 글로벌뮤직아카데미는 어마어마한 시간을 들여 열심히 노력하지 않고서는 입학 추천조차 받기 힘든 곳이었으니 말이다. 그런데 모든 학생이 비슷한 시간을 연습했다고 하자, 에릭슨은 본래 알던 사실에 더욱 확신이 생겼다. 경험만으로는 전문가가 될 수 없었다!

다음으로, 연구진은 그 50시간 동안 학생들이 한 일을 살펴보았다. 그들은 각자 어떻게 그 시간을 채웠을까? 답은, '아주 다르게'였다. 최상위권 학생들은 훨씬 긴 시간 동안 고도의 집중력을 발휘해서 구체적인 목표를 달성해 나갔고, 그러는 동안 다른 일은 전혀 하지 않았다. 그들은 방해 요소를 모두 차단했으며, 대충 시간을 때우는 경우는 드물었다. 에릭슨의 연구진이 보기에, 최상위권 학생들은 평범한 학생들보다 훨씬 더 '의식적'으로 연습에 임했다.

에릭슨과 연구진은 계속해서 운동선수, 화가, 지식인들을 대상으로 추가 연구를 진행했다. 그리고 매번 같은 점을 알아냈다. 최고의 성과를 판가름하는 것은 경험이 아니라 '얼마나 오랫동안 의식적으로 연습하는가'였다. 비록 에릭슨은 나중

> 최고의 성과를 판가름하는 것은 경험이 아니라 '얼마나 오랫동안 의식적으로 연습하는가'였다.

에 유명한 '1만 시간 법칙'(누구나 1만 시간을 연습하면 어떤 분야에서든지 전문가가 될 수 있다는 개념)을 대중화시킨 말콤 글래드웰과 인연을 맺지만, 그가 '실제로' 알아낸 것은 1만 시간 법칙과는 꽤 거리가 있었다. 연습 시간만 채운다고 전문가가 되지는 않는다. 중요한 것은 그 시간을 어떻게 쓰는가이다. 그냥 연습이 아니라, '완벽한' 연습이 완벽함을 만드는 것이다.

프로와 아마추어의 차이

그렇다면, 완벽한 연습에는 정확히 무엇이 필요할까? 에릭슨이 알아낸 바에 따르면, 최고의 성과를 내는 사람들은 적극적으로 '최적점 과제'를 찾았다. 그들은 연습 시간 동안 달성할 목표를 계획했고, 이 목표는 그들의 현재 능력치를 살짝 웃돌았다. 그러나 여기서 끝이 아니다. 정말로 의식적인 연습이 이뤄지려면 깊이 집중해야 한다.

이를 실험하기 위해, 연구자들은 프로 가수들과 아마추어 가수들에게 생리 지표를 측정하는 기기를 연결했다. 센서가 준비되자, 가수들은 평소 루틴대로 연습을 진행했다. 연습이 끝날 즈음 각 가수는 얼마나 편안했고 얼마나 집중했는지를 평가하는 몇 가지 질문을 받았다. 그 결과, 뚜렷한 패턴이 나타났다. 하드 데이터hard data를 나타내는 생리적 수치와 소프트 데이터soft data를 나타내는 주관적 답변에서 모두 드러나기를, 아마추어 가수들은 연습 시간 동안 긴장이 이완됐고, 보통 그 시간을 즐겼다. 반면, 프로 가수들은 연습 시간 내내 집중력이 대폭 향상됐다. 그들은 세심하게 주의를 기울여 자신의

어떤 분야에서든지 훌륭한 성과를 내는 사람들은 진지하게 일하는 동안 몸으로도 마음으로도 온전히 현재에 머무른다. 그 순간에 온전히 몰두하는 것이다.

노래에서 구체적인 부분들을 개선해 나갔다. 연습의 즐거움이 줄어들더라도 말이다. 제일 뛰어난 가수들은 심리적 안전지대를 살짝 넘어갈 때까지 전력을 다하며 예리하게 의식을 발동했다. 프로와 아마추어 가수들은 모두 같은 시간 동안 연습했지만, 그들은 그 시간을 아주 다르게 사용했다.

어떤 분야에서든지 훌륭한 성과를 내는 사람들은 진지하게 일하는 동안 몸으로도 마음으로도 온전히 현재에 머무른다. 그 순간에 온전히 몰두하는 것이다.

온전히 현재에 집중하라

밥 코커Bob Kocher 박사는 우리 멘토 중 한 사람으로, 학문과 문화, 예술이 꽃폈던 르네상스 시대 사람이 아닐까 싶다. 그는 워싱턴대학교에서 학부를 마쳤고 조지워싱턴대학교 의과 대학에 들어가 의학을 전공했다. 하버드나 예일 같은 아이비리그 최고 명문 학

교에 다니지는 않았지만, 최고 중의 최고이자 의학계의 로즈 장학금Rhodes Scholarship 격인 하워드휴즈의학연구소 장학금Howard Hughes Medical Institute Fellowship을 받았다. 닥터 밥(모두가 그렇게 부른다)은 하버드대학교 부속 베스이스라엘디커니스병원Beth Israel Deaconess Medical Center에서 의사 생활을 했지만, 몇 년이 지나자 병든 시스템에서 수술해서는 병든 사람들을 제대로 도울 수 없음을 깨달았다. 힘들고 두려운 결정이었지만, 그는 어려운 선택 끝에 임상을 벗어나 시스템 차원에서 의료 시스템을 개선할 기회를 찾아보기로 했다. 그리고 많은 기회를 찾았다.

닥터 밥은 의사 가운을 걸친 이래 많은 직책을 거쳤다. 주요 컨설팅 회사의 파트너, 미국 대통령 직속 보건 경제 전문가, 브루킹스연구소Brookings Institution의 학자, 스탠퍼드대학교의 교수 등은 그 일부에 불과하다. 현재 그는 실리콘밸리의 가장 큰 벤처 투자 회사에서 파트너를 역임하고 있다. 여기서 장차 의료계를 뒤흔들 만한 제품과 서비스를 보유한 스타트업 기업들에 수백만 달러를 투자한다. 혁신과 의료에 관한 그의 의견은 책으로 출간되어 《뉴욕타임스》 베스트셀러가 됐고 저명 학술지에도 실렸다. 그는 또 무수한 베스트셀러에 대해 전문가로서 인터뷰에 응했다. 미국뿐 아니라 다른 나라의 지도자들도 의료 문제에 대해서는 그와 의견을 나눈 뒤에야 결정을 내리는 일이 많다. 요약하자면, 닥터 밥은 그야말로 성과의 제왕이다.

물론 우리는 닥터 밥이 그렇게 많은 일을 이뤘고 그러기까지 열심히 노력했기에 그를 존경한다. 하지만 우리가 그를 존경하는 또 다른 이유는 그가 40달러짜리 전자시계를 차는 사람이기 때문이다. 그는 절대 돈을 보고 이런 일을 하거나 물질적인 호화로움을 쫓는 사람이 아니다. 그는 육체의 건강을 가장 우선시하며 거의 매일 한 시간 이상씩 운동을 한다. 그리고 무엇보다 훌륭한 남편이자 두 어린 딸의 자상한 아버지며, 거의 항상 집에서 저녁을 먹고, 딸들의 교외 활동에서도 자리를 지킨다. 우리가 팔로알토Palo Alto의 사무실에서 닥터 밥을 만나던 날 제일 알고 싶었던 것은 대체 어떻게 그 많은 일을 이루면서 삶의 균형을 유지할 수 있는가였다. 그런데 그가 말하지 않았는데도 답을 알 수 있었다.

우리는 닥터 밥과 함께 사무실로 걸어 들어간 순간부터 닥터 밥과만 함께 있었다. 이메일, 전화, 귀찮게 하는 동료는 거기 없었다. 그는 우리가 들어가기 전까지만 해도 세간의 관심이 집중된 의학 잡지에 보낼 글을 쓰고 한 회사의 앞날을 결정하는 중이었지만, 우리가 사무실에 있는 동안은 그 이야기를 꺼내지 않았다. 우리는 셋이서 아무런 방해 없이 이 책에 관해서만 이야기했다. 손에 잡힐 듯 에너지가 느껴졌다. 그는 미국 대통령에게나 쏟을 만한 관심을 우리에게 쏟으며 온전히 시간을 내 주었다. 우리는 그의 성공 비결을 그 자리에서 눈으로 확인할 수 있었다.

닥터 밥은 한 번에 한 가지 일만 온전히 집중해서 한다. 그렇게 할 때

> 닥터 밥은 한 번에 한 가지 일만 온전히 집중해서 한다. 그렇게 할 때 많은 것 역시 잘할 수 있다.

많은 것 역시 잘할 수 있다. 그는 그렇게 글을 쓰고, 의료 정책에 관여하며, 회사들에 투자하고, 좋은 남편과 아버지가 된다. 싱글태스킹을 고집하는 덕분에, 그는 어떤 글을 쓰고 누구와 소통하든지 배우고 성장한다. 닥터 밥은 말한다. "멀티태스킹을 못 하는 건 아니에요. 하지만 그렇게 하면 모든 게 다 힘들어져요. 그래서 그냥 안 하는 겁니다. 절대로요."

닥터 밥은 하루를 시간 단위로 쪼개 둔다. 각 시간대에는 확실한 목적이 있다. 이를테면 이런 것들이다. 기고문 500단어 쓰기, 투자 후보 회사 한 곳 충분히 알아보기, 흥미로운 사람과 자유롭게 대화하기, 최대치의 80퍼센트 심박수 유지하며 근력 운동 하기, 정치적 성향의 모임에서 결정권자에게 의견 말하기, 아내와 딸들과 저녁 먹기. 이렇게 시간대별로 목표를 두면 '한 번에 하나만'이라는 자신의 지배 규범을 지킬 수 있다. 닥터 밥이 그토록 많은 일을 할 수 있는 비결은 최소한으로 일하는 것이다. 그는 극강의 싱글태스커single-tasker이다.

멀티태스킹의 함정에서 벗어나라

닥터 밥의 이야기는 깊은 통찰을 제시한다. 그렇지만 이것이 누구에게나 맞는 전략일까? 만약 그렇다면 왜 그렇게 많은 사람이 멀티태스킹을 고집하는 것일까?

사람들은 멀티태스킹을 사랑한다. 왜냐하면 여러 가지를 한꺼번에 할 때 생산적이라고 느끼고 만족감도 커지기 때문이다. 우리의 잠재의

우리 중 99퍼센트에게, 효과적인 멀티태스킹은 곧 효과적인 망상일 뿐이다.

식 속 내면의 음성은 말한다. "이것 봐, 내가 이걸 전부 해내고 있어. 이것도 끝, 저것도 끝, 내가 끝낸 일들을 보라고!" '최대 효율 optimization'과 '다중 처리multiple processes'를 권장하고 칭찬하는 사회에 사는 우리는 '효율적'이 되고자 하는 욕구를 이기지 못한다. 그러나 사람의 뇌는 컴퓨터처럼 일할 수 없다. 우리 중 99퍼센트에게, 효과적인 멀티태스킹은 곧 효과적인 망상일 뿐이다.*

멀티태스킹이 자신 있다고 하는 사람들조차 fMRI를 찍어 보면 한 번에 두 가지 일을 아주 잘해내기는 불가능하다는 결과가 나온다. 우리가 여러 가지 일을 한꺼번에 할 때, 뇌는 이 일과 저 일 사이를 끊임없이 왔다 갔다 하거나, 두뇌의 능력을 일의 가짓수대로 나눠서 쓴다. 여러 연구에서는 멀티태스킹을 하면 결과적으로 일의 질은 물론 양도 떨어진다고 말한다.

일과 일 사이를 오가는 데 들어가는 대가가 얼마 안 될 것 같지만(한 번에 1/10초 정도), 이것도 시간이 가면 누적이 된다. 미시간대 학교 연구진에 따르면, 아무리 수월하게 보이는 일이라도 멀티태스킹을 하면 생산적인 시간이 최대 40퍼센트까지 소모될 수 있었다.

---

* 연구에 따르면 인구의 1퍼센트 남짓은 효과적인 멀티태스킹이 가능하다. 그러나 당신은 그 1퍼센트가 아닐 확률이 높다. 확률이란 그런 것이다.

두 배로 일하는 것처럼 느낄 수 있지만, '실제로는' 기껏해야 반 정도를 일하는 셈이다.

멀티태스킹은 단기 성과만 떨어뜨리는 게 아니다. 또 다른 연구를 살펴보면 '만성' 멀티태스커들은 관계없는 정보를 잘 거르지 못하고, 패턴을 구분하는 속도(패턴 인지 능력은 인지 수행 능력에 대한 일반적인 지표로 쓰인다―옮긴이)가 더디며, 장기 기억력이 상대적으로

퍼포먼스 가이드

중요한 작업에 들어갈 때는 항상 '완벽한 연습'의 구성 요소들을 적용한다.

- 일하기로 한 시간에 달성할 목표를 정하고 그 시간의 목적을 분명히 한다.
- 무엇을 배우거나 끝내고 싶은지 자문한다.
- 깊이 집중한다. 물론 항상 즐겁지만은 않은 일이다.
- 한 가지 일만 한다. 여러 가지를 한 번에 하고 싶은 생각이 들면, 멀티태스킹은 효과적이지 않다는 연구 결과를 떠올린다. 닥터 밥의 비결을 명심한다. '한 번에 하나만!'
- 양보다 질이 우선임을 기억한다.

나빴다. 다시 말해, 멀티태스킹은 오늘 하는 일만이 아니라 내일 할 일에도 안 좋은 영향을 끼쳤다. 에릭슨이 만난 전문 바이올리니스트들과 르네상스 사나이 닥터 밥이 알려 주듯, 한 가지 일에 온전히 집중할 때 스트레스를 통해 성장할 수 있는 것이다.

그러나 우리는 그 폐해를 알면서도 멀티태스킹을 그만두지는 못한다. 멀티태스킹을 가능하게 하고 용이하게 하는 여러 전자 기기는 중독성을 띠곤 한다. 이 기기들은 온전한 몰입을 가로막으며, 당면한 일에 잠재된 성장 자극을 감소시킨다. (육상 선수가 트랙에서 인터벌 훈련을 하는데 알림이 울릴 때마다 스마트폰을 확인하느라 달리기를 멈춘다고 하자. 멈추고 시작하고를 끊임없이 반복하면 분명 기록에 악영향을 미칠 것이다.) 이런 전자 기기의 늪에서 벗어날 효과적인 방법을 알아보기 전에, 우리가 애초에 그것들에 깊이 중독되어 버린 이유를 먼저 살펴보자.

스마트폰과 도박의 공통점

도박(곧 설명하겠다)을 해야 한다면, 당신이 핸드폰을 사랑한다는 쪽에 돈을 걸겠다. 그게 문제라는 건 아니다. 우리도 핸드폰을 사랑한다. 이 놀라운 도구 덕분에 우리는 불과 15년 전만 해도 꿈도 못 꿨을 만큼 세상과 가깝게 연결된다. 사실 우리가 핸드폰을 사랑하지 않았더라면 당신이 지금 이 책을 읽고 있지도 않았을 것이다. 2014년

초, 브래드는 샌프란시스코 시내를 걸으며 트위터 피드를 읽어 내려가다가 스티브 매그니스라는 남자의 아주 흥미로운 트윗을 접했다. 그때 스티브는 휴스턴의 카페에 있었다. 브래드는 스티브의 트윗에 링크된 주소를 클릭해 들어가서 블로그 글을 읽다가 가슴이 뛰었다. 어안이 벙벙했다. '이야, 이 사람 나랑 여러 가지로 잘 맞겠는데.' 브래드는 스티브의 블로그를 더 읽어 보다가 얼른 스티브한테 이메일을 보내기로 했다. 몇 분 뒤, 두 시간 시차 거리에 있던 스티브는 핸드폰을 들고 몇 차례 화면을 스크롤 해 내려간 끝에 '답장'을 눌렀다. 우리의 알찬 인연은 이렇게 시작되었다.

물론, 여기서 과학 기술을 악마로 내몰 생각은 없다. 그러나 이런 경험담이나 앱 생산자들이 영리하게 설계한(교묘한 속임수는 아닐 것이다) 어떤 부분들 때문에 세상에는 그토록 스마트폰을 사랑하며 절대 내려놓지 못하는 사람이 많다. 스마트폰은 정말 중독성이 강해서 매일 수백 명이 스마트폰 때문에 목숨을 걸기도 하고 잃기도 한다. 질병통제예방센터CDC에 따르면, 운전 중 스마트폰 사용과 관련된 자동차 충돌 사고로 미국에서만 매일 9명의 사망자와 1150명 이상의 부상자가 나온다. 최근 조사에서는 18세부터 64세까지의 미국인 운전자 31퍼센트가 최근 30일 동안 한 차례 이상 문자 메시지를 보내기 위해(혹은 트위터, 페이스북, 이메일을 사용하기 위해) 운전 중에 스마트폰을 사용했다고 했다. 이보다 더 위험한 일이 어딨겠는가. 게다가 안타깝게도 보고되지 않은 경우는 훨씬 더 많다고들 한다. 잠깐 자신에게만이라도 솔직해져 보자. 최근 30일 동안 운전 중에 핸드폰을 확인하거나 문자 메시지를 보낸 적이 있는가? 또는 그런 사람이 운전하는 차를 탄 적이 있는가? 두 가지 질문에 모두 아니라고 답했다면, 훌륭하다 그러나 그런 경우는 드물다. 우리는 대부분 위험성을 잘 알면서도 핸드폰을 확인하려는 충동을 쉽게 이기지 못한다.

이렇게 되는 이유를 알아보기 위해, 많은 사람의 삶을 무너뜨리는 또 다른 중독인 도박을 살펴보자. 도박하는 사람은 블랙잭 테이블에서 다음 카드를 기다리거나 슬롯머신의 레버를 아래로 당길 때 강력한 신경 화학 물질인 도파민의 타격을 받는다. 도파민은 사람을 흥분시키고 자극하며 도파민의 영향을 받은 사람은 활동력이 왕성해지고 생기가 돈다. 사람이 무언가를 성취한 뒤에 분비되는 다른 신경 화학 물질들과 달리, 그것들보다 월등하게 강력한 도파민은 어떤 일의 성과를 내기 전, 즉 무언가를 간절히 원하고 바랄 때 분비된다. 다시 말해, 우리는 승리가 아닌 승리를 좇는 것에 중독되는 것이다.

도박의 예측 불가한 성질, 딜러가 카드를 뒤집고 슬롯이 멈추는 순간을 기다리며 느끼는 감정은 초대형 도파민 돌풍을 일으킨다. 왜냐하면, 이길 '가능성'이 거의 없는 불확실한 상황이 100퍼센트 이길 것이 확실한 상황보다 훨씬 더 매력적이기 때문이다. 그렇지 않다면 사람들은 슬롯머신 대신 4퍼센트 이자를 보장하는 채권에 너도나도 돈을 넣고 싶어 했을 것이다. 그러나 어쩌면 좋은가. 뇌는 우리가 보상을 얻을 때보다 보상을 좇을 때 더 많은 도파민으로 노고를 보상한다.

현대의 카지노에서는 생화학적 자극에 이끌려 무언가를 좇는 것이 유리한 생존 전략은 아니지만, 먼 옛날에 그것은 필수 생존 전략이었다. 사람이 예측할 수 없는 보상에 끌리지 않았더라면, 우리는 오늘날 세상에 있지 않았을 것이다. 우리의 최초 조상들은 성공이 보장되지 않는 상황에서 몇 날 며칠 먹을 것을 사냥하며 그 시간을 견디기 위해 강력한 이유가 필요했다. 그래서 인간은 좇기를 갈망하도록 진화한 것이다.

인간에게 이 같은 성향이 있음을 알고 나면, 수천 년이 지난 지금 우리가 스마트폰을 내려놓을 수 없는 이유도 이해할 수 있다. 최고로 영리한 사람들이 우리를 유혹할 셈으로 만들어 낸 스마트폰과 스마트폰 앱은 슬롯머신처럼 작동한다. 이메일과 메신저, 트위터, 페이스북, 인스타그램의 화면을 내리며 새로운 내용이 나타나기를 기다리는 동안 몸에서는 도파민 홍수가 일어난다. 한 줄로 늘어선 체리와 숫자 7 대신, 사람들은 '좋아요'와 '댓글', '메시지'라는 잠재적 보상을 좇는다. 그리고 대부분 매번은 아니지만 확인을 계속할 만큼 자주 그 보상을 받는다. 또한, 어딘가에서 누군가가 메시지를 보내올 가능성은 항상 있으므로 우리는 이 사회적 슬롯머신을 쉽게 내려놓지 못한다. 고속 도로를 달릴 때조차 말이다. 이것은 안전 운전만이 아니라 성과를 내는 데도 문제가 된다. 왜냐하면, 앞서 이야기했듯 (성장하고 최고가 될 만큼) 최고로 효과적으로 일하려면 온전히 집중해야 하기 때문이다. 닥터 밥은 우리를 만나는 동안

단 한 번도 핸드폰을 확인하지 않았다. 그것에 대해 생각조차 하지 않았다. 사실, 그 사무실에는 핸드폰이 있지도 않았다.

눈에서 멀어지면 마음에서도 멀어진다

스마트폰에 방해받지 않는 가장 흔한 방법은 아주 간단하다. 스마트폰을 무음 모드로 바꾸고 화면이 아래로 가게 테이블에 내려 놓거나 주머니에 넣어 버리는 것이다. 그러나 이것만으로는 최고의 성과를 내는 데 필요한 만큼 깊이 집중할 수 없다. 손 닿는 거리에 핸드폰을 두되 확인하지는 말라는 것은 약물 중독자한테 잘 보이는 곳에 약물이 든 주사기를 두되 쓰지는 말라고 하는 것과 다르지 않다. 두 경우 모두 보상에 대한 갈망과 그것에 대한 감정적, 화학적 중독의 정도가 너무 강하다.

　머리로 속임수를 쓰면 핸드폰을 확인하고 싶은 유혹을 밀어내기는 더 어려워진다. 핸드폰의 전원을 끄고 주머니에 넣었는데 진동을 느낀 적이 있는가? 만일 그렇다면, 당신만 그런 것이 아니다. 인디애나대학교와 퍼듀대학교 포트웨인캠퍼스의 공동 연구에 따르면, 대학생 89퍼센트가 유령 진동 증후군Phantom vibration syndrome을 겪는다. 그들은 2주에 한 번꼴로 핸드폰이 울리지 않는 상태에서 진동을 느낀다고 했다. 핸드폰이 꺼져 있다는 걸 알면서도, 알림에 대한 무의식적인 바람이 신체 감각으로 나타나는 것이다. 그들은 하던 일을 멈추고 실제로는 울리지도 않는 핸드폰의 진동을 확인했다.

한편, 핸드폰이 가까이 있었지만 어떻게든 확인하고 싶은 유혹을 용케 이겨 냈다고 하자. 사실, 이것만으로도 큰 노력이 필요했을 것이다. 두뇌의 에너지를 정말로 이루고자 하는 일에 완전히 모는 대신 핸드폰을 확인하는 것에 대해 생각하고, 핸드폰 화면에서 무엇이 나를 기다리고 있을지 상상하며, 그러면서도 실제로 확인하지는 않도록 자신을 억누르기까지 해야 한다면, 그 각각에도 상당한 에너지가 들어가기 때문이다. 《저널오브소셜사이콜로지The Journal of Social Psychology》에 실린 한 연구에서는 대학생들에게 핸드폰을 눈앞에 두고 어려운 운동 과제를 연달아 수행하게 했다. 당연히 그들은 핸드폰이 보이지 않은 상태에서 과제를 수행한 통제 집단보다 현저하게 수행 능력이 떨어졌다. 상황이 더욱더 흥미로워진 것은 모든 참가자의 핸드폰을 치우고 연구 지도자의 핸드폰만 남겨 뒀을 때였다. 놀랍게도, 참가자들은 눈앞에 있는 핸드폰이 자기 것이 아닌데도 과제를 잘해내지 못했다.

스마트폰은 켜져 있든지 꺼져 있든지 주머니 속에 있든지 테이블 위에 있든지 우리를 방해하며, 심지어 내 것이 아닌데도 내 집중력을 쥐락펴락한다. 이렇게 말하기는 안타깝지만, 당신은 지금까지 몇 분 동안

스마트폰은 켜져 있든지 꺼져 있든지 주머니 속에 있든지 테이블 위에 있든지 우리를 방해하며, 심지어 내 것이 아닌데도 내 집중력을 쥐락펴락한다.

PART 1 피크 퍼포먼스의 비밀을 찾아서

스마트폰에 대해 읽은 것만으로도 이 글을 집중해서 읽기 어려웠을 가능성이 크다(우리도 그랬다). 심지어 이 이야기 때문에 스마트폰 생각이 났거나, 더 안 좋게는 스마트폰을 확

인하고 말았을 것이다. 결국 스마트폰의 방해를 예방하는 가장 좋은 해결 방안은 스마트폰을 완전히 치워 버리는 것이다. '눈에서 멀어지면 마음에서도 멀어진다'라는 말에는 많은 진리가 담겨 있다.

컬럼비아대학교의 월터 미셸Walter Mischel 박사는 의지력을 다루는 세계적인 전문가다. 그는 유혹을 이기는 사람과 이기지 못하는 사람은 왜, 어떤 과정을 통해 그렇게 되는지를 연구하는 데 30년 넘는 세월을 바쳤다. 미셸은 그 시간 동안 어린이와 어른을 대상으로 수많은 연구를 진행하며, 자기를 통제하는 가장 좋은 방법 한 가지는 욕구 대상을 눈에 보이지 않게(진동이 울리는 핸드폰의 경우에는 손에 닿지 않게) 치우는 것임을 알게 됐다. 미셸이 연구에서 알아낸 바를 살펴보면, 왜 도박 중독을 치료할 때는 카지노 근처에 가지 말아야 하는지를 알 수 있다. 다이어트할 때 건강하지 못한 음식은 찾기 힘든 데 숨기거나 집에서 완전히 치워 버리라는 말이 만고불변의 진리인 이유도 분명해진다. 원하는 물건을 보는 것만으로도 뇌에서는 도파민이 분비된다. 마치 악마가 어깨에 앉아서 이렇게 말하는 것과 같은 상황이 된다. "딱 한 번만인데 정말 안 돼?"

브래드는 이번 장을 쓰는 동안 '눈에서 멀어지면 마음에서도 멀

어진다'라는 말을 생활 속 여러 상황에서 직접 시험해 보았다. 일립 티컬트레이너elliptical trainer(러닝머신, 자전거, 스테퍼를 합친 듯한 운동기구—옮긴이)에서 힘든 인터벌 훈련을 하든, 중량 운동을 하든, 책을 쓰든, 핸드폰을 완전히 없앤 상황에서 성과가 더 좋았다. 각 활동에 대한 현실적이고 객관적인 수치(생성된 전력량, 들어 올린 무게, 작성된 단어 수 등)가 모두 증가한 것이다. 이런 객관적인 데이터는 브래드의 주관적인 경험에 힘을 실어 주었다. 그는 핸드폰이 눈에서 사라지자 곧 그 존재 자체를 잊어버렸다. 그리고 다른 때보다 10~15퍼센트 더 집중력이 향상된 것 같았다. 핸드폰을 켜거나 들여다보는

퍼포먼스 가이드

- 깊은 집중을 방해하는 요소를 알아낸다. 스마트폰은 그중 많은 것을 할 수 있는 도구다. 집중을 방해하는 요소의 예는 다음과 같다.
  - ⊘ 문자 메시지
  - ⊘ 인터넷
  - ⊘ SNS
  - ⊘ 텔레비전 등
- 방해 요인을 없앤다. 눈에서 멀어질 때만 정말로 마음에서 멀어짐을 기억한다.

선택지가 사라지자, 그는 주머니에서 가벼운 물건 하나를 꺼내는 것보다 훨씬 많은 일을 할 수 있었다. 마치 어깨에서 커다란 짐 하나를 덜어 낸 기분이었다.

일과 휴식의 완벽한 비율을 만들어라

스스로 스트레스를 준다는 것은 피곤한 일이다. 훌륭한 성과를 내는 사람은 자신이 견딜 수 있는 스트레스에는 한계가 있음을 이해하고 그 한계를 중시한다. 그 한계를 넘기면 긍정적이고 생산적인 스트레스도 해롭고 치명적으로 변모할 수 있음을 안다.

에릭슨은 전문가들을 연구하는 동안, 어떤 분야의 최고라도 2시간 이상 쉬지 않고 깊이 집중해서 일하는 것은 불가능함을 알게 됐다. 아주 드물게 단기적으로는 가능한 경우도 있었지만, 이 한계점을 넘어가자 그들은 몸으로도 머리로도 계속해서 똑같은 양을 해내지는 못했다. 에릭슨이 알아낸 바에 따르면, 성과의 최강자들은 보통 60분에서 90분 단위로 집중한 뒤 짧게 휴식을 취했다.

에릭슨의 연구는 창의적인 분야에서 일하는 사람들(예: 예술가)과 경쟁적인 분야에서 일하는 사람들(예: 체스 선수와 운동선수)을 중심으로 이뤄졌지만, 새로운 연구에 따르면 그가 연구에서 얻은 업무 현장에도 적용된다. 최근 국제적인 소셜 네트워킹 회사인 드로이엄그룹Draugiem Group은 가장 성과가 좋은 직원들의 습관을 알아보고자 했다. 회사는 이를 위해 데스크타임DeskTime 개발자들과 손을 잡았다. 데스크타임은 정교한 시간 추적 앱으로, 직원들이 일하는 시간과 일하지 않는 시간을 확인할 수 있었다. 연구 결과, 최고로 일 잘하는 직원들은 모두 특정 루틴을 따라, 52분 동안 몰두해서 일한 뒤 17분을 쉬는 식으로 업무 시간을 보냈다.

드로이엄그룹처럼 직원들의 업무 형태를 조정하거나 분석한 회사들은 또 있었다. 그런 회사들의 경우, 모두 직군이나 업무 내용과 관계없이 단위 시간을 열심히 일한 뒤 짧게 휴식을 취할 때 업무 성과가 가장 좋았다. 육가공 공장에서는 1시간 단위로 51분 일하고 9분 쉴 때, 농산물 농장에서는 90분 단위로 75분 일하고 15분 쉴 때 가장 생산성이 높았다. 매우 까다로운 인지 작업을 수행하는 사람들의 습관을 살펴본 또 다른 연구들에서는 50분 일하고 7분 휴식하는 주기로 일할 때 성과가 가장 좋은 것으로 나타났다.

> 50~90분 강도 높게 일하고 7~20분 휴식할 때 최고의 성과를 내는 데 필요한 신체적, 지적, 감정적 에너지를 유지할 수 있다.

일과 휴식의 정확한 비율은 일에서 요구되는 바와 개개인의 선호에 따라 달랐지만, 큰 틀은 분명했다. 50~90분 강도 높게 일하고 7~20분 휴식할 때 최고의 성과를 내는 데 필요한 신체적, 지적, 감정적 에너지를 유지할 수 있다는 것이었다. 이렇게 일과 휴식을 교차하며 일하는 방식은 흔히 볼 수 있는 '갈아 넣기'식 업무 처리 방식을 거스른다. 우리는 보통 처음부터 끝까지 적당히 열심히 일하거나, 쉴 틈 없이 몸이 부서져라 일만 해야 마땅하다고 생각하지 않았던가. 전통적인 접근법에 가까운 이 두 가지 방식은 모두 이상적이시 못하다. 진자로는 높은 성과를 낼 수 없으며, 후자로는 신체적, 지적, 감정적 피로는 물론 결국 번아웃을 겪을 것이기 때문이다.

한 자료 입력 회사는 직원들이 번아웃을 호소하자 매시간 5분의 의무 휴식 시간과 함께 하루 두 번의 긴 휴식 시간을 추가로 배정했다. 그러자 유급 업무 시간을 총 한 시간 '버리는 셈'이었지만, 직원당 업무량은 달라지지 않았다. 무엇보다도 직원들의 몸은 자잘한 불편함과 눈의 피로가 현격히 줄었다고 했다. 똑똑하게 일할 때 즉, 열심히 일하고 짧게 휴식하기를 번갈아 가며 일할 때 자신의 최대치를 끌어낼 수 있으며 심각한 피로와 번아웃을 피해 갈 수 있다.

재밌는 것은 엘리트 육상 선수들은 이미 오래전부터 이런 식으로 훈련해 왔다는 점이다. 독일 육상 코치 볼드마어 게르슐러 Woldemar Gerschler 는 1930년대에 고강도 달리기를 반복하면서 그 사이사이에 짧은 휴식을 집어넣는 인터벌 훈련을 처음으로 고안할 때, 확실한 목적이 있었다. 바로, 피로 때문에 기량이 떨어지기 전에 선수들이 좋은 기록을 최대한 많이 달성하게 하는 것이었다. 1세기 가까이 흘러, 스티브를 비롯한 대부분의 엘리트 육상 코치들은 지금도 선수들이 달성할 수 있는 좋은 기록의 양을 늘리기 위해 인터벌 훈련에 의지한다. 그리고 비록 100년 가까운 시간이 걸렸지만, 마침내 경기장 밖에서도 혁신적인 고용주들이 인터벌의 가치를 알아보기 시작했다는 건 정말로 반가운 일이다.

퍼포먼스 가이드

- (일에 따라 다르지만) 50~90분 단위로 나눠서 일한다. 집중 시간을 유지하기 어렵다면 훨씬 짧은 시간부터 시작한다.
- 어떤 일이든 그 일을 할 '체력'을 기르면 그 일을 더 오래, 열심히 할 수 있다.
- 어떤 상황에서 어떤 일을 하든지, 대부분 집중하는 시간은 2시간 미만으로 정해야 한다.

육상 선수들이 고강도 인터벌 훈련을 소화할 만한 체력을 다지는 데 시간이 걸리듯, 일정 시간 동안 집중하여 일할 만큼 자신을 다지는 데도 시간이 필요할 것이다. 멀티태스킹이 익숙하거나 디지털 기기의 방해 속에서 일하던 사람이라면 더욱 그렇다. (스마트폰 알림을 확인하거나, 이메일 창을 열거나, 잡념이 드는 등의 이유로) 온전히 집중하는 상태를 유지하기가 어렵다면, 10~15분으로 시작해서 집중 시간을 매주 점차 늘려 본다. 다른 기술과 마찬가지로 몰입도 시간을 들여 길러 가야 할 습관이다.

마인드셋의 힘

찌는 듯한 여름날, 야외에서 막 힘든 신체 운동을 끝낸 참이라고 하자. 누군가 얼음같이 차가운 밀크셰이크를 건넨다. 덥고 배도 고프니 벌컥벌컥 들이켤 법도 한데, 당신은 먼저 이렇게 물을지 모른다. "안에 뭐가 들었죠? 아몬드 밀크에 유기농 과일과 채소를 섞고 유청 단백질whey protein 파우더까지 곁들인 저칼로리 건강한 음료인가요? 영양학적으로 정반대 편에 있는 음료는 아니겠죠? 설마 우유에 고지방 초콜릿 아이스크림을 넣고 설탕 시럽을 곁들인 칼로리 폭탄 음료인가요?"

과학에서는(상식에서도), 우리 몸은 이 두 가지 음료에 각기 다르게 반응한다고 말한다. 먼저, 칼로리 폭탄 음료를 마시면 우리는 만족감을 느낀다. 그러나 몇 시간이 지나면 그 많은 설탕이 몸에 들어간 탓에 더 많은 당분을 원하게 된다. 반면, 건강한 음료를 마시면 활력과 에너지를 얻고 몸이 가벼워진다. 그러나 칼로리 폭탄 음료를 마셨을 때보다 만족감은 살짝 덜할지 모른다. 얼마 못 가 군것질거리에 손을 댈 수도 있다.

예일대 연구진은 방금 말한 두 가지 음료에 대한 사람들의 반응을 비교하고 이러한 가설들을 모두 그대로 확인했다. 건강하지 못한 음료를 받은 참가자들은 즉시 더 큰 만족감을 느꼈지만, 잠시 후 단것을 더 먹고 싶어 했다. 또한, 그들에게서는 그렐린Ghrelin이 급격히 감소했다. 그렐린은 허기와 관련된 호르몬으로, 수치가 떨어지면 뇌에 '배가 부르다'는 신호를 보낸다. 여기까지는 놀라운 점이 전혀 없을 것이다. 당연하지 않은가. 딱 예상했던 그대로다. 그러나 사소한 점 한 가지는 예외였다. 사실, 두 그룹은 완전히 똑같은 음료를 받았다. 유일하게 다른 점은 음료에 대한 설명이었다. 설탕과 지방, 과일, 채소, 단백질 파우더가 아닌 참가자들의 마음이 음료를 마신 뒤의 주관적 느낌뿐 아니라 몸속 호르몬 반응까지 지배한 것이다.

마음가짐, 곧 '마인드셋'의 영향은 우리의 자존감을 높여 주기 위해 잠깐 떠오른 심리학 개념쯤으로 일축돼 버리기 쉽지만, 자연과학에서 하는 말은 다르다. 세상을 바라보는 관점은 배움부터 건강, 장수, '다른' 음료에 대한 호르몬 반응까지 모든 것에 영향을 미친다.

관점을 변화시키는 것은 나 자신이다

1960년대 후반, 캐롤 드웩Carol Dweck이라는 젊은 박사 과정생이 예일대학교에서 어린이들의 무력감을 연구하고 있었다. 특히 드웩은 다음 질문의 답을 찾고 싶었다. 실패 상황에서 왜 어떤 어린이는 포기해 버리고, 어떤 어린이는 동기를 부여받을까? 그녀는 어린이들의 머릿속에서 답을 찾았다.

쉽게 포기하는 어린이들은 어려움 또한 피했고, 자신이 사람들과 다를 때 위협을 느꼈다. 그들은 배움과 성장을 스스로 통제할 수 없는 것으로 여기는 때가 많았다. 자신의 성공과 실패를 결정지을 자질들이 고정돼 있다고 생각했다. 어른들 말로 하면, 이 어린이들은 삶의 거의 모든 상황에서 비롯되는 결과는 타고난 능력과 재능, 즉 유전자 코드가 결정한다고 믿었다. 그들은 그 유전자 코드를 '가졌거나' 갖지 않은 것이었다. 가졌으면 똑똑했고, 갖지 않았으면 바보였다. 반면, 어려움을 동기로 삼거나 어려움과 더 자주 맞서려 하는 어린이들은 마인드셋이 완전히 달랐다. 그들은 열심히 하면 무엇이든 할 수 있다고 생각했다. 그리고 능력은 고정되지 않으며, 시간을 들여 연습하면 나아진다고 생각했다. 드웩의 말을 빌리자면, 이 어린이들은 '성장 마인드셋'을 가진 것이었다.

드웩과 동료들은 7학년 학생들 한 그룹의 성적을 2년 동안 추적한 끝에, 평가할 수 있는 면으로는 모든 학생이 같은 기준점에서 시작했지만, 성장 마인드셋을 가진 학생들이 '고정 마인드셋'을 가진 학생들보다 훨씬 빠르게 성장했음을 알아냈다. 성장 마인드셋을 가진 학생들은 자신을 더 강하게 밀어붙이고 최적점 과제를 찾았으며, 생산적 실패를 긍정적으로 보려고 했다. 반면, 고정 마인드셋을 가진 학생들은 어려움을 피했고, 과정이 힘들어지면 그만뒀다.

어떤 마인드셋을 갖게 되는가는 대부분 우리의 통제를 벗어난 일처럼 보일 수 있다. 부모와 보호자, 혹은 어릴 때 처음 만난 선생님들이 심어 준 가치관에서 비롯되는 것으로 보일지도 모른다. 우리는 수고와 노력으로 보상받았는가(성장 마인드셋을 장려받았는가)?

아니면, 결과만으로 보상받았는가(고정 마인드셋을 장려받았는가)? 나아가, 고정 마인드셋을 가진 사람들은 고정 마인드셋의 본질이 그렇듯 태어날 때부터 죽을 때까지 고정 마인드셋을 버리지 못하는가? 아니면, 사람의 마인드셋을 바꿀 방법이 있는가?

드웩은 이러한 점을 알아보기 위해, 고정 마인드셋을 가진 7학년 학생들에게 신경 가소성을 집중해서 다루는 8주 과정 수업을 들으며 뇌가 성장하는 과정을 과학적으로 배우게 했다. 이 과정에는 설득력 있는 연구와 마음을 사로잡는 이야기들이 들어가 있어서 사실은 뇌가 얼마나 유연한지를 학생들에게 가르쳐 줄 수 있었다. 과정은 효과가 있었다. 8주가 끝나갈 무렵, 능력은 변하지 않는다고 생각했던 학생들이 대부분 관점을 바꾼 것이다. 그런데 그보다 중요한 것은 그들의 진학률이 높아졌다는 점이었다. 놀랍게도 학생들은 마인드셋을 바꾸자 학교 성적이 달라졌고, 실패 직전의 상황을 벗어나 성공을 향해 다가갈 수 있었다.

드웩의 연구는 세상을 바라보는 관점은 세상에서 하는 일에 지대한 영향을 미친다는 사실을 입증했다. 성장 마인드셋을 기르고 고군분투할 때 실력이 자란다는 것을 믿으면 성장을 촉진하는 좋은 스트레스에 노출될 가능성이 커진다. 그러나 마인드셋의 힘은 거기서 끝나지 않는다. 스트레스에 대한 마인드셋은 스트레스에 노출될 것인가만이 아니라 스트레스에 어떻게 반응할 것인가도 결정짓는다.

세상을 바라보는 관점은 세상에서 하는 일에 지대한 영향을 미친다.

도전 반응으로 성장을 자극하라

'스트레스'라는 말을 들으면 무엇이 떠오르는가? 성장이 떠올랐을지도 모르지만, 그렇지 않더라도 괜찮다. 이 책의 첫 번째 장에서 스트레스의 긍정적인 측면들을 집중적으로 다루기는 했지만, 스트레스는 해롭다는 말을 듣고 지낸 긴 시간을 극복하기는 아직 어려울 것이다. 우리는 스트레스는 최소화해야 하고 무슨 수를 써서라도 피해야 한다고 말하는 문화에 길들여 있다. 스트레스를 피하지 못할 안타까운 상황에 대비해, '피해를 최소화'할 수 있도록 '버티기' 위한 스트레스 '대처' 기술과 전략을 배운다. 심지어 이 책의 저자인 우리도, 스트레스의 장점을 찬양하는 부분을 쓰던 중에 이 말에 대해 반사적으로 부정적인 반응을 했다. 이 안타깝고도 대가 큰 편견은 극복하기도 참 어렵다.

켈리 맥고니걸Kelly McGonigal 박사는 스탠퍼드대학교의 건강 심리학자다. 맥고니걸은 여느 건강 심리학자들과 마찬가지로, 사람들이 스트레스를 피하도록 돕기 위해 여러 해 동안 지치지 않고 일했다. 그녀는 스트레스를 나쁜 것으로 규정하고, 스트레스의 부정적인 영향을 최소화할 방안을 찾는 것이 자신이 할 일이라고 생각했다. 하지만 그러다 우연히 깜짝 놀랄 만한 연구와 맞닥뜨렸다.

2010년에 진행된 한 연구에 따르면, 스트레스는 이롭다고 생각하는 소수의 미국인이 스트레스는 해롭다고 생각하는 미국인들보다 43퍼센트 낮은 조기 사망률을 기록했다. 물론, 스트레스를 긍정적으로 바라보게 된 이유를 스트레스를 별로 겪어 보지 않았기 때문으로 설명할 수도 있다. 스트레스를 전혀 겪지 않는다면 당연히 스트레스가 그렇게 나쁘게 생각되지 않을 것이기 때문이다. 그러나 각 그룹이 경험한 스트레스 상황을 숫자로 비교했을 때 결과가 비슷하게 나타나자 연구진은 놀라지 않을 수 없었다. 연구진은 마인드셋을 제외한 나머지 변수들을 모두 통제해 보았지만, 여전히 사망률에는 큰 차이가 있었다. 스트레스에 대한 태도처럼 극히 단순한 것 때문에 정말로 수명이 연장될 수 있을까?

맥고니걸은 머릿속에서 이 질문이 떠나지 않았다. 지금껏 그렇게 오랫동안 잘못 알고 있었던 것일까? 그녀는 답을 찾아 연구에 몰두한 끝에 스트레스에 대한 통념에 이의를 제기하며《스트레스의 힘》이라는 책을 출간했다. 그녀는 이 책에서 여러 근거를 들어, 스트레스가 영향을 미치는 방식은 스트레스를 바라보는 방식에 따라 크게 달라진다는 사실을 이야기했다.

어떤 사람들은 스트레스의 요인을 위협이 아닌 도전할 만한 과제로 인식하는 법을 배워 나간다. 연구자들이 '도전 반응'이라고 부르는 이 관점의 특징은 스트레스를 생산적인 것으로 본다는 점이다. 도전 반응을 할 줄 아는 사람들은 우리가 지금까지 이야기해 온 것과 마찬가지로 스트레스를 성장을 위한 자극제로 생각한다. 도전 반응을 보이는 사람들은 스트레스 상황에서 자신이 통제할 수 있는 것에 적극적으로 초점을 맞춘다. 이런 관점이 있으면 두려움과 불안 같은 부정적인 감정이 줄어든다. 이렇게 반응하면 스트레스 상황을 관리하기도, 심지어 그런 상황에서 성장하기도 더 유리해진다. 그러나 여기서 끝이 아니다. 밀크셰이크에 대한 마인드셋과 마찬가지로 스트레스에 대한 마인드셋 또한 몸속에서 일어나는 생물학적 반응에 변화를 일으킨다.

우리가 스트레스를 받을 때 작용하는 많은 호르몬 중에서 특히 중요한 두 가지는 코르티솔Cortisol과 디하이드로에피안드로스테론DHEA: Dehydroepiandrosterone이다. 모두 '좋다' '나쁘다'로 특정 지을 수 없으며, 둘 다 필요한 호르몬이다. 코르티솔 수치가 만성적으로 높아져 있다면 염증이 계속되거나, 면역 체계가 무너졌거나, 우울증이 있기 때문일 수 있다. 반면, DHEA는 불안증, 우울증, 심장병, 신경 퇴화 같은 여러 질병 및 질환의 위험이 낮아진 상태와 연결돼 왔다. DHEA는 신경 스테로이드이기도 하며, 뇌의 성장을 돕는다. 스트레스 상황에서는 코르티솔보다 DHEA가 많이 분비되면 좋을 것이다. '스트레스에 대한 성장 지수'는 이 두 호르몬이 분비되는 비율을 가리키는 말이다. 여러 연구에서 명백하게 나타난 바에 따르면, 스트레스에 대해 도전 반응을 하는 사람들은 스트레스를 위협으로 인식하는 사람들에 비해 스트레스에 대한 성장 지수가 높았다. 다시 말해, 스트레스의 요인을 도전할 만한 과제로 인식하면, 코르티솔보다 DHEA가 더 많이 분비된다. 그러면 결과적으로 스트레스에 대한 성장 지수가 올라가고, 사실상 스트레스 덕분에 건강도 더 '좋아질 것'이다. 또한, 앞서 언급한 스트레스와 수명에 관한 2010년의 연구에서처럼 당연히 수명도 늘 것이다.

성장 마인드셋과 도전 반응을 기르면 이점이 크다는 것이 분명해진다. 이러한 마인드셋이 있으면 우리는 더 건강해질 수 있고, 오래 살 수 있다. 그리고 이제부터 알아보겠지만, 그럴 때 성과도 더 좋아진다.

불안을 흥분으로 재평가하라

올림픽 경기를 앞둔 선수들을 보면 대부분 결의에 찬 흔들림 없는 눈빛으로 평정심을 유지하고 있다. 불안해 보이는 선수는 찾아보기 힘들다. 그런데 지역에서 열리는 5킬로미터 마라톤 경기를 생각해보자. 여기 나오는 아마추어 선수들은 8분에 1마일 주파를 염두에 두고 긴장하며 스트레스를 받는다. 그러나 그들은 모두 완주하기만 하면 성적과 별개로 메달을 받을 것이다. 대체 무슨 일일까? 엘리트 선수들은 그저 스트레스에 이골이 나 버린 것일까? 물론 그렇지 않다. 그들은 스트레스의 힘을 효과적으로 사용하는 법을 아는 것일 뿐이다.

엘리트 수영 선수들과 평범한 수영 선수들 200여 명을 대상으로 시행한 연구가 있었다. 연구진은 심리학 조사 방법(경쟁상태불안검사the Competitive State Anxiety Inventory)을 통해 각 선수가 주요 경기를 앞두고 느끼는 스트레스를 측정한 뒤, 스트레스를 이롭게 보는지 해롭게 보는지 질문했다. 검사 결과, 두 그룹의 선수들은 모두 경기 전에 동일한 수준의 신체적, 정신적 스트레스를 겪었다. 그들은 모두 긴장감과 불안감을 느꼈고, 출발 신호원의 총소리와 함께 상처의 세계로 들어가기 위해 출발선에 설 때면 살짝 공포심이 들기도 했다. 차이점은 일반 선수들은 스트레스를 피하고 무시하며 억눌러야 할 것으로 여겼다는 점이다. 그들은 스트레스는 경기를 망칠 수 있다고 생각했다. 그러나 엘리트 선수들은 스트레스와 스트레스로 인해 드는 기분을 경기에 도움이 되는 것으로 여겼다. 그들은 스트레스가 있었기에 최대치를 끌어올리려고 준비할 수 있었다. 다시 말해, 엘리트 선수들은 스트레스에 대해 도전 반응을 보였고, 그 결과 스트레스는 전혀 방해가 되지 않았다. 오히려 스트레스 덕분에 생리적 흥분도가 높아지자, 그들은 그 기세를 폭발적인 경기력으로 몰아갈 수 있었다.

《익스페리멘탈사이콜로지Experimental Psychology》에 실린 또 다른 연구에서는 진정하려고 애쓰기보다 '수행 전 불안을 흥분으로 재평가'하면 도움이 될 때가 많다고 이야기한다. 중요한 일을 앞두고 불안감이 느껴질 때 그 감정을 억누르려고 하면 자신에게 뭔가가 잘못되고 있다고 말하는 것과 같다. 이렇게 하면 상황이 악화되기도 하지만 불안감과 싸우느라 감정적, 신체적 에너지가 소모되기도 한다. 일 자체에 쏟았더라면 더 좋았을 에너지인데 말이다. 다행히 이 논문의 저자들에 따르면, 스스로 '나는 지금 신나'라고 혼잣말을 하는 것만으로도 위협 마인드셋(스트레스를 받고 불안해지는 상태)에서 기회 마인드셋(활동적으로 되고 일에 대해 준비되는 상태)으로 태도를 바꿀 수 있다. 그들의 결론은 다음과 같다. '진정하려고 노력하는 사람들보다 불안을 흥분으로 재평가하는 사람들이 좋은 성과를 낸다.' 다시 말해, 중요한 일을 앞두고 느끼는 기분 자체에는 아무런 의미가 담겨 있지 않다. 우리가 그 감정을 긍정적인 시각으로 보면, 그것이 우리가 하는 일에 긍정적인 영향을 미칠 가능성이 커지는 것이다.

이 연구는 우리가 이 책을 쓰면서 인터뷰한 성과의 최강자들이 입을 모아 했던 말을 그대로 확인해 준다. 그들은 모두 스트레스를 느낀다는 사실을 인정했다. 중요한 일을 앞두고는 더욱 그랬다. 그러나 그들은 하나같이 말했다. 스트레스를 누르려고 애쓰는 대신 환영하고, 스트레스의 힘을 일로 돌린다고 말이다. 급류카약whitewater kayak 세계 챔피언인 데인 잭슨Dane Jackson은 말했다. "저는 카약의 모든 면이 두렵습니다[두려움은 가장 강도 높은 스트레스일 것이다]. 전에 없이 큰 폭포를 타기 위해 준비할 때도 그렇고, 세계 챔피언십 결승전을 앞두고 있을 때도 그렇습니다. 그러나 두려움에서 도망가거나, 두려움을 무시하려고 하지 않습니다. 두려움을 느끼면 집중하고, 결승선을 밟고, 제일 큰 물살을 타는 데 그 힘을 돌립니다."

올바른 마인드셋은 최적점 과제를 향해 우리를 밀어붙이고, 과제에 반응하는 방식을 강화함으로써 성장 가능성을 열어 준다.

마인드셋 연구에서는 타고난 능력은 중요하지 않다고 말하는 것이 아니다. 대신, 본성을 어떻게 다스리는가 역시 타고난 능력만큼 중요하다고 말한다. 올바른 마인드셋은 최적점 과제를 향해 우리를 밀어 붙이고, 과제에 반응하는 방식을 강화함으로써 성장 가능성을 열어 준다.

2장과 3장에서는 성장 공식의 전반부를 차지하는 스트레스를 집중적으로 살펴보았다. 스트레스는 적절하게 가해지면 강력한 성장 자극제가 될 수 있고, 고군분투하며 생산적 실패를 경험할 때 실력이 자라며, 적극적으로 최적점 과제를 찾는 것이 중요하다는 점 등을 짚어 보았다. 또한, 자신에게 스트레스를 주는 법도 살펴보았다. 스트레스를 가할 때는 2시간 미만으로 깊이 집중하고, 의식적으로 연습해야 하며, 그러는 동안 전자 기기는 치워 두어야 한다. 마지막으로, 마인드셋은 스트레스를 인식하는 방식뿐 아니라 스트레스에 반응하는 방식에도 영향을 미친다는 것 또한 짚어 보았다.

성장 마인드셋을 갖고 스트레스를 받아들이는 것은 사실 생각보다 쉬울 수 있다. 역설적으로 정말 어려운 것은 성장 공식의 후반부인 휴식일지 모른다. 어니스트 헤밍웨이는 글 쓰는 시간만큼이나 억지로 휴식하며 '다음 날까지 기다리는 것'도 어려웠으며, 휴식하는 시간을 견디는 것이 제일 힘들었다고 말했다. 또 다른 위대한 작가인 스티븐 킹도 말했다. "일하지 않는 것이 저한테는 진짜 일입니다."

성장 공식의 후반부를 다룰 다음 장에서는 일하지 않음으로써 일하는 시간인 휴식에 관해 알아볼 것이다.

퍼포먼스 가이드

- 마인드셋의 힘을 기억한다. 무언가에 대한 관점은 그것에 대한 몸의 반응을 근본적으로 바꾼다.
- 스트레스로 인한 '감정'이 느껴지면, 그것은 몸이 어려움에 대해 준비하는 자연스러운 방식임을 자신에게 알려 준다. 심호흡하고, 높아진 흥분과 예민해진 지각이 일로 향하게 한다.
- 스트레스를 생산적인 것으로 바라보고 환영하도록 노력한다. 성과만이 아니라 건강도 좋아질 것이다.

CHAPTER

휴식은 멈추는
것이라는 착각

우리 친구 애덤(가명)은 구글의 자율주행 자동차 프로젝트(지금은 웨이모Waymo라는 자회사로 떨어져 나왔다)를 진행하는 엔지니어다. 애덤은 매일의 업무가 빛의 속도로 지나간다고 말한다. 연구소로 들어가면 바깥세상은 사라져 버린다. 그의 설명이 아니라도, 그에게 문자 메시지나 이메일을 보내면 대부분 답이 없다는 점으로 미루어 우리는 그가 정말 바쁘게 하루하루를 보내고 있음을 실감하곤한다. 애덤은 자동차를 움직이는 핵심 부분들에 깊이 몰두한 채 전속력으로 하루를 달린다. 구글이 프로젝트를 제대로 해낸다면, 이 자동차는 시장을 통째로 바꿔 놓을 것이다. 그러나 애덤은 절대 그런 말을 하지 않는다. 그와 그의 팀은 시속 70마일(약 110킬로미터)로 달리는 이 무생물한테 길가에 나뒹구는 비닐봉지와 길 잃은 사슴을 구별하도록 가르쳐야 한다. 그 방법을 알아내는 일이 무엇보다 먼저란 걸 그는 안다. 이를테면, 그들은 최적점 과제와 고군분투하는 중이다.

구글을 일으키는 기반은 자율주행 자동차 프로젝트 같은 최적점 과제다. 그들은 성장이 벽에 부딪힐 때 그 벽을 밀어내는 '저력'을 발휘하고, 그럴 때의 고군분투와 생산적 실패는 일의 결과가 아니라 원동력이 된다. 구글은 그들이 벌이는 일에 대해 열정을 보이며 창의적으로 생각할 줄 아는 최고 알짜배기들을 매료시켰다. 빠듯한 마감과 모험을 두려워하지 않는 직원들을 보면, 애덤 같은 사람들이 그렇게 일에 빠져 있는 이유를 쉽게 이해할 수 있다. 구글에서 스트레스는 고정값이다. 그러나 그들은 스트레스만으로는 절반의 승리밖에 거둘 수 없음을 안다. 휴식이 없다면, 구글의 결과물은 혁신이 아니라 번아웃에 무릎 꿇은 패잔병 같은 직원들일 것이다.

번아웃은 분명 구글을 가장 심각하게 위협하는 요소 중 하나이며, 열정적인 직원들을 쉬게 하는 건 일하게 하는 것보다 훨씬 더 어려울 때가 많다. 그렇지만 다행히 구글은 다른 모든 프로젝트에서처럼 이 딜레마에도 똑같이 혁신적인 태도로 접근했다. 그러나 미래를 바라보며 최첨단 기술에 의지했던 그 모든 경우에서와 달리, 휴식에 관해서만은 과거를 바라보며 동양의 방식을 고수한다.

당신의 내면을 검색하라

구글의 초창기 시절, 107번째로 구글에 입사한 차드 멍 탄Chade-Meng Tan은 자신을 비롯한 구글의 직원들이 '업무 중' 모드가 되는 데는 아무런 문제가 없지만 '업무 종료' 모드가 되기는 무척 힘들어한다는 사실을 발견했다. 저녁과 주말이면 일과 생활을 분리하기는커녕 짧게 휴식하는 것도 그들은 어려워했다. 일의 속도가 워낙 빠르고 일에서 비롯된 흥분도 큰 나머지 직원들은 쉬고 싶어도 쉴 수가 없었다. 구글은 무섭게 성장하고 있었지만, 탄은 (휴식 없이 스트레스만으로 이뤄진) 이런 업무 수행 방식이 지속 가능하지 못함을 꿰뚫어 보았다.

구글의 소프트웨어 엔지니어였던 탄은 일터를 벗어나면 '마음챙김' 명상에 심취한 수행자이기도 했다. 마음챙김 명상은 호흡에만 집중하는 불교의 좌식 명상법이다. 그는 마음챙김 수련 덕분에 고강도 업무에서 비롯된 스트레스와 그보다 훨씬 더 편안한 상태를 어렵지 않게 오갈 수 있었다. 또 이 수련을 하면 다른 방법으로는 얻지 못할 통찰이 생긴다는 것도 깨달은 터였다. 탄은 구글에 정말 필요한 것은 마음챙김 명상이라고 결론지었다.

그리하여 2007년, 탄은 구글 직원들을 대상으로 '당신의 내면을 검색하라'는 7주 과정 마음챙김 명상 수업을 시작했다. 처음에 동료들은 내키지 않아 했다. 대체 촛불 앞에서 웅얼거리거나 하는 정체불명의 뉴에이지 따위로 뭘 하겠다는 건지 알 수가 없었다. 그러나 그들이 마음챙김에 일하고 생활하는 방식을 바꿀 힘이 있음을 깨닫는 데는 오랜 시간이 걸리지 않았다. 물론 마음챙김은 '촛불 앞에서 웅얼거리기나 하는 정체불명의 뉴에이지 따위'도 아니었다. 탄의 명상 수업에 참여한 직원들은 곧 명상의 이점을 입이 닳게 칭찬하기 시작했다. 그들은 훨씬 더 차분해졌고, 머리가 맑아졌으며, 집중도 더 잘 된다고 느꼈다. 하루가 끝나면 일을 놓을 수 있었고, 주말과 휴가 중에는 진정한 회복을 염두에 두고 완전히 일과 분리될 수 있었다.

명상 수업에 대한 소문은 구글 전사에 빠르게 퍼졌다. 사실 탄은 엔지니어 업무와 명상 수업을 병행하고 있었지만, 얼마 후에는 탄이 혼자서 가르칠 수 없을 만큼 수업을 듣고 싶어 하는 직원이 많아졌다. 구글 경영진도 명상 수업의 이점을 확실히 알아차렸다. 직원들이 명상 수업 이후 더 건강하고 행복해졌으며, 더 생산적으로 일했기 때문이다. 경영진은 탄과 접촉하여 전임으로 마음챙김 명상을 가르치며 '퍼스널그로스Personal Growth'라는 새 부서를 이끌 의향이 있는지 물었다. 탄은 어안이 벙벙했지만 제안을 수락했다. 조건은 딱 하나, 이제 소프트웨어 엔지니어라는 직함 대신 '정말 유쾌한 친구Jolly Good Fellow'로 자신을 불러 달라는 것이었다.

탄의 명상 수업은 성장세를 이어갔고, 결국 구글 밖으로 나왔다. 현재 '당신의 내면을 검색하라 리더십 재단'SIYLI: Search Inside Yourself Leadership Institute은 더 확장된 사명을 띠고 다양한 조직과 단체의 개개인에게 마음챙김을 가르친다. 탄은 이사장으로서 재단에 깊이 관여하며(여전히 동료들로부터는 '정말 유쾌한 친구'로 불리고 싶어 하지만), 마음챙김의 힘을 널리 알리는 데 헌신하는 14명의 전임 직원을 이끌고 있다.

우리는 마음챙김 명상에 대해 더 알아보기 위해 샌프란시스코 프레시디오Presidio에 있는 SIYLI를 찾아가, 거기서 마음챙김을 가르치는 브랜든 레널스Brandon Rennels를 만났다. 레널스는 서른 언저리의 나이에도 불구하고 머리가 희끗희끗했다. 마치 '마음챙김의 지혜로 가득 찬 머리'임을 증명이라도 하듯 말이다. 사실이었다. 우리가 그에게서 배운 것들로 보아, 그는 정말로 마음챙김의 지혜가 가득한 사람이었다.

레널스를 처음 만났을 때 가장 눈에 띈 점은 그가 자신이 있는 곳에 온전히 집중하고 있다는 사실이었다. 그는 허투루 움직이는 법이 없었다. 사소한 것 하나까지 빨아들일 듯 깊이 응시하는 눈으로 주변에 집중했다. 우리와 함께 회의실로 걸어 들어갈 때는 절벽 끝에서 그랜드캐니언이라도 바라보듯 내부를 살폈다. 수백 번도 더 들어가 본 공간이었을 텐데 말이다. 노트북을 열 때도 마찬가지였다. 그는 마치 처음으로 맥북을 만져 보는 네 살배기 같았다. 우리가 평범하게 여기는 모든 것을 경이로워하며 주변을 전부 흡수하는 모습이었다.

레널스는 자신이 늘 그랬던 건 아니라고 했다. 그가 SIYLI에 오기 전에 일한 곳은 대형 경영 컨설팅 회사였다. 컨설팅 회사에서 일이란, 의견의 가치를 승진과 혹독한 실적 평가로 확인받는 과정이었다. 그가 일에 보탬이 되었을지는 모르지만, 일이 그에게 보탬이 돼 주지는 않았다. 레널스는 자신이 외부의 보상을 좇으며 사회적 지위를 갈망하고 있음을 깨달았다. SIYLI에서 우리가 본 모습으로는 도저히 믿기지 않는 말이었지만, 집중이 안 됐고 어지러운 머릿속은 진정될 기미가 보이지 않았다. 몸이 일하지 않을 때조차 머리는 일에 가 있었다고 했다. 초창기 구글의 직원들처럼 레널스 역시 업무 종료 모드가 어려웠다. 하지만 그는 말한다. "진지하게 마음챙김 명상을 하면서 모든 것이 달라졌습니다."

레널스는 컨설턴트로 일한 지 3년에 접어들 무렵 우연히 마음챙김 명상을 다룬 몇 편의 글과 한 권의 책을 만났다. 그는 마음챙김 명상에 관해 깊이 공부하기 시작했고, 탄처럼 거기서 자신이 가진 많은 문제의 해답을 찾았다. 그는 하루 1분으로 시작하여 매일 정성껏 명상을 했다.

몇 주가 지났을 뿐인데 레널스는 큰 변화를 느꼈다. 자기 자신과 자신의 감정을 더 많이 알아차렸고, 그 감정들이 어떻게 특정 행동으로 이어지는지를 더 깊이 인식하게 됐다. 직장에 있을 때나 적극적으로 문제를 해결하는 상황에서는 여전히 머릿속이 분주했지만, 하루를 마칠 무렵에는 차분해질 수 있었다. 그뿐만이 아니었다. 그는 주변에 더 잘 귀 기울였고 잠도 더 잘 잤다. 레널스는 명상의 시간과 빈도를 늘려가면서, 이제는 세상의 요구에서 벗어나 스스로 자기 자신의 주인이 된 기분이 들기 시작했다고 했다. 그러면서 이렇게 회상했다. "삶의 모든 부분이 더 나아진 것 같았습니다."

마음챙김 근육을 기르는 방법

마음챙김이란, 순간에 완전히 집중하여 나와 주변을 온전히 인식하는 것을 말한다. 명상은 삶의 모든 순간에 더 집중하기 위한 아주 구체적인 훈련이라고 생각하면 도움이 될 것이다. 명상을 하면 마음챙김 근육이 단련된다. 방법은 간단하다.

- 편안한 자세로 앉는다. 조용한 곳이면 좋다.
- 코로 몇 차례 깊게 숨을 들이마시고 내쉰다.
- 호흡이 자연스러운 리듬을 찾아가게 하고 호흡의 감각에만 집중한다. 호흡할 때마다 복부가 올라가고 내려가는 것을 느낀다. 머릿속에 생각이 떠오르면 그대로 인식하되 호흡의 리듬과 감각에 집중한다.
- 시간에 신경 쓰지 않아도 되도록 타이머를 맞춘다. 1분으로 시작해서 점차 시간을 늘린다.

최근에는 뇌를 다룬 여러 연구에서 마음챙김 명상의 어마어마한 이점을 구체적으로 입증하기 시작했다. 여러 연구진은 하루 몇 분이라도 마음챙김 명상을 시작하면 뇌의 '전전두피질'이라는 부분에서 회백질이 증가한다는 사실을 밝히고 있다. 전전두피질은 뇌에서 가장 진화가 많이 된 부분 중 한 곳으로, 인간의 전전두피질은 원시 동물의 그것보다 훨씬 더 구조가 복잡하다. 전전두피질은 뇌에서 고차원적 사고와 함께 명령 및 조절을 총괄한다. 우리는 전전두피질이 있기에 상황에 대해 본능적으로 반응하는 대신 깊이 있게 사고할 수 있다. 특히, 전전두피질이 잘 발달해 있으면 스트레스를 벗어나 휴식으로 옮겨 가는 과정이 수월해진다.

우리가 힘든 운동을 하거나, 새로운 악기를 배우거나, 지치지 않고 어려운 문제를 푸는 등의 난제를 겪을 때, 뇌에서는 스트레스 반응이 유발된다. 그런데 마음챙김 명상을 하면 전전두피질이 강화되어 상황에 반사적으로 압도되지 않을 수 있다. 대신, 스트레스 반응이 일어나고 있다는 사실을 있는 그대로 인식하게 된다. 생각과 느낌을 중립의 관찰자로 둔 채 다음에 할 일을 '선택'하는 상황이 되는 것이다. 전전두피질이 약하면 강한 스트레스 반응을 감당하지 못한다. 그러나 전전두피질이 튼튼하면 스트레스에 반응하는 방식을 '선택'할 수 있다.

이렇게 되는 과정을 더 깊이 이해하기 위해, 위스콘신대학교 매디슨캠퍼스의 연구진은 명상 초보자와 전문가가 각각 스트레스에 대해 반응하는 방식을 안팎으로(잠시 후 더 자세히 설명하겠다) 관찰하기로 하고 실험을 고안했다. 실험은 아주 뜨거운 철사를 두 그룹 참가자들의 다리에 갖다 대는 것으로 시작됐다. 처음에 두 그룹은 모두 똑같은 반응을 보였다. '앗, 뜨거워!'를 외치며 스트레스 반응을 한 것이다. 그러나 공통적으로 나타난 반응은 여기서 끝이었다. 연구진은 겉으로 나타난 반응과 함께, 참가자들의 뇌를 들여다볼 수 있는 fMRI를 이용해 안에서 일어나는 반응도 관찰했다. 그러자 안에서도 겉으로 나타난 것과 정확히 일치하는 반응이 관찰됐다.

먼저 두 그룹 참가자들의 뇌에서는 스트레스에 대한 첫 번째 반응과 관련된 영역(2차 체감각피질the secondary somatosensory cortex)이 모두 같은 수준으로 활성화됐다. 그래서 두 그룹이 모두 '앗, 뜨거워!'를 외친 것이었다.

스트레스 반응이 계속되자, 초보자 그룹의 뇌에서는 편도체가 눈에 띄게 활발해졌다. 편도체는 뇌에서 진화가 덜 된 부분에 속한다. 설치류처럼 가장 원시적인 동물도 인간처럼 편도체가 있다. 뇌의 '감정 중추'라고도 불리는 편도체는 허기와 공포 같은 가장 기본적인 본능을 담당한다. 위협을 느낄 때 스트레스 반응이 유발되는 것은 편도체가 있기 때문이다. 그럴 때 우리는 긴장하고 행동을 준비한다. 그러나 야생에서 포획자를 피하기 위해서라면 몰라도 현대 생활에서 스트레스 요인과 맞닥뜨려 냉정을 유지하기 위해서라면, 이런 반응은 최적의 대처가 아니다. fMRI가 입증하듯, 명상 초보자의 편도체에서 나타난 활동성을 보면 그들이 괴롭고 불편한 상태와 끝없이 몸부림하는 이유를 알 수 있다. 그들의 뇌는 신경과학자들이 '편도체 납치'라고 부르는, 뇌가 감정에 장악된 상태를 겪으며 스트레스 반응에서 쉽게 빠져나오지 못하는 것이었다. 초보자들은 뜨거운 철사가 눈앞에서 사라진 뒤에도 스트레스를 받으며 감정적으로 압도된 상태를 벗어나지 못했다.

반면, 명상 전문가들은 안으로도 겉으로도 완전히 다른 반응을 보였다. 뜨거운 철사에 한 번 데고 나자 그들은 스트레스 반응의 스위치를 껐고, 자극이 와도 감정적 반응을 키우지 않았다. 마치 고통을 느끼고 '앗, 이거 뜨겁네'라고 생각한 뒤 반응을 확장하지 않는 편을 의식적으로 '선택'하는 것 같았다. 명상 전문가들의 뇌에서는 편도체 납치가 일어나지 않았다. 그들은 내면의 스트레스 반응을 극복할 수 있었다. 극단적인 예이긴 하지만, SIYLI에서 명상을 가르치는 브랜든 레널스도 이들과 똑같은 능력 덕분에 하루가 끝날 때면 그날의 스트레스 스위치를 내릴 수 있다.

스트레스에 대해 적극적으로 반응을 선택할 수 있는 사람은 숙련된 명상가들만이 아니다. 스티브가 훈련하는 엘리트 육상 선수들도 그들 못지않은 스트레스 전문가이다. 육상과 명상은 명확하게 다른 영역이지만, 결국 최고가 되는 과정에는 많은 공통점이 있음이 여기서도 드러난다.

아무리 훌륭한 선수라도 하루도 빠짐없이 힘든 훈련을 장시간 이어 가다 보면 고통을 느끼고, 심지어 고통에 파묻혀 버리는 경우도 많다. 그럴 때면 이런 생각이 들기 마련이다. '이런 젠장, 아직 갈 길이 먼데 벌써 이렇게 힘들다니.' 감정으로 채워진 생각은 공포로 이어질 수 있다. 심박수가 올라가고 근육은 긴장된다. 그러면 운동의 즐거움과 성과는 떨어지고 만다. 그러나 스티브가 훈련하는 선수들 같은 최고들에게 이런 상황은 다른 이야기가 된다. 엘리트 선수들은 힘들게 훈련해도 고통스럽지도 않

엘리트 선수들은 힘들게 훈련해도 고통스럽지도 않고 불편하지도 않다는 말이 아니다. 그들은 그저 반응을 다르게 할 뿐이다.

고 불편하지도 않다는 말이 아니다. 그들은 그저 반응을 다르게 할 뿐이다. 이들은 공포에 질리는 대신 마음속으로 대화를 한다. 스티브는 이를 '진정 대화'라고 부른다.

진정 대화는 이런 식이다. '불편하기 시작하네. 당연하지. 열심히 달리고 있거든. 하지만 나랑 고통은 별개야. 괜찮을 거야.' 스티브의 선수들은 명상 전문가들처럼 훈련에서 비롯된 스트레스에 대해 반응하는 방식을 '선택'한다. 그들은 편도체 납치를 겪지 않는다. 스티브의 선수들이 전부 명상을 하는 것은 아니지만, 그들은 모두 최고 육상 선수의 필수 자질인 깊고 외로운 집중력을 발휘하며 여러 해 동안 마음챙김 근육을 강하게 단련시켜 왔다. fMRI로 찍어 본 것은 아니지만, 단언컨대 그들의 전전두피질은 회백질이 넘쳐 날 것이다.

스티브의 선수 중 한 명인 브라이언 바라자Brian Barraza는 엘리트 선수가 되는 과정에서 많은 어린 선수들이 경험하듯 첫 번째 큰 경기에서 실패를 맛봤다. 바라자는 휴스턴대학교 신입생 시절에 전미 10킬로미터 챔피언 결정전 출전권을 획득하기 위해 경기에 나갔다(체력도 잘 다져져 있었다). 그러나 그해 내내 10위권을 유지하던 그가 그 대회에서는 안타깝게도 28위에 그쳤다. 바라자는 경기를 마치고 스티브에게 말했다. "너무 힘들었어요. 절대 편안해질 수가 없었어요."

스티브는 1년 동안 바라자를 훈련하며, 불편한 상태를 편안하게 여기는 법을 익히도록 도와주었다. 특히, 힘든 훈련이나 경기에서는 예외 없이 고통이 뒤따르리라는 사실을 받아들이라고 가르쳤다. 그리고 고통을 참는 대신 진정 대화를 해 보라고 했다. 1년은 순식간에 지나갔고, 이제 대학교 2학년이 된 바라자는 같은 대회에 나가서 4위로 경기를 마무리하며 전미 챔피언 결정전 출전권을 따냈다. 그런데 이번에 달라진 것은 경기의 순위만이 아니었다. 경기가 끝난 뒤 그는 스티브에게 말했다. "고통이 시작되자 연습 때처럼 코치님이 옆에 있다고 생각했어요. 경기 중간에 짧은 대화를 나누는 기분이었죠. 먼저 코치님이랑, 다음으로 저 자신이랑요. 경기가 정말로 어려워지기 시작하자 고통을 참아 내거나 고통과 싸우려 하지 않았어요. 대신 이건 정상이라고 저한테 말해 줬어요. 그랬더니 편안해졌죠."

3학년이 된 바라자는 열심히 달려 1위로 예선을 마무리했다. 대학 선수로 뛰는 동안 몸의 체력이 좋아진 것도 있었지만, 그 부분을 완벽하게 끄집어낼 수 있었던 건 마음의 체력이 좋아진 덕분이었다.

최고의 선수들은 마음챙김에서 비롯된 온전한 인식을 통해 어려운 훈련 단계만이 아니라 회복 단계에서도 도움을 받는다. 이 점을 이해하려면 심박과 심박 사이의 거리를 말하는 심박변이도만 살펴봐도 충분하다. 심박변이도는 생리적 회복에 대한 국제적인 지표로 사용되는데, 운동 전 값(기준치)으로 돌아오는 속도가 빠를수록 좋다. 연구에 따르면, 강도 높은 훈련을 한 뒤 엘리트 선수들은 평범한 선수들보다 심박변이도가 훨씬 빨리 기준치로 돌아온다. 한 연구에서는 격렬한 운동을 한 지 15분이 지난 뒤 심박변이도를 관찰했더니, 엘리트 선수들은 기준치의 80퍼

노력이 최고를 만든다는 말은 부분적으로만 맞는 것인지 모른다. 최고들은 쉴 때도 남보다 열심히 쉰다.

센트까지 돌아가 있었지만 평범한 선수들은 25퍼센트 정도만 돌아가 있었다. 30분이 지나자 엘리트 선수들은 정상으로 회복된 반면, 평범한 선수들은 기준치의 40~45퍼센트 수준에 머물러 있었다. 최고의 명상가들처럼 최고의 운동선수들도 평범한 동료들에 비해 훨씬 빠르게 스트레스와 휴식 사이를 오갈 수 있었다. 어쩌면 노력이 최고를 만든다는 말은 부분적으로만 맞는 것인지 모른다. 최고들은 쉴 때도 남보다 열심히 쉰다.

마음챙김 근육을 기르면 스트레스에 반응하는 방법을 선택할 여지가 생긴다. 어려움 속에서 마음챙김을 통해 상황을 온전히 인식하면 끝까지 차분하고 침착할 수 있다. 그럴 때 우리는 몸과 마음의 에너지를 걱정 대신 당면한 과제에 온전히 투입할 수 있다. 또한, 어려운 시간이 끝나면 스트레스 스위치를 내리고 더욱더 편안한 상태를 '선택'할 수 있다. 지금까지 본 것처럼, 이 편안한 상태에서 우리는 어지럽던 머리와 마음을 진정시킬 수 있다. 엔지니어에게도 운동선수에게도 마음챙김 명상은 휴식으로 가는 관문이다. 더욱더 빠르게 휴식에 이르는 길을 열어 주며, 이 과정을 더 수월하게

퍼포먼스 가이드

- 마음챙김 근육을 기른다. 가장 좋은 방법은 마음챙김 명상을 수련하는 것이다.
  - ⊘ 방해가 제일 적은 시간을 고른다. 기상 후 가장 이른 시간, 양치 후, 잠자기 전 등이 좋다.
  - ⊘ 편안한 자세로 앉는다. 조용한 곳이면 좋다.
  - ⊘ 시간의 경과에 대한 생각으로 방해받지 않기 위해 타이머를 맞춘다.
  - ⊘ 먼저 코로 깊이 숨을 들이마시고 내쉰다.
  - ⊘ 호흡이 자연스러운 리듬을 찾아가게 하고, 호흡의 감각에만 집중한다. 호흡할 때마다 복부가 올라가고 내려가는 것을 느낀다. 머릿속에 생각이 떠오르면 인식하되 그대로 흘려보낸다. 다시 호흡의 감각에 집중한다.
  - ⊘ 1분으로 시작해서 몇 회 간격으로 30~45초씩 더해 가며 점차 시간을 늘린다.
- 명상은 얼마나 길게 하는가보다 얼마나 자주하는가가 중요하다. 한 회차당 시간이 짧아지더라도 매일 할 때 가장 좋다.
- 일상에서 마음챙김 근육 기르기를 생활화한다.
- 스트레스 기간에는 '진정 대화'를 한다.
- 스위치를 내리고 스트레스에서 벗어나고 싶은 때를 알아차린다. 잠시 일을 멈추고 심호흡을 하면 뇌의 명령과 조절 중추인 전전두피질을 활성화하는 데 도움이 된다.

예측할 수 있도록 도와준다. 그러나 이제 알아보겠지만, 흥미로운 반전이 있다. 우리가 휴식에 들어갈 때, '휴식'은 수동적인 상태를 벗어난다는 사실이다.

몸이 쉴 때 뇌는 움직인다

1929년, 독일인 정신과 의사인 한스 베르거Hans Berger는 정확히 5년 전에 자신이 발명한 신기술을 기반으로 일련의 연구를 진행하고 있었다. '뇌전도'라고 부르는 이 기술이 있으면 뇌에서 일어나는 전기 활동을 시각화해서 나타낼 수 있었다. 그러므로 뇌전도 센서를 환자의 두피에 부착하면 환자의 뇌 속을 들여다보는 것도 가능했다. 베르거는 이 장치를 사용해서 뇌의 각 부분이 각기 어떤 일을 담당하는지 알고 싶었다. 그는 환자들에게 연산 문제를 풀고, 그림을 그리고, 퍼즐을 맞추라는 등의 과제를 주고 그동안 그들의 뇌에서 일어나는 전기적 활동을 관찰했다. 그러자 종류가 다른 각각의 과제에 대해 각기 다른 패턴의 전기적 활동이 뚜렷하게 나타났다. 우리는 베르거와 그의 뇌전도 연구 덕분에 뇌가 어떻게 작동하고 휴식하는지에 관해 완전히 새로운 통찰을 얻게 되었다.

한번은 베르거가 실험을 하다가, 환자가 과제 사이에 휴식을 취하는 동안 뇌전도 기계를 그대로 켜 둔 일이 있었다. 그런데 뇌가 휴식 중일 텐데도 뇌의 전기적 활동을 선으로 나타내는 바늘들은 멈추지 않고 빠르게 움직임을 이어 갔다. 뇌는 구체적인 과제를 수행하지 않으면 기본적으로 활동을 멈춘다는 것이 당시의 지배적인 통념이었다. 하지만 여기서 베르거는 사람이 무언가를 적극적으로 하지 않을 때조차 뇌는 매우 활동적인 상태를 유지한다는 사실을 눈으로 확인한 것이었다.

베르거가 이 결과를 논문으로 발표할 무렵만 해도 사람이 휴식하는 동안 뇌는 활동성을 띤다는 점은 주로 무시되었다. 베르거는 환자가 적극적으로 과제를 '수행하지 않는 동안' 일어난 일에 제법 마음이 끌렸지만, 학계의 나머지 대다수는 환자가 적극적으로 과제를 '수행하는 동안' 일어난 일에 더 관심을 보였다.

이후로 70년 동안, 학계는 '작동 상태 네트워크task-positive network', 즉 노력을 기울이고 집중해야 하는 과제를 수행할 때 활성화되는 뇌의 네트워크(뇌의 기능적 연결성을 가리키는 말—옮긴이)에 집중하여 연구를 진행했다. 그러나 2001년, 세인트루이스 주재 워싱턴대학교의 신경학자인 마커스 라이클Marcus Raichle 박사가 오래전 베르거가 발견한 '휴식 중인 뇌에서 일어나는 의문의 활동'을 다시 들여다보기 시작하자 상황은 달라지기 시작했다. fMRI를 통해 뇌의 내부를 들여다본 라이클은 사람이 딴생각을 하거나 몽상에 빠질 때 뇌의 특정 부분이 지속적으로 활동성을 띤다는 사실을 알아냈다. 그는 이를 '휴지 상태 네트워크default-mode network'라고 이름 붙였다. 재미있는 사실은, 피실험자가 다시 과제에 집중하기 무섭게 휴지 상태 네트워크는 잠잠해지고 작동 상태 네트워크가 다시 활성화됐다는 점이다.

fMRI 기술이 더욱더 눈부시게 발달한 덕에, 거의 1세기 전 베르거의 발견과 달리 라이클의 연구는 휴식하는 뇌에 관한 여러 과학적 탐구의 시발점이 되었다. 이러한 연구들에 따르면, 우리가 '쉰다'고 느끼며 의식적으로는 전혀 알아차리지 못할 때조차 뇌에서는 휴지 상태 네트워크라는 강력한 시스템이 배경처럼 작동된다. 또한 이제부터 이야기하겠지만, 우리가 쉴 때 작동되는 이 시스템은 창의적인 통찰을 안겨 주고, 돌파구를 마련해 주기도 한다.

창의력을 끌어내는 방법

당신은 어느 때 가장 크게 창의력을 발휘할 수 있는가? 붙잡고 끙끙대던 어려운 문제의 해답이 갑자기 떠오르는 그때 무엇을 하고 있는가? 신기하게도, 문제 풀이에 공들이는 중이 아니라 멍하게 샤워하는 중일 가능성이 크다. 만일 그렇다면, 당신은 우디 앨런과 같은 과다. 앨런은 창의력을 깨우기 위해 샤워를 했다. 그는 교착 상태에 빠질 때마다 이렇게 한다고 했다. "2층에 올라가 샤워를 합니다. 그럼 도움이 되죠. 옷을 가볍게 입고 잉글리시머핀 같은 걸 만들어 먹습니다. 숨을 좀 돌리려다 보면 샤워할 생각이 듭니다." 샤워 중에 창의적인 생각이 떠오른다는 사람은 우디 앨런만이 아니다. 시중에 나온 그 많은 방수 화이트보드와 방수 노트들을 보면 알

만하지 않은가?

샤워할 때만이 아니다. 가장 좋은 아이디어는 달리거나 걸을 때 떠오를 수도 있다. 키르케고르부터 소로까지, 존경받는 많은 철학자는 매일의 걷기를 신성한 시간으로 여겼다. 그들에게 걷기는 새로운 아이디어를 얻는 열쇠와 같았다. '다리가 움직이기 시작하는 순간 생각도 흐르기 시작한다고, 나는 생각한다.' 소로가 일기에 적은 유명한 문장이다.

당신이 깨달음을 얻고 자각하는 순간은 한밤중에 일어나 화장실에 갈 때나 낮잠에서 깨는 순간일 수도 있다. 위대한 발명가들은 노트를 곁에 두고 자곤 했다. 토머스 에디슨은 '기력을 회복하는 낮잠power nap'의 열렬한 지지자였다. 부족한 잠을 채울 수 있어서가 아니라, 자고 일어날 때 새로운 아이디어가 떠오르기 때문이었다.

맥아더재단MacArthur Fellowship의 '천재상genius grant'을 수상했고 브로드웨이 블록버스터 뮤지컬 〈해밀턴Hamilton〉을 만든 린 마누엘 미란다는 말한다. "좋은 아이디어는 100가지 일로 분주할 때가 아니라 편안하게 휴식할 때 나옵니다. 샤워할 때나, 아들과 함께 뭔가를 끄적거리거나 기차놀이를 할 때 나오는 겁니다. 그럴 때 두뇌는 사물의 다른 면을 봅니다."

이 흥미로운 이야기들을 모아 보면 한 가지가 아주 명확해진다. 가장 심오한 아이디어는 주로 의식적인 사고 사이의 작은 틈, 즉 뇌가 휴식

가장 심오한 아이디어는 주로 의식적인 사고 사이의 작은 틈, 즉 뇌가 휴식하는 동안 나온다.

하는 동안 나온다는 것이다. 이는 과학적으로도 입증된 사실이다. 연구에 의하면, 우리는 일하는 시간 대부분을 힘들여 사고하는 데 사용하지만, 창의적인 아이디어의 40퍼센트 이상이 휴식할 때 나온다고 한다.

가장 창의적인 발견은 대부분 같은 과정으로 일어난다. 우선, 한 가지 주제를 치열하게 숙고하며 일에 몰두한다. 의식이 꽤 많은 일을 해내기는 하지만 그럴 때는 보통 아무리 노력해도 메꿀 수 없는 구멍들이 생긴다. 얼른 이해되지 않겠지만 이때 가장 좋은 방법은 일을 놓는 것이다. 의식적이고 적극적인 사고에서 한 걸음 떨어져 두뇌를 휴식하게 하면 그런 구멍들이 알 수 없는 방법으로 메꿔지곤 한다. (1장에서 다룬) 영리한 베테랑 육상 선수 디나 캐스터가 자신의 성공 비결을 신체 훈련과 거리를 두는 것으로 꼽았듯, 창의적인 아이디어를 얻는 비결은 의식적인 사고와 거리를 두는 데 있다. 이 마법 같은 비결을 제대로 이해하려면, 먼저 의식과 잠재의식의 차이를 짚어 볼 필요가 있다.

수학자가 사랑한 휴식 시간

우리가 적극적으로 과제에 매달릴 때는 의식(작동 상태 네트워크)이 전면에 등장한다. 의식은 선형적이고 논리적인 방식, 즉 '……라면 ……이다'의 형태로 기능한다. 이 형태 안에서는 A라면 B이고, A가 아니라면 B가 아니다. 대부분의 활동에서는 선형적인 사고면 충분히 문제를 해결할 수 있다. 그러나 간혹 그렇게 해결되지 않는 경우가 있다. 자리에 앉아서 컴퓨터 화면을 바라보거나 화이트보드를 놓고 해결책을 궁리하지만, 노력하면 할수록 안 될 가능성이 크다. 의식이 물러나고 잠재의식(휴지 상태 네트워크)이 등장하는 것은 우리가 노력을 멈출 때만이다.

잠재의식은 의식과 완전히 다른 방식으로 기능한다. 무의식은 선형적 사고의 패턴을 벗어나서 훨씬 더 무작위로 작동하면서, 의식적으로 매달릴 때는 접근할 수 없던 뇌의 영역으로 들어가 정보를 끌어온다. 창의적인 아이디어는 뇌의 이런 영역, 즉 의식이 달음질치는 'A라면 B이다'의 좁은 고속 도로와 맞닿은 드넓은 숲속에 숨어 있다. 신경과학자들은 잠재의식은 항상 배경처럼 느리게 작동하고 있음을 알아냈다. 그러나 라이클이 발견한 것처럼, 잠재의식에서 비롯되는 통찰은 의식적인 사고를 내려놓고 휴식 상태로 들어갈 때만 겉으로 드러난다.

잠재의식에서 비롯되는 통찰은 의식적인 사고를 내려놓고 휴식 상태로 들어갈 때만 겉으로 드러난다.

수학자인 데이비드 고스David Goss 박사는 휴식할 때 창의성이 발현되는 현상을 직접 경험한 바 있다. 오하이오주립대 수학과의 명예교수인 고스는 숫자 이론에 관한 획기적인 업적으로 국제적인 명성이 자자하다. 그는 지난 40년간 완전히 새로운 수학적 언어를 만들었는데, 이 언어가 있으면 전통의 수학적 언어로는 풀리지 않는 문제도 풀 수 있다. 사실상, 풀 수 없는 문제를 풀 수 있는 문제로 만들기 위해 수학이라는 우주 안에 또 하나의 우주를 창조한 셈이다. 고스는 또 다른 우주를 창조할 창의적 통찰에 접근하기 위해, 자신의 머릿속에서도 다른 우주에 접근해야 했다.

숫자에 대한 고스의 사랑은 아주 오래전으로 거슬러 올라간다. 그는 미시간대학교 1학년에 다니던 1970년대 초반에 수학에 깊이 몰두했었다. 머릿속이 온통 수학뿐이었다고 했다. 수학 성적은 탁월했지만, 그것은 수학이 아닌 다른 것은 모두 희생한 대가였다. 수학 외 다른 과목 공부를 전부 등한시한 것이다. 3학년이 되자 상황은 몹시 심각해졌고, 튜터는 열심히 하거나 학교를 그만두거나 하나를 선택하라고 말했다. 고스는 후자를 택해 하버드로 갔다. 하버드대학교 수학과 박사 과정에서는 두 팔 벌려 그를 환영했다. 그는 우리에게 이렇게 말했다. "하버드에서 석사 학위와 박사 학위를 받았어요. 그런데 학사 학위가 없네요. 어이쿠."

다른 과목을 억지로 공부할 필요가 없어지자, 고스는 마음껏 수학에 몰입했다. 그러다 스물세 살이 되었을 무렵, 수학이 현재의 틀 안에만 갇혀 있다는 생각이 강하게 들기 시작했다. "분명 더 좋은 방법이 있어야 한다고 생각했던 기억이 납니다. 우리가 가능하다고 여기는 선 너머로 수학을 끌어올릴 방법이 필요했습니다." 이 아이디어를 비롯해 그 뒤에 이어진 많은 획기적인 아이디어들은 칠판에서 나오지 않았다. 그는 이렇게 말한다. "이런 엉뚱한 아이디어는 모두 잠재의식을 통해 나왔습니다. 자전거를 타거나 주변을 어슬렁거릴 때 나온 것들이죠. 사실 그중에는 말이 안 되는 것들도 있습니다. 그런데 아주 말이 안 되는 건 아닌 것들도 있었답니다." 정말 말이 안 되는 것들은 이튿날 휴지통으로 들어갔지만, 조금은 말이 되는 것들은 어떻게 됐을까? 그것들은 제2의 수학 언어가 되었다.

의심할 것 없이 고스는 의식 면에서 명철한 두뇌를 가졌다. 그러나 그의 의식만큼 찬사받아야 마땅한 것은 그의 잠재의식과 잠재의식의 문을 열기 위해 한 걸음 물러나 휴식할 수 있었던 용기이다. 고스는 말한다. "잠재의식은 말도 안 되게 강력합니다. 일을 하는 유일한 이유는 일에서 물러날 때 열리는 단계에 들어서기 위해서라고 해도 과언이 아닙니다."

> "잠재의식은 말도 안 되게 강력합니다. 일을 하는 유일한 이유는 일에서 물러날 때 열리는 단계에 들어서기 위해서라고 해도 과언이 아닙니다."

고스는 진지하게 운동을 한 적은 없지만 '주기화'의 기술을 따르고 있었다. 두뇌에 스트레스를 가한 뒤 회복하게 했으며, 그럴 때 새로운 아이디어가 생기고 성장이 일어났다. 일에서 물러날 때 전에 없는 성공을 경험한 혁신가는 고스만이 아니다. 이제 우리는 위대한 성과를 맛본 또 다른 사람에 관해 이야기하려고 한다. 이번에는 진지한 운동선수다. 그는 휴식할 용기를 낸 덕분에 또 다른 돌파구를 마련할 수 있었다. 육상 선수 로저 배니스터의 이야기로 넘어가 보자.

퍼포먼스 가이드

- 격렬한 지적 노동 중에 교착 상태에 빠지면, 일을 멈춘다.

- 종류와 관계없이 5분 이상 일과 거리를 둔다.

- 스트레스가 큰 일일수록 휴식 시간은 길어야 한다.

- 아주 강도 높은 일이라면 다음 날까지 쉴 수도 있다.

- 쉬는 동안에 잠(앞으로 곧 다룰 것이다)을 잘 계획이 아니라면, 생각을
  조금만 하거나 아예 하지 않아도 되는 활동을 한다. 휴식 시간에 할
  일에 관해서는 5장에서 아주 자세히 다루겠지만, 그 예는 대략 다음
  과 같다.

    ⊘ 음악 듣기, 샤워하기, 짧게 산책하기, 설거지하기, 야외로 나가기

- 휴식을 하다 보면 "아하"를 외치는 순간이 올 것이다. 그렇다면 다
  행이지만, 그렇지 않다고 해도 잠재의식은 여전히 가동 중이다. 하
  던 일로 돌아가면 진전을 볼 가능성이 크다.

육상 스타가 숲으로 간 이유

1954년 5월 6일, 잉글랜드 옥스퍼드. 탕! 인파로 가득한 경기장 앞
에서 경기 진행원의 총소리가 울리자, 영국의 육상 스타 로저 배니

스터는 불가능한 도전의 첫발을 내디뎠다. 그는 1마일을 4분 안에 달리겠다고 했다.

1940~1950년대에는 오늘날의 마라톤 못지않게 1마일 경기가 육상의 꽃으로 불렸다. 요즘 육상계가 마라톤 경기에서 2시간 벽을 깨는 것이 가능한가를 두고 설전을 벌이듯, 그 당시 육상계에서는 1마일 경기에서 4분 벽을 깨는 것이 가능한가가 초미의 관심사였다. 1913년에 4분 14초였던 1마일 세계 기록은 1934년에 4분 6초, 1945년에 4분 1초로 꾸준히 4분에 가까워지고 있었다. 그러나 '1마일 3분대 주파'라는 서사시의 완성을 목전에 두고, 기록은 거의 십 년째 제자리걸음이었다. 전 세계에서 내로라하는 선수들이 4분 밑으로 결승선을 끊겠노라 단언했지만, 결과는 4분 3초, 4분 1초, 4분 4초, 4분 2초에 그쳤고 그들은 모두 간발 차로 마의 4분 벽 앞에 무릎 꿇었다. 그 마지막 1초는 누구도 줄이지 못할 것 같았다, 과학자들과 의사들은 사람이 1마일을 4분 안에 달린다는 데 의심을 던지기 시작했다. 심장과 폐가 버티지 못하리라는 생각에서였다.

당대의 여느 뛰어난 선수들과 마찬가지로 4분에서 몇 초 더한 기록을 갖고 있던 배니스터도 이만하면 자신이 그 벽을 깰 수 있으리라고 생각했다. 1954년 초에 기록 경신에 재도전한다는 의사를 밝힐 무렵, 그는 정말로 할 수 있다는 믿음이 있었다. 그런데 역사를 새로 쓰기에 앞서, 그는 아주 의문스러운 결정을 내렸다. 경기를 고작 2주 앞두고 고강도 인터벌 훈련 계획을 그만두더니 스코틀랜드 산악지대로 향한 것이다. 그와 그의 친구 몇 명은 거기서 여러 날 동안 트랙은 근처에도 가지 않았으며, 트랙에 관한 말을 입 밖에 꺼내지도 않았다. 그 대신 그들은 산속에서 하이킹과 등산을 했다. 마음으로도, 그리고 크게 보면 몸으로도 육상에서 완전히 손을 뗀 것이다. 하이킹은 일반적인 체력을 기르기에는 훌륭한 운동이지만 맹렬한 속도로 400미터 달리기를 반복하던 평소 그의 트랙 훈련 방식과는 거리가 멀었다. 즉 평상시 하던 훈련을 생각하면, 배니스터는 쉬고 있었다.

잉글랜드로 돌아온 배니스터는 다시 한번 육상계를 놀라게 했다. 잃어버린 시간을 만회하겠다고 죽기 살기로 훈련에 덤비며 무조건 트랙으로 뛰어드는 대신, 계속 휴식을 이어 간 것이다. 몇 달 전 훈련에서 모든 것을 쏟아부었던 그는 계속해 3일을 더 회복에 집중했다. 그리고 경기가 겨우 이틀 앞으로 다가오자, 몇 차례 짧은 운동으로 몸을 가다듬는 것을 끝으로 훈련을 마무리했다. 배니스터는 몸에 활력이 넘쳤고, 그러면 된 것이었다. 육상의 한계를 재정립하려면 마지막 한 방울까지 에너지를 짜내야 할 터였다.

1954년 5월 6일 옥스퍼드의 경기장으로 돌아가 보자. 배니스터는 다른 한 선수와 막상막하로 달리며 3분 0.7초에 세 번째 바퀴를 통과했다. 4분대 벽을 깨기에는 살짝 역부족일 듯했다. 그러나 땡! 하고 마지막 바퀴를 알리는 종이 울리자, 그는 갑자기 폭발적으로 속도를 올리기 시작했다. 그가 서서히 결승선에 가까워지자 관중들은 너도나도 자리를 박차고 일어났다. 3분 40초, 3분 41초, 3분 42초, ……. 마지막 직선 코스에서는 더욱더 스퍼트를 올렸다. 팬들은 목이 터지라 소리를 질렀다. 3분 54초, 3분 55초……. 배니스터가 결승선을 통과했다. 호되게 자신을 밀어붙였다는 것 외에, 그는 아무 생각도 들지 않았다. 우레 같은 함성이 들려왔다. 경기장에서는 후에 기네스세계기록Guinness World Records을 설립한 아나운서 노리스 맥허터의 목소리가 시끄러운 스피커를 뚫고 나왔다. 맥허터는 아직도 회자되는 문구로 이날의 경기 결과를 발표했다.

신사, 숙녀 여러분, 아홉 번째 경기인 1마일 경주의 결과를 발표하겠습니다. 1위, 41번 로저 배니스터! 옥스퍼드의 엑시터대학 Exeter College과 머튼대학Merton College을 졸업했고 현재는 영국체육회Amateuer Athletic Association 소속인 그가 신기록을 수립했습니다. 승인이 필요합니다만, 잉글랜드 출신, 영국 국적, 참가자 전원, 유럽과 대영 제국, 세계 그 어느 그룹에서도 신기록이 될 것입니다. 기록은, 3분…….

관중의 환호성에 묻혀 방송의 나머지 부분은 들리지 않았다. 로저 배니스터는 3분 59.4초로 인류 역사상 가장 높은 벽 하나를 무너뜨렸다. 휴식할 수 있었던 그의 용기가 빛을 발한 것이다.

배니스터가 숲으로 떠난 것은 다소 극단적이지만, 신체적인 성장을 북돋기 위해 휴식을 취한다는 개념은 전혀 그렇지 않다. 우리는 세계 최고의 철인3종경기 선수들을 훈련하는 뛰어난 코치 맷 딕슨Matt Dixon에게 최고와 최고가 아닌 선수들은 어떤 차이가 있는지를 물었다. 답은 '휴식'에 있다고 했다. 물론 철인3종경기의 세 가지 부분(수영, 사이클, 마라톤)을 골고루 효과적으로 훈련하려면 딕슨 같은 숙련된 코치가 필요하지만, 딕슨의 진짜 비결은 선수들에게 휴식에 대한 확신을 주는 것이다.

까다롭기로 유명한 여느 직종의 전문가들과 마찬가지로 철인3종경기 선수들도 적극적으로 자신을 밀어붙인다. 그들도 경쟁에서 이기려면 길고 긴 시간을 훈련에 매달려야 한다고 생각하고 훈련은 아무리 해도 부족하다고 느낀다. 단순 육상 종목의 선수들은 골절에 대한 두려움 탓에 훈련을 자제하기도 하지만, 철인3종경기에는 몸에 부담이 적은 수영과 사이클이 포함된다. 따라서 선수들은 수영과 사이클을 할 때면 훈련을 자제할 이유를 찾지 못하며, 훈련을 자제하는 경우도 드물다. 철인3종경기 선수들이 다른 종목 선수들보다 과훈련 증후군과 번아웃을 호소하는 일이 많은 이유도 그것 때문인지 모른다. 그러나 딕슨의 선수들은 다르다.

딕슨은 겸연쩍어하며, 자신은 '회복 코치'로 알려져 있다고 말한다. 지나친 훈련으로 번아웃의 경계까지 무너진 많은 선수가 재기를 꿈꾸며 딕슨을 찾아가는 것도 그래서일 터다. 선수들을 쉬게 할 때 가장 어려운 부분은 쉬는 것이 훈련을 더 하는 것보다 이롭다는 점을 확신시키는 것이라고 딕슨은 말한다. 일단 그 부분을 뛰어넘으면 다음은 쉽다는 것이다. "선수들은 체력이 더 좋아지고 전보다 기록도 좋아지기 시작합니다." 선수들은 이렇게 난생처음으로 '몸이 훈련 스트레스에 적응하도록 시간과 공간'을 주게 된다고 한다.

선수들이 이 중대한 도약을 이뤄낼 수 있도록, 딕슨은 휴식을 '적극적인 선택'이라고 부른다.* 그가 철인3종경기 선수들을 위해 작성한 훈련 계획에는 '쉬운 훈련'이나 '쉬는 날'이라는 말은 보이지 않지만 '도움 세션supporting session'은 곳곳에 나타난다. 딕슨의 선수들은 휴식을 성장과 적응을 돕는 일로 여기면서 휴식을 '훈련하지 않는' 수동적인 시간으로만 보지 않기 시작했다. 이처럼 휴식은 추가 훈련만큼 생산적인 시간이 된다. 이렇게 살짝 마인드셋을 바꾸는 것만으로도 딕슨은 다른 코치들은 좀처럼 하기 어려운 일을 해낸다. 선수들에게 휴식에 대한 확신을 주게 되는 것이다. 큰 경기가 있을 때면, 딕슨의 선수들도 배니스터처럼 경쟁자들에 비해 좋아진 체력과 활력으로 무장하고 경기장에 나타난다. 그들이 주요 경기에서 승리하는 이유는 경쟁자들보다 열심히 훈련해서가 아니라 경쟁자들보다 열심히 휴식하기 때문이다.

고되게 일하거나 훈련하고, 단기적인 이익을 내고, 극단적으로 밀어붙이는 것이 칭송받는 사회에서는 휴식을 취하려면 큰 용기가

---

* 딕슨은 행동과학자들이 말하는 부작위 편향commission bias (하지 않는 것을 하는 것보다 선호하는 마음)을 잘 이용했다.

필요하다. 딕슨이 선수들을 훈련할 때처럼 우리도 모두 휴식을 새롭게 이해해야 할 것 같다. 휴식은 게으르게 빈둥대는 시간이 아니라 몸과 마음의 성장이 일어나는 적극적인 과정이다. 스트레스의 이점을 누리려면 쉬어야 한다.

다음 장에서는 휴식을 취하는 가장 좋은 방법이란 구체적으로 무엇을 말하는지를 알아보려고 한다. 하루 중 틈틈이 갖는 짧은 휴식부터 정말 중요한 잠, 장기 휴식까지, 길이가 다른 각 휴식을 뒷받침하는 과학에 관해 이야기하고, 각 휴식에서만 얻을 수 있는 이점을 어떻게 하면 전략적으로 극대화할 수 있는지 설명할 것이다. 휴식이 얼마나 현실적이고 효과적인지 이해함으로써 적극적인 선택을 통해 기분 좋게 휴식하기 바란다.

CHAPTER

성과 최강자들의
휴식 습관

3장에서 우리는 운동과 거리가 먼 영역에서 운동선수들의 인터벌 훈련 방식을 적용할 때 얻을 수 있는 이점을 이야기했다. 또한, 어떤 일을 하든지 2시간 이상 연달아 집중하면 일의 결과가 흔들리기 시작함을 입증하는 여러 연구 결과도 함께 다뤘다. 이를 통해 격렬하게 집중하는 시간과 짧게 휴식하는 시간을 번갈아 가며 일할 때 결과가 가장 좋다는 것을 알 수 있었다. 4장에서는 마음챙김 수련 법을 알아보았고, 잠재의식에 숨어 있는 창의력을 얻기 위해 일과 거리를 두는 것의 가치도 이야기했다. 물론 일과 거리를 두는 법은 많고 많지만, 그것들이 다 똑같은 효과를 내지는 않는다. 예를 들어,

SNS를 훑어보는 것은 산책과 비교하면 아무런 효과도 없다.

이제 성과의 최강자들과 최신 과학을 통해 뒷받침되는 각 휴식의 장점을 알아보려고 한다. 이번 장은 하루 중에 틈틈이 마련할 수 있는 짧은 휴식에 대해 먼저 알아보고, 더 긴 시간 동안 휴식을 취하는 것의 가치(와 그럴 때 발생할 수 있는 어려움)를 살펴보는 것으로 마무리될 것이다. 지금부터 나올 내용을 '휴식'을 위한 전략적 선택지로 사용할 수 있기 바란다.

조기 사망 위험을 33퍼센트 줄이는 걷기

유명한 작가 스티븐 프레스필드Steven Pressfield는 자신의 저서 《최고의 나를 꺼내라》에서 걷기에 관해 이렇게 적었다. '휴대용 녹음기를 챙기는 이유는 걸으면서 표면의 생각이 걷히면 내 다른 부분이 끼어 들어와 말을 시작한다는 걸 알기 때문이다. …… 342쪽의 '음흉하게 보았다'를 '추파를 던졌다'로 바꿔야겠다든지, 21장 마지막 문장이 7장 중간에 있는 문장이랑 똑같다든지 하는 생각이 드는 것이다.' 앞장에서 알아보았듯, 그런 사람은 프레스필드만이 아니다. 최고의 작가와 사상가들은 걸으며 휴식하는 힘을 믿는다.

산책은 작가와 예술가, 발명가에게 필요한 창의력을 얻는 데만 유용한 것이 아니다. 브래드는 맥킨지앤컴퍼니에서 복잡한 경제 모형을 만들 때 하루에도 몇 번씩 산책을 했다. 막힌다 싶을 때는 더 짧은 산책만으로도 큰 이점을 얻을 수 있다.

욱더 그랬다. 컴퓨터 화면 앞에서는 절대 알아낼 수 없었던 것들이 걷고 난 직후에는 거의 예외 없이 머릿속에 떠오르곤 했다.

일과 거리를 두려면 큰 배짱이 필요하다. 마감이 코앞일 때는 더욱더 그렇다. 멀리까지 걷기에는 그저 시간이 없을 때도 있다. 그러나 다행히 짧은 산책만으로도 큰 이점을 얻을 수 있다.

스탠퍼드대학교 연구진은 〈아이디어에 발 달기: 창의적인 사고에 있어서 산책의 긍정적인 효과Give Your Ideas Some Legs: The Positive Effect of Walking on Creative Thinking〉라는 재미있는 제목의 연구에서, 짧게 걸으며 휴식할 때의 효과를 살펴보았다. 연구진은 피실험자들을 두 그룹으로 나눈 뒤 한 그룹은 야외와 실내에서 짧게 걸으며 휴식을 취하게 하고, 다른 한 그룹은 전혀 휴식을 취하지 않게 했다. 그리고 휴식이 끝난 뒤 참가자들의 창의력을 평가해 보았다. 평범한 물건들에 대해 일반적이지 않은 용도를 최대한 많이 말해 보라는 질문을 통해서였다. 예컨대 타이어의 일반적이지 않은 용도를 말한다면, 물놀이 도구, 농구 골대의 림, 그네 등을 이야기할 수 있었다('길퍼드의 대체 용도 검사Guilford's Alternate Uses Test'로 불리는 이 실험은 창의력을 측정하는 수단으로 널리 쓰인다). 야외에 나가서 6분 동안 짧게 산책한 사람들은 책상에 그대로 앉아 있었던 사람들보다 창의력이 60퍼센트 높게 나타났다. 야외에서 걸은 사람들의 결과가 가장 뚜렷하게 좋았던 것은 사실이지만, 실내에서 걸은 사람들도 전혀 걷지 않은 사람들보다는 창의력이 40퍼센트 높게 나타났다. 이 점을 보면, (겨울이라 근처에 보도가 없다는 등의 이유로) 야외를 걸을 수 없을 때는 사무실을 몇 바퀴 돌거나 잠깐 러닝머신 위를 뛰는 것만으로도 충분히 유익할 수 있음이 분명해진다.

처음에 연구진은 피실험자들에게 걷는 것이 도움이 된 가장 큰 이유를 뇌로 가는 혈류량이 증가했기 때문으로 추정했다. 그러나 여기서는 걷기와 집중하기의 상호 작용 또한 중요한 이유로 작용하는 것 같다. 걸을 때는 뇌에서 어려운 사고를 담당하는 부분이 일부만 가동돼도 충분하므로 의식이 살짝 한눈을 판다. 그 결과, 걸을 때는 창의력을 담당하는 엔진인 잠재의식을 건드리기가 더 쉬워지는 것이다. 춤이나 중량 운동처럼 집중하고 주의를 기울여야 하는 다른 움직

> 걷기는 잠재의식으로 들어가서 머릿속 정체기를 극복하는 데 도움이 될 창의적인 통찰을 자극하기에 안성맞춤인 활동이다.

임에 비해 걷기가 창의력을 기르는 데 더 효율적인 이유도 바로 여기에 있다. 걸을 때는 하던 일에 관한 생각은 멈추되, 편안하게 딴 생각을 할 수 있을 만큼만 집중하면 된다. 걷기는 잠재의식으로 들어가서 머릿속 정체기를 극복하는 데 도움이 될 창의적인 통찰을 자극하기에 안성맞춤인 활동이다.

걸으며 휴식하면 머리에도 좋지만, 몸에도 아주 좋다. '앉아 있는 것은 흡연과 같다'라는 말을 들어보았을 것이다. 오랫동안 움직이지 않고 앉아 있는 것은 건강에 무척 해로우며, 운동으로 얻은 것

들을 무용지물로 만들어 버리기도 한다. 다행히 최근의 연구에 따르면 매시간 2분만 걸어도 앉아 있어서 생기는 부정적인 영향을 많이 예방할 수 있다고 한다. 이렇게 짧게 걷는 것이 조기 사망(그리고 모든 원인에 따른 사망)의 위험을 33퍼센트 줄여 준다는 연구도 있다. 아테네 문화가 번성하여 최고 전성기를 달리던 고대 그리스 시대에, 플라톤을 비롯한 철학자들은 몸과 마음의 교육과 발달을 하나로 여겼다. 이 현자들은 우리가 요즘 들어서야 재조명하는 사실을 오랜 옛날에 알고 있었다. 건강한 육체에 건전한 정신이 깃든다는 것이다.

자연이 염증 수치를 낮춰 준다

2008년, 미시간대학교의 심리학자 마크 버먼Marc Berman 박사는 다빈치부터 다윈에 이르기까지 뛰어나게 창의력을 발휘한 많은 사람이 자연에서 영감을 얻었다고 하는 이유를 알고자 했다. 자연과 창의력 사이에 정말로 강한 연관성이 있는지를 시험하기 위해, 버먼은 학부생들을 모아서 두 그룹으로 나눴다. 두 그룹은 먼저 똑같은 문제들을 풀었다. 모두 머리를 써서 힘들게 고민해야 하는 것들이었다. 문제 풀이가 끝나고 휴식을 취했는데, 한 그룹은 한적한 공원으로 갔고, 다른 그룹은 분주한 도시로 갔다. 휴식 후 다시 어려운 문제를 풀게 하자, 공원에서 휴식한 학생들이 도시에서 휴식한 학생들보다 점수가 높았다.

'다 좋은데, 일과 중에 한적한 공원에 가는 건 쉽지 않아'라는 생각이 들지 모른다. 걱정할 것 없다. 자연이 담긴 사진을 보는 것만으로 도움이 될 수 있기 때문이다. 버먼은 두 번째 실험에서도 학생들이 앞서 설명한 것과 똑같은 과정을 따르게 했다. 단, 이번에는 밖으로 나가는 대신 (딱 6분 동안) 각각 자연을 찍은 사진을 보거나 도시를 찍은 사진을 보게 했다. 결과는 같았다. 사진으로라도 자연을 본 학생들이 도시를 본 학생들보다 점수가 높았던 것이다.

버먼은 자연은 본래 사람을 기분 좋고 편안하게 하므로 고된 일의 스트레스에서 빠르게 벗어나 더 편안하게 휴식할 수 있게 하며, 마음의 긴장을 풀고 창의력을 발휘하게 한다는 가설을 세웠다. 할 수 있는 일이 기껏해야 컴퓨터 바탕 화면을 바꾸는 것뿐이라 해도, 페이스북이나 트위터 피드 대신 《내셔널지오그래픽》이나 《아웃사이드Outside》 같은 잡지에서 자연을 담은 사진이 나오는 글을 찾아보기 바란다.

자연에 노출되면 창의력을 높이는 데만이 아니라 체내 염증과 관계된 물질인 '인터류킨-6'의 수치를 낮추는 데도 도움이 될 수 있다. 인터류킨-6의 수치가 낮아지면 열심히 훈련한 운동선수들을 경기장 밖으로 내몰곤 하는 해로운 만성 염증을 예방할 수 있다. 학술지 《이모션Emotion》에 실린 한 연구에 따르면, 인터류킨-6의 수치를 낮추는 데 관여하는 것은 다른 어떤 긍정적인 감정보다도 우리가 자연에서 흔히 느끼는 '경외감'이라고 한다. 우리는 이 연구를 이끈 박사에게 그 이유를 물었다. 자연을 가까이하는 것처럼 단순한 일(그것이 자연이 담긴 사진을 보는 것일 뿐이라도)이 어떻게 몸에서 일어나는 활동을 바꿀 수 있을까? 스텔라는 이렇게 말했다. "사람은 경외감을 느낄 때 세상과 더 가깝게 연결되는 느낌을 받고 더 겸손해지지요. 이런 느낌이 분명 스트레스 반응의 '스위치를 내리는' 데 도움이 되는 것 같습니다. 그러면 염증도 줄어드는 것이죠."

힘들게 운동을 했거나 직장에서 많은 스트레스를 받았다면, 찬물로 샤워를 하고 소염제를 먹고 최근에 나온 효과 좋다는 피로 회복제를 찾기 전에 공원에 앉아서 숨을 돌려 보면 어떨까? 영화로도 만들어진 논픽션《와일드》에서 셰릴 스트레이드의 어머니가 말한 것처럼, 기분이 우울할 때는 "아름다운 곳으로 가 보자Put yourself in the way of beauty."

7분 보디 스캔의 효과

앞서 우리는 앉아서 호흡에 집중하는 마음챙김 명상이 어떻게 스트레스 상태에서 휴식 상태로 옮겨 가는 과정을 촉진할 수 있는지 이야기했다. 마음챙김 명상은 스트레스에 반응하는 방식을 선택하는 데 관여하는 뇌의 전전두피질을 강화한다. 그러므로 마음챙김 근육을 강화하기 위해 매일 명상을 해 보자. 또한, 육체적으로나 정신적으로 힘든 일을 할 때는 계획에 없더라도 잠시 쉬면서 즉석 명상을 할 수도 있다.

빠듯한 마감 속에서 한 줄 메모를 짜내야 해서든 힘든 근력 운동을 하며 한 세트 더 짜내야 해서든, 긴장해 있을 때는 마음챙김 명상으로 성과를 높일 수 있다. 마음이 초조해

빠듯한 마감 속에서 한 줄 메모를 짜내야 해서든 힘든 근력 운동을 하며 한 세트 더 짜내야 해서든, 긴장해 있을 때는 마음챙김 명상으로 성과를 높일 수 있다.

지는 것은 두뇌가 위협을 받고 스트레스 모드로 들어갈 때 나타나는 심리적 징후다. 키보드나 바벨과 떨어져서 휴식을 취한 뒤에도 스트레스가 남아 있다면 휴식의 효과를 크게 기대할 수는 없을 것이다. 계속되는 스트레스 때문에 휴식이 '납치'당하고 있는 상황은 쉽게 구별할 수 있다. 그럴 때는 보통 어깨가 솟거나 이마에 주름이 가거나 입을 앙다물게 된다. 몸에서 그런 느낌이 든다면 짧게 마음챙김 명상을 해 본다. 편안한 자세로 앉아서 눈을 감고 코로 10회 깊이 호흡한다. 이때, 호흡의 감각에만 집중한다. 몸으로 고통과 긴장이 느껴지고, 머릿속에 부정적인 생각이 들 수 있다. 그런 것들을 무시하지 않는다. 대신 판단을 내려 놓고 그것들을 인식하며, 느껴지고 떠오르는 대로 둔다. 그런 뒤 다시 호흡에 집중한다.

10회 호흡이 끝나더라도 나머지 쉬는 시간 동안 계속 호흡에 집중한다. '오픈 모니터링' 또는 '보디 스캔'이라고 하는 명상 기법을 활용할 수도 있다. 오픈 모니터링 명상을 할 때는 규칙적인 호흡을 이어가되 집중의 대상을 호흡에서 몸의 각 부분으로 옮긴다. 발부터 시작해서 위쪽으로 올라가면 좋다. 신발 속 발가락과 의자(또는

옷)에 닿은 피부, 이완되는 근육, 심장 박동 등의 느낌에 집중한다. 연구에 따르면, 7~10분 정도만 오픈 모니터링 명상을 해도 몸의 회복과 창의력에 도움이 된다고 한다.*

상처 난 가슴을 치유하는 법

스티브(저자)는 지도하는 선수들이 고강도 훈련을 마친 뒤에 빨리 회복할 수 있도록 갖가지 방법을 시도해 왔다. 그렇게 해서 지금껏 찾은 가장 효과적인 방법은 '사람과의 상호 작용'이었다. 그렇다. 스티브의 비결은 마사지도 압박 요법도 냉동 요법도 아니다. 대신, 그는 선수들이 서로 어울릴 수 있게 재미있고 느긋한 환경을 만들어 준다. 경기가 끝났거나 특히 어려운 훈련을 한 뒤면, 선수들에게 다 같이 아침이나 점심을 먹고, 영화를 보고 게임을 하며 저녁을 즐기도록 주문(?)한다. 그가 이렇게 하는 근거는 매력적인 최신 과학에 있다.

테스토스테론 대 코르티솔의 비율은 몸의 회복을 나타내는 훌륭한 지표다(높을수록 좋다). 영국 뱅거대학교에서 실시한 연구에서

---

* 거듭 강조하지만, 오픈 모니터링은 앉아서 호흡에 집중하는 마음챙김 명상과 다르다. 전자는 짧은 휴식에 효과적이긴 하지만 후자를 대체할 수는 없다. 마음챙김 명상은 매일 이어 가야 할 훌륭한 수련법으로, 일과에서 발생하는 스트레스에 반응하는 방식을 선택하는 데 도움이 된다. 휴식과 관계없이 매일의 일과 중에 앉아서 마음챙김 명상을 하도록 권했던 이유도 바로 그래서이다.

는, 낯선 사람들과 중립적인 환경에서 지난 경기를 분석한 선수들보다 친구들과 사교적인 환경에서 그렇게 한 선수들에게서 테스토스테론 대 코르티솔의 비율이 높게 관찰됐다. 그뿐만 아니라, 사교적 환경에 있었던 그룹은 사실 일주일 뒤에 열린 경기에서 더 좋은 성적을 냈다. 이 연구를 이끈 사람은 뱅거대학교의 심리학 교수로 탁월한 성과를 내고 있는 크리스천 쿡Christian Cook 박사였다. 그는 우리에게 이렇게 말했다. "운동 후에 친밀한 환경에 있으면(특히 대화를 주고받고 다른 선수들과 경기에 관해 이야기할 수 있으면) 회복하는 데만이 아니라 다음에 더 좋은 성적을 내는 데도 도움이 되는 것 같습니다."

이 이야기를 켈리 맥고니걸(3장에 등장한 스탠퍼드대학교 교수 겸 스트레스 전문가) 박사에게 전하자, 그녀는 당

> "다른 사람과 연결됨으로써 느끼는 단순한 생물학적 감정은 스트레스로 인한 생리 작용에 큰 영향을 미칩니다."

연하다는 얼굴로 말했다. "다른 사람과 연결됨으로써 느끼는 단순한 생물학적 감정은 스트레스로 인한 생리 작용에 큰 영향을 미칩니다." 우리는 사회적으로 연결될 때 심박 변이도가 높아지고 긴장됐던 몸이 회복되기 시작하며 옥시토신과 바소프레신처럼 염증과 노화를 막는 호르몬이 분비되는 등의 긍정적인 효과를 얻을 수 있다. 맥고니걸 박사는 이렇게 덧붙인다. "더 놀라운 건 옥시토신이 심장heart의 회복을 돕는다는 점입니다. 과학적이 아니라 시적으로 들리겠지만, 타인과 연결되면 말 그대로 상처 난 가슴heart이 치유되

"과학적이 아니라 시적으로 들리겠지만, 타인과 연결되면 말 그대로 상처 난 가슴heart이 치유되는 겁니다."

는 겁니다."

사람을 통한 회복은 하루 중 언제라도 시도할 수 있지만, 중요한 건 느긋한 환경에서만 효과를 볼 수 있다는 점이다. 동료와 커피를 마시며 일 얘기만 해서는 큰 도움이 되지 않는다. 사람을 통한 회복 전략을 일과 끝에 배치할 것을 권하는 이유도 그래서다. 그러나 그렇게 하기가 쉬운 건 아니다. 우리는 본래 스트레스를 받으면 내면으로 들어가 바깥과 담을 쌓으려 하는 경향이 있다. 최악의 경우에는 계속하여 스트레스가 커지다 보니 생각이 생각을 낳는 악순환의 위험에 빠져들고 만다. 고강도 훈련을 마쳤지만 훈련이 썩 마음에 차지 않는 운동선수나 작업실에서 허탕만 친 예술가, 직장에서 힘든 업무를 보고 돌아온 직장인에게 물어보라. 항상 다른 사람과 어울리고만 싶을 수는 없지만, 친구들 속에서 긴장을 푸는 시간의 이점은 어마어마하며, 힘든 상황 뒤에는 '더욱더' 그러하다.

그렇다. 우리는 지금까지 친구와 기울이는 술 한잔의 과학을 이야기한 것이다. (잠깐, 여기서는 '회식'을 말하는 것이 아니다. 회식은 같이 일하는 사람들이 밖으로 나가서 업무에 대해 서로를 위로하는 시간이다. 엄밀히 말해 회식은 즐겁기가 힘들다. 직장 동료 말고 친구들이랑 어울리자!)

퍼포먼스 가이드

- 하루 중에 휴식을 취할 용기를 낸다. 일이 막히거나 견딜 수 없을 만큼 스트레스가 클 때는 더 그래야 한다. 강도 높게 일할수록 자주 쉬어야 한다.

- 창의력을 높이고 앉아 있어서 생기는 부정적인 영향을 줄이기 위해 6분 이상 멈추지 않고 걷는다. 가능하다면 야외로 나가되, 사무실 주변을 몇 바퀴 도는 것만으로도 크게 도움이 된다.

- 아름다운 곳으로 가자. 자연을 가까이하면 스트레스 모드에서 휴식 모드로 들어가고 창의적으로 사고하는 데 도움이 된다. 자연이 담긴 사진을 보는 것만으로도 효과를 볼 수 있다.

- 명상한다. 먼저 집중해서 몇 차례 호흡한 뒤 계속 호흡에만 집중한다. 그런 뒤 오픈 모니터링 명상으로 옮겨 가서 몸의 부분 부분에 차례로 집중하면서, 그러는 동안 느껴지는 모든 감각을 그대로 느껴본다.

- 친구들과 어울린다! 몸으로든 머리로든 힘들게 일한 뒤에는 느긋한 환경에서 친구들과 어울리자. 그럴 때 몸은 스트레스 모드에서 휴식 모드로 완전히 상태가 바뀐다.

수면이 가장 생산적인 활동이다

피로를 자주 느끼는데 잠을 충분히 못 자고 있다면, 분명 옆에 뭔가가 있다는 뜻이다. 사실 우리는 그 뭔가가 너무 많다. 정확히는 1억 5500만 미국인이 그렇다. 의학적으로 매일 밤 권장되는 수면 시간은 7~9시간이지만, 미국인 65퍼센트는 그에 못 미치는 수면 시간을 기록한다. 어마어마한 숫자다. 40퍼센트는 6시간 미만으로 잠을 잔다. 우리의 수면 시간이 항상 이렇게 부족했던 건 아니다. 1942년에 미국인의 하룻밤 평균 수면 시간은 7.9시간이었다. 그런데 지금은 6.8시간이다.

우리가 이렇게 다 같이 잠이 부족해진 이유는 스마트기기의 영향이 크다. 우리는 이러한 기기 탓에 24시간 연결된 상태에 머물며 언제든 업무를 볼 수 있다. 온라인 상태가 아니면 큰일 날 것 같고 일을 더 하지 않으면 절대 안 될 것 같다. 사람들은 하루가 너무 짧다고 중얼거리며 밤에도 일을 놓지 않는다. 비즈니스 세계에서는 더하다. 4시간만 자면 충분하다는 CEO들을 치켜세우는 이야기는 왜 그리 많단 말인가(CEO들에게 자신의 삶에 만족하는지를 묻거나 그들의 재임기를 살펴보면 얘기가 달라지지만). 그러나 현실적으로 잠잘 시간 직전에 일을 한다는 건 정말로 좋지 못한 생각이다. 일은 합리적인 시간에 끝났지만 늦게까지 전자 기기의 화면을 보고 있었다면 그 뒤로도 몇 시간은 잠들기가 어렵기 때문이다.

컴퓨터, 스마트폰, 태블릿PC, 텔레비전처럼 화면이 있는 대부분의 디지털 기기(즉, 우리가 매일 밤 들여다보는 거의 모든 것)에서는 '블루라이트'라는 것이 나온다. 잠을 방해하는 갖가지 인공 빛 가운데 지금까지 알려지기로 가장 안 좋은 것은 청색 계열의 빛이다. 전구가 켜진 방에서 나오기는 쉽지만, 전자 기기 화면에서 눈을 떼기는 어렵다. 블루라이트는 우리가 타고난 몸속 시계인 생체 리듬을 완전히 망가뜨린다. 노출되는 정도에 따라 몸속 시계를 최대 6시간까지 바꿔 놓을 수 있다. 그러므로 한밤중에 창의적인 생각이 떠오르더라도 컴퓨터로 달려가서 바로 일을 시작하면 안 된다. 제일 좋은 건 종이에 적어 두는 것이다. 밤중에 스마트폰을 확인하는 습관이 점점 흔한 일이 되어 가는데, 이때도 마찬가지다. 자다가 스마트폰을 확인해서는 안 된다.

하버드대학교 연구진은 최근에 블루라이트의 위해성을 주제로 연구를 진행했는데, 참가자들을 두 그룹으로 나누고 잠자기 4시간 전에 각각 종이책과 전자책을 읽게 했다. 물론 전자책을 읽을 때는 블루라이트가 나오는 기기를 사용하게 했다. 이런 식으로 실험을 한 지 딱 5일이 되자, 두 그룹에서는 확연한 차이점이 나타났다. 전자책을 읽은 참가자들은 잠잘 시간이 돼도 전보다 훨씬 졸음을 느끼지 못했다. 이런 느낌은 근본적으로 그들의 몸에서 일어나는 생화학 현상 때문이었다. 전자책을 읽은 참가자들의 몸에서는 종이책을 읽은 참가자들의 몸에서보다 90분 늦게 멜라토닌이 분비됐다. 멜라토닌은 졸음을 느끼게 하는 호르몬이다. 실제로는 시간대가 다른 지역 사이를 이동한 것이 아닌데도 그들의 몸속 시계는 마치 그런 일이 일어난 것처럼 느낀 것이다. 이 참가자들은 생체 리듬이 급격히 달라진 탓에 잠들기가 어려웠고, 일어났을 때도 몸이 개운하지 않았다(머리도 맑지 않았다). 가장 우려스러운 점은 잠자기 4시간 전에 블루라이트가 나오는 기기를 사용한 기간이 고작 5일에 불과했는데 이런 결과가 나왔다는 점이다. 더욱이 '읽는 즐거움'을 누리고 나온 결과가 이 정도인데, 이메일을 보내야 했거나 마감이 코앞인 보고서를 작성해야 했다면 결과는 훨씬 더 나빴을 것이다. 블루라이트만도 해로운데 거기에 초조한 마음까지 더해진다고 생각하면 우리의 수면 시간이 그 어느 때보다 짧아진 이유도 납득이 된다.

사람들은 잠을 자기 때문에 많은 것을 잃는다고 생각하지만, 사실 우리는 잠을 자지 않기 때문에 더 많은 것을 잃는다. 잠은 우리가 할 수 있는 가장 생산적인 일 중 하나다.

이 부분을 마무리할 즈음에는 잠 잘 시간을 앞두고 블루라이트를 제한하는 것에 관해 이야기하면서 밤잠의 질을 높일 몇 가지 팁을 소개할 것이다. 하지만 그 전에 우리는 밤잠에 대한 통념을 바꿔 볼 필요가 있다. 사람들은 잠을 자기 때문에 많은 것을 잃는다고 생각하지만, 사실 우리는 잠을 자지 않기 때문에 더 많은 것을 잃는다. 잠은 우리가 할 수 있는 가장 생산적인 일 중 하나다. 성장은 운동을 하고 일에 몰두할 때가 아니라, 잘 때 일어난다.

잠과 마음의 성장

사람은 깨어 있는 동안에 세상에서 일어나는 모든 일을 흡수할수 있지만, 자지 않으면 그것들은 대부분 말 그대로 무용지물이 된다. 왜냐하면, 새로운 정보를 통합하고 저장하는 과정, 즉 새로운 정보를 기억하는 과정이 자는 동안 일어나기 때문이다. 이 과정은잠을 통해 얻을 수 있는 가장 큰 이점 중 하나다. 학습에서 잠이 중요한 역할을 한다는 것은 비교적 최근에 밝혀진 사실이다. 하버드대학교에서 수면을 연구하는 로버트 스틱골드Robert Stickgold 박사가잡지 《뉴요커》에서 한 말에 따르면, 사람들은 최근까지도 '잠이 하는 일로서 알려진 것은 졸음 해소뿐'이라는 생각이 강했다. 이러한생각은 21세기 들어 큰 변화를 맞이했는데, 이렇게 된 데는 스틱골드의 연구 덕이 컸다.

스틱골드가 탁월한 실험 끝에 2000년에 발표한 연구 결과는 잠에 대한 우리의 생각을 영원히 바꿔 놓았다. 스틱골드는 세 그룹의사람들을 모아서 3일 연속 하루 7시간 동안 컴퓨터로 '테트리스'게임을 하게 했다. 첫 번째 그룹은 이 게임을 해 본 적이 있었고, 두번째 그룹은 이 게임에 익숙했으며, 세 번째 그룹은 '테트리스'를해 본 적이 있는지 기억하지 못하는, 말 그대로 심각한 기억 상실증이 있는 사람들이었다.

실험이 진행되는 사흘 동안, 연구진은 매일 밤 반복적으로 참가자들을 깨워서 어떤 꿈을 꾸고 있었는지를 말하게 했다. 대부분은'테트리스' 꿈을 꾸고 있다고 했다. 기억 상실증이 있는 사람들도 마찬가지였다. 그들은 이튿날이면 실험 내용은 전혀 기억하지 못하면서도 여러 형태의 블럭이 아래로 떨어지는 꿈을 꾼 사실만은 기억했다. 스틱골드는 사람은 깨어 있는 동안 수집한 경험과 정보를 자는 동안 아주 깊은 수준으로 처리한다는 사실을 입증한 것이다. 우리가 잠을 잘 때, 특히 꿈을 꿀 때, 뇌는 하루 동안 접한 수많은 것들을 되짚는다. 가령 주차장에서 봤던 차들, 텔레비전 쇼에 나왔던 이야기들, 머릿속에 떠올린 아이디어들, 만났던 사람들 등을 말이다. 그런 뒤, 그중에서 기억에 저장할 만큼 가치 있는 정보를 가려내고, 이렇게 결정된 정보를 기억망의 어느 위치에 저장할지 파악한다.

스틱골드의 연구 이후 이를 근간으로 한 다른 많은 연구에서도 사람은 잠자는 동안 정보를 평가하고 통합하고 저장한다는 사실이 입증되었다. 잠은 지식만이 아니라 감정의 경험을 처리하기 위해서도 중요하다는 것을 이제 우리는 안다. 우리는 예술가들과 대화할 때마다 잠자는 시간은 곧 아주 창의성이 높아지고 감정이 매우 활발해지는 시간임을 알 수 있었다. 이것은 놀랄 일이 아니다. 연구에 따르면 잠은 감정의 경험을 더 선명하게 처리하고 상기하게 한다고 하니 말이다. 사실 과학자들은 우리가 자는 동안 일어나는 모든 감정 활동을 근거로, 불면증은 많은 기분 장애의 결과가 아닌 '원인'일지 모른다는 생각을 하기 시작했다. 잠은 정보를 이해하는 데 도움이 되는 것처럼 감정을 이해하는 데도 도움이 된다.

잠은 자제력에도 영향을 미친다. 클렘슨대학교의 연구진은 여러 연구를 살펴본 끝에 만성적으로 수면 부족을 겪는 사람들은 자제력이 약하며 '충동적인 욕구에 빠지고, 집중력이 약해지며, 결정을 합리화'할 위험이 상대적으로 크다는 것을 알아냈다. 잠을 충분히 자지 않는(하룻밤에 7~9시간 미만으로 자는) 사람들은 노력과 집중이 필요한 거의 모든 일에서 성과가 떨어졌다. 어려운 문제를 풀어야 하든, 새로운 기술을 배워야 하든, 다이어트 식단을 지켜야 하든 마찬가지였다. 잠은 오늘 한 일을 최대한 많이 기억에 남겨 주기도 하지만, 내일 하고 싶은 일을 위해 에너지를 주기도 하는 것 같다. 휴식의 가치를 옹호하는 철인3종경기 코치 맷 딕슨의 말에 따르면, 잠은 세상에 존재하는 가장 중요한 '도움 세션'이다.

잠에서 얻을 수 있는 거의 모든 이점이 나타나는 때는 주로 수면의 나중 단계인 렘수면, 즉 급속 안구 운동 수면rapid eye movement에서이다. 렘수면은 전체 수면 시간의 20~25퍼센트 정도를 차지한다. 흥미로운 사실은 수면 시간이 길어질수록 렘수면의 비율이 커진다는 점이다. 왜냐하면, 수면 주기가 반복될수록 렘수면이 길어지기 때문이다. 다시 말해, 잠에서는 한계 효용(하나의 행위를 더할 때 얻는 추가 이익—옮긴이)이 증가한다. 그런 의미에서 최적 수면 시간은 (대부분 사람들은 꿈도 못 꾸는) '7~9시간'이다.

그러나 다시 말하지만, '휴식'은 절대 수동적인 시간이 아니다. 마리아 코니코바Maria Konnikova는 과학을

잠에서는 한계 효용이 증가한다. 그런 의미에서 최적 수면 시간은 (대부분 사람들은 꿈도 못 꾸는) '7~9시간'이다.

주제로 글을 쓰는 사람 중에서 우리가 정말 좋아하는 작가다. 코니코바는 수면을 다룬 《뉴요커》 시리즈*에서 이렇게 말했다. '우리가 잠잘 때, 뇌는 의미를 재생하고 처리하고 습득하고 추출한다. 어떻게 보면, 뇌도 생각을 하는 것이다.'

사람은 자는 동안 성장한다. 머리의 근육과 마음의 근육만이 아니다. 자는 동안에는 몸의 근육도 성장한다.

잠시 이 말을 '스트레스+휴식=성장' 공식의 틀에서 생각해 보자. 우리는 일하는 동안 온갖 심리적 자극(스트레스)에 노출되고, 잠(휴식)자는 동안 그것들을 정리한다. 그 결과, 다음 날 아침에 일어나면 우리는 말 그대로 조금 더 진화해 있다. 사람은 자는 동안 성장한다. 머리의 근육과 마음의 근육만이 아니다. 자는 동안에는 몸의 근육도 성장한다.

잠과 몸의 성장

지난 몇 년 동안, 브래드는 40여 명의 세계적인 운동선수들을 인터뷰했다. 최고의 성과를 내는 사람들의 습관을 주제로 잡지 《아웃사이드》에 연재할 기사를 작성하기 위해서였다. 육상, 수영, 사이클, 서핑, 카약, 클라이밍 종목에서 세계 정상을 차지하는 선수들이 여기 포함됐다. 놀랍게도 이들은 각자 아주 다른 일상의 습관이 있었다. 철저하게 요가를 하는 이가 있는가 하면 스트레칭조차 안 해

---

* 우리 둘은 코니코바의 뇌 3부작을 통해 잠에 관한 생각을 완전히 바꾸게 됐다. 일독을 강력히 권한다. 318~320쪽에 자세한 출처가 있다.

본 이도 있었고, 글루텐마저 제한하는 비건이 있는가 하면 붉은 살코기를 주식으로 삼는 이도 있었다. 목욕할 때 얼음같이 차가운 물을 선호하는 이가 있는가 하면 살이 넬 듯 뜨거운 물을 선호하는 이도 있었다. 그러나 모든 선수에게서 완전히 똑같이 나타나는 습관이 있었으니, 바로 수면이었다. 세계 정상급 운동선수들은 하나같이 고강도 훈련과 중요 경기만큼 수면을 중요시했다. 철인3종경기에서 세 번이나 세계 챔피언을 차지했고 구간 신기록을 보유한 머린다 카프레이Mirinda Carfrae는 인터뷰에서 이렇게 말했다. "자는 건 제가 하는 가장 중요한 일일 겁니다." 카프레이가 이렇게 진지한 데는 그럴 만한 이유가 있었다. 최근의 성과 과학에 따르면, 카프레이의 사고 방식은 대부분 사람들에게 도움이 될 수 있다.

> 세계 정상급 운동선수들은 하나같이 고강도 훈련과 중요 경기만큼 수면을 우선시했다.

2장에서 언급했듯, 스트레스를 가하면 몸은 이화 작용을 시작한다. '이화 작용'이 일어나면 근육은 물론 뼈도 아주 작은 크기로 분해된다. 그리고 코르티솔 호르몬이 분비되면서 몸에 다음과 같은 신호를 보낸다. '도와줘! 스트레스를 못 견디겠어.' 그러면 피로와 고통이 느껴지는데, 이는 몸이 우리에게 쉴 때가 됐음을 알려 주는 자연스러운 방식이다. 이때 휴식의 신호를 무시하고 앞으로만 내달리면 몸은 무너진 상태를 벗어나지 못하고 결국 건강도 성과도 모두 위태로워진다. 그러나 이 신호를 알아듣고 휴식을 취하면 몸은 이화 작용 상태에서 동화 작용 상태로 옮겨 가 회복과 재건을 거쳐 더 단단해진다. 말하자면, 힘든 신체 훈련에서 비롯된 스트레스는 몸을 무너뜨리는데, 그럴 때 휴식을 취해야만 몸이 스트레스에 적응한 뒤 한 단계 더 성장한다는 것이다. 잠에 관해서는 더 그렇다. 잠은 신체적인 성장의 기폭제다. 우리가 자는 동안에는 뇌만이 아니라 몸도 우리가 하루 동안 한 일을 활발하게 처리한다.

수면 상태가 한 시간 이상 유지되면, 몸에 동화호르몬anabolic hormones이 대량으로 분비되기 시작한다. 테스토스테론과 성장 호르몬은 근육과 뼈가 성장하려면 꼭 필요한 것들인데, 첫 번째 렘수면 주기가 지나간 뒤에 분비되기 시작해서 잠이 깰 때까지 계속 수치가 올라간다. 이 호르몬들은 단백질 합성을 증진시킨다. 즉 이 호르몬들이 분비될 때, 신체 회복에 특화된 물질인 단백질이 더 많이 만들어지는 것이다.* 다시 말해, 낮 동안 그램 단위로 양을 따져 가며 아무리 많은 단백질을 섭취해도 충분히 자지 않으면 헛수고란 뜻이다.

두뇌와 마찬가지로 몸도 수면 시간이 길어질수록 얻는 것이 많아진다. 왜냐하면, 수면 주기가 반복될 때마다 동화 작용 호르몬의 분비가 대폭 증가하는 시점도 늘어나기 때문이다. 바꿔 말하면, 운동선수들이 건강과 명예, 선수 경력을 걸고 (합성 스테로이드제를 맞

---

* 연구에 따르면, 잠자기 직전에 20~30그램의 단백질을 섭취하면 자는 동안 단백질 합성이 촉진된다. 그런 의미에서, 많은 엘리트 선수들은 잠자기 직전에 유청whey 또는 카제인casein 기반 단백질을 섭취하는 방법에 주목하여 이를 실행해 왔다.

아 가며, 즉 도핑을 해서라도) 얻으려 하는 그 호르몬을 잠만 몇 시간 늘리면 더 얻을 수 있다는 얘기다. 게다가 잠잘 때 나오는 테스토스테론과 성상 호르몬은 합성된 물질이 아니며, 지언적으로 분비되는 다른 호르몬과의 균형도 깨뜨리지 않는다. 이렇게 얻는 호르몬들은 불법 스테로이드제와 달리 건강에도 좋다. 젊음의 비결을 찾고 있거나 온갖 희한한 건강 보조제를 먹고 있다면 당장 끊어도 좋다. 대신, 이불 속으로 들어가 눈을 감아 보자.

이렇게 좋은 점이 많으니 세계적인 운동선수들이 잠을 최우선으로 꼽는다는 건 당연한 일이다. 그들은 최고이기 때문에 자는 것이 아니라, 자기 때문에 최고가 된다.

> 젊음의 비결을 찾고 있거나 온갖 희한한 건강 보조제를 먹고 있다면 당장 끊어도 좋다. 대신, 이불 속으로 들어가 눈을 감아 보자.

그러나 적극적으로 살아가는 사람 중에는 최고 운동선수들의 귀감을 따르지 않는 이들이 너무 많다. 대신 그들은 훈련 시간은 늘리고, 그러기 위해 잠은 조금 포기하는 게 낫다는 생각의 덫에 빠진다. (일로도 바쁜) 아마추어 운동선수나 (공부로도 바쁜) 학생 선수들처럼 하루가 모자라게 생활하는 사람들일수록 이렇게 생각하는 경우가 많다. 오해하지 않기 바란다. 실력을 기르려면 당연히 훈련이 필요하다. 스트레스로 자극을 주지 않은 상태에서 쉬고 싶은 대로 쉬기만 한다면 성장은 일어나지 않을 것이다. 그러나 잠을 포기하고 한 시간 더 훈련을 욱여넣는 것이 답이 되는 일은 드물다.

스탠퍼드대학교는 바쁜 운동선수들에게 잠이 얼마나 필요한지를 아는 곳이다. 2011년, 이 학교의 연구진은 농구 대표팀 선수들에게 2~4주 동안 평소 루틴대로 수면을 유지하라고 한 뒤 그 기간에 그들의 경기력에 대한 기초 데이터를 수집했다. 매 훈련이 끝나면 스프린트 속도, 슈팅 정확도, 반응 속도 등 농구에 필요한 항목들을 측정하고 기록하는 식이었다. 기초 데이터가 수집되자, 이제 연구진은 선수들에게 앞으로 6~7주 동안 최대한 많이 자는 데 집중해 달라고 했다. 10시간 이상 자도록 노력해 보라고 요청하며 그러면 분명히 기량이 나아질 것이라고 약속했다. 선수들은 연구진의 말 대로 했다. 매일 밤 평균 1시간 50분가량 수면 시간을 늘린 것이다. 이 기간이 끝나자, 연구진은 모든 데이터 항목을 다시 측정했다. 결과는 놀라웠다. 스프린트는 4퍼센트가 빨라졌고, 자유투와 3점 슛의 정확도는 9퍼센트가 높아졌다. 반응 속도도 현저히 빨라졌다. 여기서 기억할 건 이들이 중학교, 고등학교 선수들이 아니었다는 점이다. 이들은 실력 있는 1군 선수들이었다. 이 정도로 기량이 강화됐다면, '이례적'이란 말만으로는 설명이 부족했다. 선수들은 수면 시간이 늘자 코트에서도 승리를 거뒀다. 스탠퍼드 팀은 2011년(연구가 진행된 해)에만 26승(전해에 15승)을 기록했고 전미토너먼트NIT: National Invitation Tournament에서 우승을 차지했다. 기세를 이어 가 2012년에는 전미대학체육협회NCAA: National Collegiate Athletic Association 16강에 진출했으며, 2014년에는 다시 전미토너먼트에서 우승을 거머쥐었다.

이것이 우연이 아님을 입증하기 위해, 연구진은 수영 대표팀을 대상으로 똑같은 실험을 진행했다. 결과는 같았다. 수면 시간이 늘자 선수들의 경기력은 무섭게 치솟았다. 스프린트 속도가 올라가고, 출발선 반응 속도가 빨라졌으며, 반환점을 도는 시간이 당겨지고, 팔다리의 움직임도 좋아졌다. 이 연구를 이끈 체리 마Cheri Mah는 말한다. "스탠퍼드의 많은 코치들은 잠의 중요성을 누구보다 잘 압니다. 선수들의 올바른 수면 습관을 위해 훈련과 이동 일정을 조정하기 시작했을 정도지요. 많은 선수와 코치들은 이 연구를 통해 수면이 경기력과 성적에 큰 영향을 미칠 수 있다는 사실을 처음으로 제대로 이해했습니다." 운동선수들과 연구자들로 이뤄진 전 세계에서 가장 뛰어난 조합을 가진 집단에서 신체적인 능력을 올리기 위해 잠을 더 자야 한다고 말한다면, 귀 기울여야 마땅하지 않을까!

낮잠

좀 안다는 사람들이 뭐라고 말하더라도 낮잠은 부족한 밤잠을 보충할 수 없다. 낮잠을 잔다고 해서 신체적으로나 정신적으로 성장하는 건 아니다. 그러나 하루 중 일이 더디다 싶을 때 에너지와 집중력을 회복하는 데는 분명 도움이 되므로 낮잠은 일과가 길고 고될 때 고려할 만한 전략이다.

점점 더 많은 연구에서 낮잠은 성과와 주의력, 집중력, 판단력을 높여 줄 수 있음이 나타나고 있다. 지구 궤도를 도는 우주 정거장의 과학자들에게는 이러한 자질이 꼭 필요한데, 그렇게 보면 나사NASA가 낮잠을 통해 얻을 수 있는 이점에 관심을 보이기 시작했다는 것도 놀랄 일이 아니다. 나사의 과학자들은 우주 비행사들을 대상으로 연구를 진행하여, 25분간 낮잠을 자면 판단력은 35퍼센트, 주의력은 16퍼센트가 향상됨을 밝혀냈다. 그 뒤로 나사는 직원들을 대상으로 오후 낮잠을 권장하고 있다. 한편, 생활 속 여러 상황을 다룬 또 다른 연구에서는 낮잠과 커피 중 어느 것이 나은지를 비교한 일이 있었다. 그 결과, 15~20분 정도 낮잠을 잔 사람들은 카페인 150밀리그램(스타벅스 '그란데' 사이즈 커피에 들어가는 카페인의 양과 대략 같다)을 섭취한 사람들보다 주의력이 높아졌을 뿐만 아니라 남은 일과 동안 더 좋은 성과를 냈다.

짧게 낮잠을 잘 때면, 우리가 깨어 있는 동안에는 잠시도 쉬지 않는 뇌의 일부가 쉴 틈을 얻는다. 피로해진 근육이 짧은 휴식을 틈타 활기를 되찾는 것처럼, 뇌의 이 부분도 마찬가지다. 수면 과학자들은 낮잠의 효능을 비판적으로 살펴본 한 자료에서 낮잠은 10분 정도 잘 때 이점이 극대화된다고 했지만, 대부분 전문가는 30분 미만의 낮잠은 다 효과적이라고 말한다. 심지어 완전히 잠들지 않고 눈만 감고 있더라도 활발하게 움직이던 뇌의 스위치를 내리고 회복하게 하는 데 도움이 된다. 그러나 수면 상태가 30분 이상으로 길어지면 역효과가 날 수 있다. 낮잠은 오래 자고 일어날수록 잠들기 전보다 더 나른하고 쳐지는 느낌이 들기 때문이다. '수면 관성'이라고 부르는 이 상태는 깊은 수면 주기 중간에 잠에서 깰 때 일어난다. 나른하다는 것은 몸과 뇌가 시작한 잠을 마무리할 수 있게

퍼포먼스 가이드

- 잠은 생산적인 일이다.
- 매일 밤 7~9시간 이상의 수면을 목표로 한다. 고강도 신체 활동을 하는 사람은 10시간도 길지 않다.
- 적절한 수면 시간을 결정하는 가장 좋은 방법은 10~14일 동안 피로할 때 자고 알람 없이 일어나 보는 것이다. 평균적으로 얼마나 자는지 계산해 본다. 그 시간만큼이 적정 수면 시간이다.
- 밤잠의 질을 높이고 싶다면 수면 연구의 세계적인 권위자들이 말하는 다음 팁을 따른다.
    - ⊘ 낮 시간에 (전등 빛이 아닌) 자연광에 노출된다. 건강한 생체 리듬을 유지하는 데 도움이 될 것이다.
    - ⊘ 운동한다. 격렬한 신체 활동을 하면 몸이 피로해지고, 피로하면 자게 된다. 그러나 잘 시간이 가까워서는 운동을 피한다.
    - ⊘ 카페인 섭취량을 제한하고, 잠자기 5~6시간 전부터는 절대 카페인을 섭취하지 않는다.
    - ⊘ 침대는 잠과 섹스를 위해서만 사용한다. 음식을 먹거나 텔레비전을 보거나 노트북으로 업무를 보지 않는다. 단, 잠자기 전에 종이책을 읽는 것은 괜찮다.
    - ⊘ 잘 시간이 가까워서는 술을 마시지 않는다. 술은 잠드는 시점을 당기는 데는 도움이 되지만 나중에 오는 더 중요한 단계에는 방해가 될 때

- 가 많다.
- ⊘ 저녁에는 블루라이트 노출을 제한한다.
- ⊘ 저녁 식사 후에는 정신적으로든 신체적으로든 스트레스가 될 수 있는 어려운 일은 시작하지 않는다.
- ⊘ 초조함 때문에 힘들다면 잘 시간 전에 짧게 마음챙김 명상을 한다.
- ⊘ 졸음이 밀려올 때는 졸음과 싸우지 말자. 어떤 일이든 내일 아침에 해도 큰일 나지 않는다.
- ⊘ 방을 최대한 어둡게 한다. 가능하다면 암막 커튼을 사용한다.
- ⊘ 침실에는 절대 스마트폰을 두지 않는다. 무음 모드로도 안 된다. 스마트폰은 반드시 침실 밖으로 가야 한다.
- 오후 중반을 넘어서서 일이 진전되지 않으면 10~30분 정도 낮잠을 잔다. 에너지와 집중력을 회복하는 데 도움이 된다.

다시 수면으로 돌아가라고 말하는 자연스러운 방식이다(그래서 관성이란 말을 쓰는 것이다). 잠자기 시작해서 30분이 될 때까지는 보통 깊은 잠이 시작되지 않는다. 전문가들이 낮잠은 길어도 30분을 넘지 않아야 한다고 말하는 이유도 거기에 있다.[*]

---

[*] 경우에 따라, 90분에서 2시간까지의 긴 낮잠이 필요한 때도 있다. 낮잠이 길어지면 뇌에서도 몸에서도 밤잠을 잘 때 일어나는 일들이 일어난다. 그러나 긴 낮잠은 밤잠을 방해할 우려가 있다. 밤잠이 훨씬 더 중요한데 말이다. 따라서 대부분의 전문가는 낮 시간에 추가로 깊은 잠을 자는 것이 정말 필요한 경우에만 긴 낮잠을 권한다. 그럴 때는 밤잠을 방해받지 않기 때문이다. 예컨대, 하루에 두 차례 고강도 운동을 하는 엘리트 운동선수들은 긴 낮잠을

다음에 오후 중반을 넘어가면서 감기는 눈을 치켜뜨느라 몸부림치는 상황이 되면, 실험 삼아 짧게 낮잠을 자 보자. 구글과 애플처럼 앞서가는 회사에는 낮잠 공간이 따로 마련돼 있다. 알베르트 아인슈타인과 윈스턴 처칠처럼 역사에 길이 남을 최고의 사상가들은 한낮의 낮잠을 적극 옹호했다.

'휴식'이 진정한 '안식'이 되려면

미국 역사상 최고의 육상 선수 중 한 명인 버나드 라가트는 올해 말(2017년─옮긴이) 휴식에 들어간다. 5주 동안은 운동화를 집어넣고 운동은 거의 하지 않거나 아예 안 할 예정이다. 43세의 라가트에게 이런 휴식은 처음이 아니며, 노화 탓에 시도하는 새로운 변화도 아니다. 다섯 차례 올림픽에 출전했고 두 차례 세계 챔피언 타이틀을 거머쥔 라가트가 국제 육상계에서 최고를 유지하는 비결 중하나는 1999년 이후 매년 거르지 않고 챙긴 이 '휴식기'에 있다. 라가트는 말한다. "쉬는 건 좋은 겁니다."

라가트는 1년에 한 번 이렇게 쉬는 덕분에 1년 내내 신체적으로도 정신적으로도 건강을 유지할 수 있다고 말한다. 완전히 운동을 접고 길게 쉬는 기간이 있기에, 그는 일주일에 80마일(약 130킬로미

자면 확실히 도움이 된다. 유명한 미국 마라톤 선수 멥 케플레지기는 15분에서 90분사이의 낮잠이 자신에게는 든든한 무기고와 같다고 말한다.

터)씩 몇 주를 달리고도 몸을 회복할 수 있다. 라가트의 연말 휴식기만큼은 아니지만, 라가트 급의 최정상 육상 선수들은 대부분 열흘에서 5주 사이로 휴식기를 갖는다. 1500미터 종목 올림픽 은메달리스트인 레오 만자노Leo Manzano 역시 최근 《월스트리트저널》과의 인터뷰에서 최소한 한 달은 쉬어야 시즌이 끝나고 몸을 회복할 수 있다고 말했다. 이유는 간단했다. "11월 이후로 한 번도 못 쉰 것 같거든요."

잠시 자문해 보자. 만자노처럼 느낀 적이 있는가? 그렇다면 그때 당신도 한 달을 쉬었는가? 아니, 주말이라도 쉬어 보았는가? 프롤로그에서 이야기했듯, 대다수의 미국인은 이 두 가지 질문에 모두 아니라고 답한다. 우리는 주말에도 쉬지 않고 일하고, 유급 휴가를 전부 챙기는 일도 드물다. 그러니 긴 휴가란 언감생심이다. 오히려 우리는 열심히 일하지 않으면 경쟁에서 낙오할 것이라는 생각에서 잠시도 벗어나지 못한다. 이런 잘못된 생각은 여러 해에 걸쳐 학습된 결과다. 우리는(이 책의 저자인 브래드와 스티브) 둘 다 자라면서 길잡이로 삼았던 유명한 말들을 기억한다. 이를테면 이런 식의 말이다. '당신이 연습을 놓을 때 누군가는 연습하고 있음을 기억하라. 그리고 어디선가 그 사람을 만난다면, 당신은 그를 이기지 못하리라는 것도 명심하라.' 안타깝게도 우리는 너무 '열심히' 일한 결과 '똑똑하게' 일할 수 있음은 잊고 말았다. 게다가 왜 그런지 몰라도 열심히 일하는 것과 더 많이 일하는 것을 대부분 같은 의미로 착각하며 살아간다.

그러나 그렇지 않다. '쉬운' 구간을 달려 보지 않으면 전력질주도 할 수 없으니 '어려운' 구긴은 흐지부지 끝내 버리기가 쉽다. 이도 저도 아닌 회색 지대에 갇혀 제대로 스트레스

'쉬운' 구간을 달려 보지 않으면 전력질주도 할 수 없으며 '어려운' 구간은 흐지부지 끝내 버리기가 쉽다.

를 가하지도 못하고 제대로 쉬지도 못하게 되는 것이다. 이 악순환은 보통 훨씬 더 순화된 '설렁설렁'이라는 말로 수식되지만, 문제는 그보다 더 심각하다. 왜냐하면, 설렁설렁해서 성장하는 사람은 드물기 때문이다. 최선을 다하면서도 번아웃 없이 꾸준히 나아가려면, 버나드 라가트의 본보기를 따라야 한다. 때로는 정말로 늘어지는 시간도 필요하다는 말이다. 라가트는 연말 휴식기 외에도 고강도 훈련을 한 주에는 항상 그 뒤에 하루를 쉰다. 그리고 쉬는 날에는 달리기는 잊고 지낸다. 대신, 몸과 마음을 모두 이완하고 회복하는 데 전념한다. 이를테면 마사지를 받고, 가볍게 스트레칭을 하고, 좋아하는 텔레비전 쇼를 보고, 와인을 마시고, 아이들과 노는 것이다.

그러나 무턱대고 하루를 쉬고 길게 휴가를 가라는 뜻은 아니다. 우리가 말하려는 건, 스트레스를 가하는 기간이 길어졌다면 그다음에는 라가트처럼 휴식도 길게 잡아 보라는 것이다. 월요일에 시작해서 금요일에 끝나는 현대의 주 5일 근무제도 본래 이 개념을 바탕으로 시작됐다. '주말'이라는 개념이 나온 것은 1900년대 초에 기독교와 유대교의 '안식일', 즉 종교에서 말하는 휴일을 수용하기

위해서였다. 그러나 오늘날에는 종교적으로도 상징적으로도 제대로 '안식'하는 사람을 보기가 힘들다. 대신 사람들은 주중에 하던 프로젝트를 주말에 그대로 이어서 하거나, 업무 밖 영역에서 삶에 또 다른 스트레스를 가한다. 우리는 누구도 주말에 쉬지 않는다.

주말의 휴식을 등한시하는 대가는 크다. 주중에 하는 일의 질이 떨어지고, 뒤처진 부분을 따라잡아야 하니 토요일, 일요일도 일해야만 한다는 압박에 시달린다. 악순환의 고리는 그렇게 계속된다. 쉬어야 할 만큼 스트레스를 가하지 못하고, 충분히 쉬지 못해서 진짜 스트레스는 버티지 못한다. 만일 지금 악순환의 고리에 갇혀 있다면 돌아오는 주말에는 그 고리를 끊어 보자. 적어도 하루를 쉬면서 일과 일 비슷한 스트레스 요인을 완전히 차단하는 것이다. 그럴 때의 큰 이점은 과학적으로도 입증된다. 연구에 따르면, 하루를 쉬면 활력이 높아지고 성과도 좋아진다. 주말에 제대로 쉴수록 주중에 더 열심히 노력할 수 있다. 하루를 통째로 쉬는 건 아무래도 능력 밖의 일 같다면, 상사한테 이 책을 보여 주고 당신의 최고치를 끄집어내려면 얼마나 휴식이 필요할지 지금부터 진지하게 논의해 보기 바란다. 요구하는 건 너무 많은데 그래서 더 제대로 된 결과를 얻지 못하는 비논리적인 조직만큼 한심한 건 없다.

우리는 이 책을 쓰는 동안 반드시 일주일에 하루는 쉬기로 했다. 쉬는 날은 절대 글을 쓰지 않았고, 자료도 찾지 않았다. 그 결과, 휴식 후 하루 이틀 뒤면 예외 없이 어느 때보다 글을 잘 쓸 수 있었다(브래드는 보통 월요일에 쉬었는데, 화요일과 수요일에 글을 제일 잘 썼다). 여기서 '이틀 뒤'란 말에 주목할 필요가 있다. 몸과 마음이 모두 본래 리듬을 찾기까지는 하루 정도 시간이 걸릴 수 있다. 많은 운동 선수가 일요일에 있을 큰 경기를 앞두고 금요일은 쉬고 토요일에 가벼운 운동으로 '몸을 깨우는' 것도 그런 이유에서다. 가장 유능한 전문가들은 그런 이유로 월요일 대신 화요일에 큰 경기를 잡기도 한다. 휴식이 끝나면 곧바로 리듬을 되찾는 사람도 있지만, 그러기까지 시간이 조금 더 걸리는 사람도 있다. 자신이 어느 쪽인지를 알아내는 데는 오랜 시간이 걸리지 않는다. 그리고 한번 답을 알게 되면, 적절한 시점에 휴식함으로써 막대한 이익을 챙길 수 있다. 우리는 휴식을 통해 가까운 과거에 누적된 스트레스에서 회복되며, 가까운 미래에 다시 스트레스를 가할 수 있다.

> 적절한 시점에 휴식함으로써 막대한 이익을 챙길 수 있다. 우리는 휴식을 통해 가까운 과거에 누적된 스트레스에서 회복되며, 가까운 미래에 다시 스트레스를 가할 수 있다.

하루하루의 쉬는 날은 한 주와 한 주 사이의 좋은 연결 고리가 되지만, 몸과 마음에는 더 긴 휴식이 필요할 때도 있다. 스트레스가 누적된 뒤에는 전략적으로 쉬는 날을 계획해야 하는 것처럼, 휴가도 마찬가지다(길이만 다를 뿐이다). 라가트의 5주 휴식기는 시즌 중간에 있는 것이 아니다. 그는 한 해의 마지막 경기를 치르고 몸과 마음이 완전히 지칠 때까지 그 시간을 기다린다. 운동선수들처럼 음악가들도 50일 동안 연주 여행을 다니거나 열정적으로 음반을 녹음한 뒤에 휴식기를 배치한다. 화가나 조각가는 전시회를 열거나 아주 힘들고 진지한 작품을 하나 이 휴가의 시기를 최대한 진지하게 생각해 보기 바란다.

상 완성한 뒤에 휴식기를 마련한다. 지식인과 전문 경영인들은 논문을 발표하고, 책을 출간하고, 중요한 투자를 성사시키는 등의 장기 프로젝트가 끝난 뒤에 휴식기를 잡는다.

가족에 대한 의무와 경제적인 압박, 직장의 정책 등 긴 휴가를 계획하기 어려운 상황을 전부 무시할 수는 없다. 그러나 휴가의 시기를 최대한 진지하게 생각해 보기 바란다. 연구에 따르면, 일주일에서 열흘의 휴가는 동기와 행복, 건강을 한 달까지도 유지하는 긍정적인 효과를 낳는다. 일주일의 휴가는 번아웃을 줄여 주거나 완전히 없앨 수 있다고 하는 연구도 있다. 그러나 알아둘 점이 있다. 번아웃으로 연결되는 상태가 먼저 해결되지 않으면 몇 주 뒤 반드시 같은 증상이 다시 나타난다는 사실이다.

이것은 중요한 통찰이다. 흔히 생각하는 것과 달리, 아무리 휴가가 길어도 지속하지 못할 만큼 일을 많이 하는 사람에게 거짓말처럼 활기를 되찾아 주는 마법을 부릴 수는 없다. 장기 휴가를 최후의 수단으로 생각해서는 안 된다. 그보다는 짧은 휴식과 숙면, 하루짜리 휴가를 포함하는 더 넓은 의미의 '휴식' 전략에서 장기 휴가는 그 일부 정도로 여기는 편이 현명하다. 다시 말해, 포괄적인 '휴식' 전략에서 휴가는 케이크가 아니라 케이크를 장식하는 크림일 뿐이다. 장기 휴가는 스트레스가 누적된 뒤에 전보다 더 강하고 나은 모습으로 전체를 더욱더 단단하게 재정비할 기회인 것이다. 시즌을

퍼포먼스 가이드

- 어떤 일을 하든지 매주 적어도 하루는 쉰다.
- 스트레스가 누적되는 기간 뒤에는 전략적으로 쉬는 날을 계획한다.
- 스트레스가 많을수록 휴식도 많이 필요하다.
- 스트레스가 길게 이어졌다면 가능한 한 길게 전략적인 휴가를 마련한다.
- 하루 휴가든 장기 휴가든 쉬는 동안은 일과 완전히 분리된다. 신체적으로도 정신적으로도 스위치를 내리고 편안하고 기운 나는 일을 한다.

마무리할 무렵의 라가트는 매우 피로한 상태지만 완전히 무너질 정도는 아니다. 피로는 성장을 자극한다. 그러나 무너지면, 그 이상은 없다.

쉴 수 있는 용기

휴식의 이점은 명백하며, 이를 뒷받침하는 과학적 근거도 충분하다. 그러나 우리 중에 그 점을 충분히 이해하는 사람은 많지 않다.

이는 사람들이 피로에 찌드는 것을 좋아해서 나타난 결과가 아니다. 단지, 과학적으로는 그렇지 않다고 하는데도 쉬지 않고 몰아치듯 일하는 것이 미화되는 문화 속에 우리가 살아가고 있어서일 뿐이다. 우리는 연습 시간이 끝나고도 자리를 지키며 한 번 더 회차를 반복하는 운동선수를 떠받든다. 업무에 지쳐 사무실 책상에 엎드려 잠이 든 회사원을 칭찬한다. 열심히 노력해야 성공할 수 있다는 사실을 부정하려는 것은 아니다. 3장에서 보았듯, 열심히 노력할 때 성공할 수 있다. 그러나 지금쯤은 열심히 노력하는 것은 휴식으로 뒷받침될 때만 똑똑하고 지속 가능한 방식이란 것 또한 이해했기 바란다. 여기서 모순은 열심히 쉬려면 열심히 일할 때보다 더 큰 배짱이 필요하다는 점이다. ('일하지 않는 것이 저한테는 진짜 일입니다'라고 했던) 스티븐 킹 같은 작가나 ('훈련은 차라리 쉽다'라고 했던) 디나 캐스터 같은 육상 선수에게 물어보라. 우리는 일과 거리를 둘 때 죄책감과 불안감을 느낀다. 경쟁은 여전히 계속되고 있음을 깨달을 때는 더욱 초조해진다. 최고의 경영 컨설팅 회사인 보스턴컨설팅그룹BCG: Boston Consulting Group 보다 이런 상황이 심각한 곳은 없을 것이다.

BCG는 전 세계 경영 컨설팅 회사 중 가장 우수한 한 곳으로 손꼽히곤 한다. BCG의 컨설턴트들은 수십억 달러 자산 기업의 CEO들을 도와 기업이 당면한 가장 골치 아픈 문제들을 해결한다. 컨설턴트가 해결책을 빨리 찾아내면 BCG는 그 보상으로 몇백만 달러짜리 다음 프로젝트를 수주할 가능성이 커진다. 즉, BCG의 컨설턴트들은 높은 압박 속에서 사활을 걸고 일한다.

그렇다면, 연구자들이 BCG에 필요한 휴식의 효과를 가늠하기 위해 여러 실험을 제안하자 컨설턴트들이 놀라기만 한 것이 아니라 실험 자체를 거부하기까지 했다는 것도 이해할 만하다. 다음은 이 실험에 관하여 《하버드비즈니스리뷰》에 실린 글의 일부다. 'BCG에는 휴식이라는 개념이 워낙 낯설었다. 그래서 사실상 일부 컨설턴트들에게는 회사 경영진이 휴식을 강요해야 할 정도였다. 우연히 업무 강도가 가장 높은 시기와 실험이 맞물릴 때는 정도가 더했다.' 심지어 실험에 참가하면 전체 컨설턴트 경력에 오점이 되는 것은 아닌지 법적인 절차에 따라 문제를 제기하는 컨설턴트들도 있었다.

한번은 실험에서 컨설턴트들에게 주중에 하루를 완전히 쉬도록 요청한 일이 있었다. 하루에 12시간씩 일주일에 7일 일하는 사람들에게는 전혀 말이 안 되는 상황이었다. 연구 프로젝트를 지휘하는 과정에서 정기적인 휴식은 성과를 강화하는 힘이 된다는 점을 믿기 시작한 파트너조차도 '모든 팀원이 일주일에 하루를 쉬어야 한다는 사실을 고객에게 전해야 하자 갑자기 당황한 기색'이 역력했다. 그녀는 고객(과 자신)에게 일의 결과가 나빠지면 즉시 실험을 중단하겠다고 약속했다.

이 실험을 보완하는 격인, 조금 덜 극단적인 실험도 있었다. 이 실험에서는 또 다른 그룹의 컨설턴트들에게 주중 하루, 저녁 시간을 쉬도록 요청했다. 저녁 시간을 쉰다는 것은 저녁 6시 이후로는 일을 전혀 하지 않는 것을 의미했다. 프로젝트가 어떻게 되더라도 이메일, 전화, 문자 메시지, 파워포인트 등 일과 관련된 것은 절대 하지 않아야 한다고 했다. 이 아이디어 역시 확고한 반대에 부딪혔다. 한 프로젝트 관리자는 이렇게 의문을 제기했다. "밤에 쉬어서 어떤 점이 좋다는 거죠? 결국은 주말에 일을 더 해야 하는 것 아닌가요?"

휴식이 어불성설인 곳이 존재한다면, 그것은 바로 실험을 시작할 때부터 아무 거리낌 없이 부정적인 편견을 말할 수 있는, 최고 능력자들로 이뤄진 이런 일벌레 집단일 것이다. 그러나 실험이 여러 달 동안 진행되자 예상하지 않았던 상황이 벌어졌다. 두 그룹 모두 180도 태도가 달라진 것이다. 실험이 막바지에 이르자 참가한 모든 컨설턴트가 쉬는 날을 미리 정하고 싶어 했다. 자기 관리가 쉬워지고 가족과 친구 관계가 나아졌기 때문만은 아니었다. 확실히 쉬는 날이 생기자 그들은 일도 훨씬 더 효율적으로 했다.

컨설턴트들은 서로 더 효율적으로 소통했고, 고객과 약속한 결과물도 질이 높아졌다. 참가자들은 이런 단기적인 이점도 크지만 장기적인 관점에서도 업무의 지속 가능성이 훨씬 좋아졌다고 했다. 실험을 총괄한 연구자들은 이렇게 말했다. '겨우 다섯 달이 지났을 뿐이지만, 실험에 참여한 여러 팀의 컨설턴트들은 실험에 참여하지 않은 팀의 동료들보다 업무 중 일어나는 모든 상황을 더 긍정적으로 받아들였다.'

BCG의 컨설턴트들은 일에서는 시간을 들이는 것도 중요하지만 그 시간을 잘 쓰는 것도 중요함을 알게 됐다. 그들은 업무 시간을 20퍼센트나 줄이고도 더 많은 것을 해냈고 결과에도 만족스러워했다. 세계적인 운동선수와 사상가, 창작자 들과 더불어 BCG 컨설턴트들도 휴식할 용기를 냈다면, 당신도 할 수 있다. 물론 쉽지 않은 일이며 꽤 노력이 들어가는 일이다. 그러나 약속한다. 이 책에서 말하는 전략들을 통해 하루, 한 주, 한 해에 휴식을 끼워 넣기 시작하면, 일의 성과가 좋아지고 삶에 활력이 생길 것이다.

우리는 지금까지 다섯 장에 걸쳐 지속 가능한 방식으로 성과를 끌어올릴 핵심 열쇠에 관해 이야기했다. 이렇게 배운 것들은 모두 '성장 공식'을 사용해서 간단히 나타낼 수 있

'스트레스+휴식=성장.' 이 공식은 하루, 한 주, 한 해를 쌓아가는 데 필요한, 간단지만 심오한 지침이다.

다. '스트레스+휴식=성장.' 이 공식은 하루, 한 주, 한 해를 쌓아가는 데 필요한, 간단하지만 심오한 지침이다. 코치가 선수에게 훈련 계획에 관한 넓은 시각을 제시하듯, 성장 공식은 우리에게 성과 향상에 관한 넓은 시각을 제시한다. 이런 방식으로 일하는 것이야말로 평생의 만족과 발전을 위한 궁극의 열쇠라는 점은 아무리 강조해도 지나치지 않다.

그러나 우리 안의 최고를 끌어내는 법을 더 온전히 이해하려면, 몇 가지 중요한 세부 사항을 더 자세히 집중해서 들여다보아야 한

다. 2부에서는 탁월한 성과를 낳는 '리추얼'과 '루틴'을 구체적으로 알아볼 것이다. 다작을 하는 작가들이 매일 어김없이 수천 개의 단어를 쏟아낼 수 있는 마음 상태를 만들고, 최고의 음악가들이 함성을 지르는 수천 명의 팬 앞에 서기 위해 공연을 준비하며, 올림픽에 출전하는 선수들이 세계에서 가장 큰 대회에서 경쟁할 수 있도록 몸과 마음을 준비하는 법을 알아볼 것이다. 그러면서, 위대한 성과를 내는 사람들은 무엇 하나 운에 맡기지 않는다는 사실을 알게 될 것이다. 오히려 그들은 몸과 마음을 특정 상태로 만들고, 자기 안에서 최고를 끄집어내기 위해 매일을 설계한다. 곧 알게 되겠지만, 분명 우리도 그렇게 할 수 있다.

Part 2

나만의 피크 퍼포먼스
공식 만들기

CHAPTER

나에게 최적화된
루틴을 찾는 방법

맷 빌링슬리Matt Billingslea는 발 디딜 틈 없는 탈의실 한쪽에서 고립된 시간을 만들어 보려는 중이다. 이제 곧 시작될 순간을 준비하려면 혼자만의 작은 공간이 필요하다. 30분 뒤면 전 좌석이 매진된 공연장으로 들어가 함성 치는 수천 명의 팬 앞에서 공연을 시작할 것이다. 그러나 루틴을 따라 격렬하게 왼쪽, 오른쪽으로 뜀을 뛰는 지금, 그는 마치 노련한 권투 선수 같다. 이 루틴은 여러 해를 거쳐 연습하고 손보고 반복한 결과물로, 이제는 아침에 이를 닦는 것처럼 몸에 익은 일이 되었다. 이 루틴 없이 무대에 선다는 건 있을 수 없는 일이다.

빌링슬리는 먼저 팔로 크게 원을 그리다가 점점 속도와 강도를 높인다. 다음으로, 벽에 등을 붙인 뒤 여러 번 몸을 올리고 내린다. 복부와 등 근육을 활성화하기 위해서다. 이러한 동작을 순서대로 몇 차례 반복하는 사이사이에 활발한 스트레칭과 악력 운동도 빠트리지 않는다. 몸에 피가 돌고, 관절이 이완되며, 근육이 달궈지기 시작한다. 몸이 준비됐다는 신호다.

공연까지 10분이 남았다. 점점 더 가슴이 두근거린다. 몸은 준비된 것 같은데 마음이 아직 진정되지 않았다. 이제 집중해서 생각을 가다듬는다. 깊이 숨을 들이쉬고 머릿속으로 하나하나 연주 동작을 떠올린다. 시속 100마일은 되는 듯한 속도로 움직일 순간에 몸을 어떻게 제어할지 그려 보는 것이다. 빌링슬리는 지금 원하는 마음 상태가 있다. 그는 '더 존the zone'(몰입된 상태라는 뜻—옮긴이)이라고 이름 붙인 그 상태가 되려고 애쓰는 중이다. 빌링슬리에게 '더 존'이란, 실수에 연연하거나 관객을 의식하지 않는 상태를 말한다. 우리한테 말하기를, 그것이 잘 될 때면 생각이 멈추고 자연스럽게 연주가 흘러나온다고 했다. "공연을 위해 바로 전까지 많은 것을 해 왔지만, 공연할 때는 그 순간 하는 일을 전혀 생각하지 않는 상태가 되려고 해요. 그러면 몸과 마음이 완전히 하나가 돼서 애쓰지 않아도 연주가 흘러나와요."

빌링슬리는 이 '스위트 스폿'을 안다. 여러 번 그 상태를 경험했고, 이 상태를 만들어 냈을 때 항상 연주도 능수능란하게 해냈다. 이렇게 될 수 있는 이유는 모두 루틴 덕분이다. 루틴이 하는 일은 딱 한 가지다. 그는 말한다. "루틴은 한 번만이 아니라 계속해서 다시 몰입의 상태로 들어가는 가장 좋은 방법입니다." 여러 해 동안 반복한 똑같은 루틴은 그의 몸과 마음을 준비시키기도 하지만, 공연이 일상적이고 예측 가능한 것이라는 느낌이 들게 하는 데도 도움이 된다. 그럴 때 그는 대부분 사람은 불편해할 상황을 편안하게 받아들일 수 있다.

이제 빌링슬리가 공연장으로 들어간다. 조명이 어두워지고 잠시 관객의 함성도 잦아든다. 그리고 어느 순간 눈부신 조명이 켜진다. 세계적인 슈퍼스타 테일러 스위프트가 최근에 나온 히트곡을 부르기 시작하자, 5만 관중이 열광하며 함성을 지른다. 빌링슬리는 그 바로 몇 발짝 뒤에 앉아 드럼을 연주한다.

빌링슬리는 세상에서 가장 인기 있는 공연들의 주축이 되기까지 여러 해에 걸쳐 음악적 기교를 완성시켰다. 어마어마한 시간을 들여 깊이 집중하는 법을 연습했고, 몸과 마음에 스트레스를 가했으며, 그 후 회복하고 성장하기 위해 휴식을 취했다. 미국 곳곳의 식당과 술집에서 열리는 자잘한 공연에서 연주한 것만도 수천 번이다. 막 드러머가 되었을 때 그가 주로 듣던 소리는 스위프트의 노래가 아니었다. 그를 무시하는 사람들은 줄곧 말했다. "넌 음악으론 안 돼." 그러나 그런 시절 속에 앞으로만 달려 여기까지 왔으니 그는 분명 근성 있는 사람이다. 그 시간 동안의 연습과 고집, 경험은 '재능'과 더해져, 스위프트와 함께 세계를 누비며 무대에서 연주할 때마다 탄탄한 밑바탕이 되어 주었다. 그러나 그 재능을 온전히 펼치고 매 공연에서 자신이 가진 최고를 끄집어내기 위해, 빌링슬리는 단단하게 다져진 루틴에 의지한다.

빌링슬리만이 아니다. 작가가 이야기를 구상하든, 운동선수가 경기를 준비하든, 사업가가 성패가 걸린 발표를 앞두고 있든, 탁월한 성과를 내는 사람들은 절대 자신이 그저 잘 해내기를 '바라는 것'에 그치지 않는다. 대신, 최고를 끌어낼 수 있는 구체적인 조건을 적극적으로 만들어 냄으로써 탁월한 성과를 내기 위해 자신을 준비시킨다. 이제부터 이야기하겠지만, 이러한 준비 전략이 효과를 낼 수 있는 이유는 '구체적'인 부분들로 이뤄진 과정을 '지속적'으로 반복하는 데 있다. 나만의 '올바른' 루틴을 만들고 그것을 거듭 반복할 때, 이 조합은 최고의 성과로 들어가는 관문이 된다.

일관성으로 두려움을 다스려라

혹시 빌링슬리의 루틴에서 이상한 점을 눈치채지 못했는가? 이를테면, 드럼에 관한 것은 전혀 없었다는 사실을 알아차렸는가? 빌링슬리에게 이 점을 묻자, 그는 부업 삼아 개인 트레이너로 활동했던 이야기를 꺼냈다. 우리가 이 책에서 영역과 영역의 벽을 부수고 이쪽에서 배운 것을 저쪽에 적용해 보려고 하듯, 빌링슬리는 운동에서 익힌 워밍업 방식을 드럼 연주에 써 보기 시작했다. 그리고 팔굽혀 펴기와 팔 벌려 뛰기, 제자리 뛰기가 중량 운동과 달리기를 앞뒀을 때처럼 드럼 연주를 앞두고도 몸과 마음을 준비하는 데 효과적이라는 사실을 알아냈다. 맞는 말이다. 2시간 동안 쉬지 않고 드럼을 친다는 건 육체적으로 부담이 큰 일이다. 빌링슬리는 공연 전에 심박수를 올리고 몸을 이완하는 식의 워밍업이 드럼 연주 자체의 기교적인 측면에 초점을 맞춘 워밍업보다 훨씬 더 중요하다는 사실을 발견했다. 드럼은 눈 감고도 칠 수 있다. 30년이나 해 온 일인데 공연 직전에 30분을 더 연습한다고 해서 크게 실력이 늘 리는 없다. 만일 연습을 더 한다면 생각을 덜 하는 게 목표인 상황에서 생각을 더하게 될 테니 방해가 될 뿐이다. 워밍업에서는 원하는 심리적, 신체적 상태로 들어가는 데 시간을 쓰는 편이 훨씬 낫다.

정말 '멋진' 연주로 공연을 시작하려고 하면, 처음 몇 곡이 지나야만 원하는 연주를 할 수 있다. 결국 그 상태에 이르는 것은 불가능하다는 말이 아니다. 오히려 그가 말하듯, '너무 일찍부터 생각이 많아지면' 실수를 하거나 생각에 빠지는 수가 있다.* 빌링슬리는 그

---

* 빌링슬리의 '실수'는 누구도 알아차리지 못한다. 밴드의 다른 멤버들조차 모를 정도다. 그러나 그는 실수 하나가 자신을 무너지게 한다고 말한다. 아무도 모르는 사이에 혼자서만 자신이 무너지는 것을 알아차린다니 역설적인 일이다. 스스로 생각하는 '뛰어남'을 위해 끊임없이 노력하고 기대치를 높여 가는 태도는 뛰어난 성과를 내는 많은 사람에게서 나타나는 특성이다.

런 일이 일어날 가능성을 최소화하기 위해 깨어 있는 몸과 몰입된 마음으로 무대에 첫발을 내디디려고 애쓴다. 그럴 때 더 빠르고 정확하게 그 어려운 상태에 들어갈 수 있다. 그는 그 상태가 저절로 만들어지기를 기다리지 않는다. 그것은 스스로 만드는 것이다. 공연이 최고조에 이르러 모든 것이 빈틈없이 돌아가면, 빌링슬리는 땀을 흠뻑 흘리며 육체적으로 한계를 느낄 만큼 무섭게 자신을 밀어붙인다. 그러나 그 순간 그의 마음은 깊은 명상에 들어간 듯 무아지경이 된다.

중요한 일을 할 때는 잘 준비된 상태로 시작해야 한다는 사실을 이해하는 성과의 최강자는 또 있다. 메건 가르니에Megan Gaurnier가 바로 그 사람이다. 단, 그녀는 드럼을 치는 대신 페달을 밟는다. 캘리포니아에서 활동하며 올림픽에도 출전한 바 있는 가르니에는 세계에서 가장 빠른 여자 사이클 선수 중 한 명이다. 가르니에는 자신이 그런 경기력을 뽐낼 수 있는 건 여러 해 동안 훈련을 거치며 체력을 다진 결과라고 말한다. 그러나 그렇게 다진 체력을 경기 당일에 제대로 활용하기 위해서는 그녀도 루틴에 의지한다. "전 요가를 해요. 항상 똑같은 순서와 방법을 따르죠. 20분에서 25분이면 충분해요. 요가를 하고 나면 분명히 몸과 마음이 경기 모드로 바뀌어요. 요가를 해야만 경기장에서 잘 해낼 수 있어요."

운동선수로서 루틴을 강조하는 사람은 가르니에만이 아니다. 엘리트 선수라면 거의 모두가 잘 다져진 루틴을 따르며, 이런 루틴은 분 단위까지 치밀하게 구성돼 있다. 가령, 스티브가 훈련하는 세계적인 육상 선수들은 경기를 앞두고 워밍업을 시작할 구체적인 시점(보통은 경기 시작 60분 전)을 정확히 안다. 그들은 각자 세심하게 짜인 순서대로 자기만의 워밍업을 한다. 조깅을 하기도 하고, 활발하게 움직이며 유연성 훈련을 반복하기도 하고, 짧은 거리를 전속력으로 달리기도 한다. 빌링슬리나 가르니에처럼, 그들 역시 몸과 마음을 최적의 상태로 끌어올려서 출발선에 서는 것이 목표다. 운동선수가 몸을 워밍업하는 이유는 경기를 앞두고 혈액 순환을 좋게 하고 근육을 준비하기 위해서만은 아니다. 몸을 워밍업하면 머릿속을 맑고 편안하게 하는 데도 도움이 된다. 올림픽 영웅 프랭크 쇼터Frank Shorter는 마라톤에서 미국인으로서는 가장 최근(1972년)에 금메달을 딴 사람이다. 크든 작든 경기가 있는 날이면, 그는 어김없이 토스트와 커피, 과일로만 아침을 먹었다. 쇼터는 회고록《나의 마라톤My Marathon》에서 이렇게 적었다. '일관성은 두려움을 다스리는 또 다른 방법이다.'

지금까지 우리는 루틴에 대해 강조했지만, 루틴은 얼마든지 달라질 수 있다. 왜냐하면, 누구에게나 잘 맞는 루틴은 존재하지 않기 때문이다. 어떤 일에 요구되는 몸과 마음의 상태를 파악하고, 처음부터 그 상태, 또는 그와 아주 가까운 상태가 될 가장 좋은 방법을 찾는 것은 각자의 몫이다. 그러기 위해 요가를 할 수도 있고, 팔굽혀펴기를 할 수도

> 어떤 일에 요구되는 몸과 마음의 상태를 파악하고, 처음부터 그 상태, 또는 그와 아주 가까운 상태가 될 가장 좋은 방법을 찾는 것은 각자의 몫이다.

있다.

몸으로 성과를 내는 사람에게는 당연히 루틴이 중요하게 보일 수 있지만, 그렇지 않은 다른 사람들에게는 어떨까? 극작가 겸 영화감독이고, 세계적인 육상 선수이기도 한 알렉시 파파스Alexi Pappas 는 창의적인 일을 할 때도 육상을 할 때와 같은 방법으로 접근한다고 말한다.

> 저에게는 도저히 글을 쓸 수 없는 상황에 대처하는 법과 달리기 연습을 하고 경기 전에 워밍업을 하는 데 대처하는 법이 같아요. 저는 이런 대처법과 워밍업 덕분에 비가 오나 눈이 오나 할 일을 해 나갈 수 있어요. 미국 최고 육상 선수가 경쟁 상대라 하더라도 경기 전이면 똑같은 워밍업을 하고 똑같은 방식으로 경기를 치르는 거죠. 글 쓸 때 필요한 것들도 있어요. 좋아하는 장소와 좋아하는 차가 따로 있죠. 영화를 만들 때는 처음부터 끝까지 연습하는 기분으로 해요. 저는 연습을 공들여서 하는 사람이에요. 상황이 좋든 나쁘든 항상 똑같이 일한답니다.

맞는 말이다. 최고의 성과를 내기 위해 훌륭한 운동선수들은 몸을 준비한다. 마찬가지로, 훌륭한 사상가와 예술가들은 마음을 준비한다.

마음도 워밍업이 필요하다

차드 밍 단('정말 유쾌한 친구'로 알려진, 4장에 나왔던 마음챙김 연구자)은 회의실에 들어갈 때 독특한 행동을 하는 것으로 유명하다. 그는 처음 회의실로 걸어 들어갈 때 재빨리 주변을 살핀 뒤 그 안에 있는 한 사람 한 사람에 관해 혼잣말을 한다. 보통의 회사원과 달리, 그는 화이트칼라 전쟁을 앞두고 다른 사람을 재는 일 따위는 하지 않는다. 오히려 잠시 모든 사람에 대해 좋은 점을 한 가지씩 떠올려 본다. 처음 보는 사이일 때도 예외는 아니다. '멀리사는 같이 일하기가 좋아, 짐은 마케팅 관리를 잘해, 저쪽에 붉은 머리 여자분은 긍정적인 에너지가 넘치는 것 같아…….' 이런 상황에서 사람들은 보통 다른 사람을 잠재적인 위협이나 장애물로 여기지만, 탄은 혼잣말을 하며 그런 본능적인 반응을 중단시킨다. 그는 머릿속으로 몇 마디를 읊조림으로써 긍정적이고 협조적인 자세가 되도록 자신을 준비시킬 수 있다.

긍정적인 자세는 문제를 해결하고 창의력을 발휘하는 데도 도움이 되는 것으로 나타난다. 노스웨스턴대학교의 한 실험에서는 참가자들에게 자신의 감정 상태를 직접 평가하도록 질문지를 나눠 주었다. 연구진은 감정 상태가 긍정적인가 부정적인가에 따라 참가자들을 두 그룹으로 나눴다. 긍정적인 감정 상태의 그룹은 창의력을 발휘하고 머리를 많이 써야 하는 어려운 문제들을 더 잘 풀었다. 연구진은 이유를 알아보기 위해, 문제 해결을 시도할 때 뇌에서 일어나는 일을 관찰할 목적으로 참가자들의 뇌를 fMRI로 촬영했다. 그 결과, 감정 상태가 긍정적인 사람들의 경우 의사 결정 및 감정 조절과 관련된 뇌의 영역에서 활동성이 증가하는 모습이 관찰됐다. 뇌의 이 영역(전대상피질)은 문제 해결을 담당하는 부분이기도 하다. 그러나 감정 상태가 부정적인 사람들의 경우는 이 영역에서 활동성이 아주 적게 관찰되거나 전혀 관찰되지 않았다. 다시 말해, 이 중요한 영역이 활동성을 띠려면 반드시 감정 상태가 뒷받침돼야 했다. 긍정적인 감정은 문제를 해결하고 창의력을 발휘하는 데 도움이 됐지만, 부정적인 감정은 이러한 기능을 신경학적으로 심각한 수준까지 억제했다. 이 실험은 마음이 편안하지 않으면 두뇌가 최선의 기능을 해내기가 매우 어렵다는 것을 보여주는 여러 실험 중 하나일 뿐이다.

마음이 편안하지 않으면 두뇌가 최선의 기능을 해내기가 매우 어렵다.

이 실험이 의미하는 바는 단순하다. 문제 해결 및 창의적인 사고와 관계된 중요한 일을 앞두고 있을 때는 긍정적인 마음을 갖도록 자신을 준비시킴으로써 성과를 높일 수 있다. 이상한 말로 들리겠지만, 연구에서는 유튜브로 재미있는 고양이 영상을 보는 것처럼 간단한 일만으로도 앞으로 이어질 까다로운 지적 작업에서 성과를 높일 수 있다고 말한다.

긍정적인 마음을 내는 것만큼 중요한 일은 부정적인 마음을 피하는 것이다. 성과를 끌어올리고 싶다면 나를 부정적으로 만드는 사람과 장소, 물건을 피하도록 노력하자. 이런 요소들을 항상 통제할 수 있는 것은 아니지만, 기분이 성과에 미치는 영향을 알아차릴 수는 있어야 한다. 의미 있는 일을 앞두고 누구와 어떻게 시간을 보내는가는 정말 중요하다.

한편, 나와 팀, 또는 동료들의 성과를 평가할 때도 기분이나 분위기가 미치는 영향을 염두에 두어야 한다. 최근의 연구에 따르면, 삶의 다른 요인들이 편안하지 않으면 직장에서도 좋은 성과를 내기가 매우 어렵다고 한다. 누군가 어려움을 겪고 있다면 그 사람이 자신이든 타인이든 관대해야 하며, '일'과 '생활'을 분리하는 것은 환상일 뿐임을 인식해야 한다.

기분에 의해 좌우되는 것은 지적이고 창의적인 일만이 아니다. 운동선수에게도 기분은 중요한 문제다.

'일'과 '생활'을 분리하는 것은 환상

사생활에 문제가 생기자 골프 선수로서도 단번에 기세가 꺾여 버렸던 타이거 우즈를 생각해 보자. 물론, 우즈의 이야기는 극단적인 예이긴 하다. 그러나 운동과학자 새뮤얼 마코라Samuele Marcora 박사는 연구를 통해, 아주 사소하고 미묘하더라도 감정에 영향을 미치는 요인이 있다면 기량이 달라질 수 있음을 밝혀냈다. 마코라는 숙련된 사이클 선수들에게 전속력으로 페달을 굴리게 하고, 그러는 동안 화면으로 밝은 표정의 얼굴 또는 어두운 표정의 얼굴을 스치듯 보여 줬다. 화면에 얼굴이 비친 시간은 채 1초도 되지 않았으며, 선수들은 화면 속 얼굴을 잠재의식으로만 인식할 정도였다. 그러나 밝은 표정의 얼굴에 노출된 선수들은 어두운 표정의 얼굴에 노출된 선수들보다 12퍼센트 좋은 기록을 냈다. 마코라의 연구 역시 기분은 우리의 몸과 마음의 성과에 지대한 영향을 미친다는 사실을 입증한다. 오랜 통설에 따르면 운동선수들은 경기장 안에서만이 아니라 밖에서까지 모든 것이 제대로 돌아갈 때 좋은 성적을 낸다고 하는데, 마코라의 실험에서 나타난 결과는 이 점 또한 뒷받침한다.

지금까지는 기분을 중심으로 이야기했지만, 그 외에도 심리적인 면에서 자신을 준비시킬 기회는 셀 수 없이 많다. 가령, 우리는 이 책을 쓰는 과정에서 평범한 휴식으로는 극복할 수 없는 난국을 만나거나 도저히 글을 쓸 수 없는 상태가 돼 가고 있다는 느낌이 들 때가 있었다. 그럴 때 우리는 이 책과 비슷한 분야의 좋아하는 책들을 읽었다.* 그런 책을 읽으면, 어김없이 다시금 창의력에 불을 붙일 수 있었다. 나중에 실제 연구에서 우리가 경험한 것과 비슷한 사실을 밝힌 적이 있다는 것을 알게 됐는데, 우리는 놀라지 않았다. 그 연구에서는 참가자들이 좋은 문장으로 쓰인 글을 읽은 뒤에 패턴 인식 능력(인지 수행 능력에 대한 일반적인 지표)이 37퍼센트 향상 됐다고 했다.

그렇다고 업무 공간을 온통 웃는 얼굴 사진으로 도배하거나, 중요한 일을 앞두고 있을 때는 무조건 코미디를 보라는 뜻은 아니다

---

* 켈리 맥고니걸의 《스트레스의 힘》, 애덤 그랜트의 《기브앤테이크》, 데이비드 엡스타인의 《스포츠 유전자》, 수전 케인의 《콰이어트》, 다니엘 핑크의 《드라이브》, 에이미 커디의 《자존 감은 어떻게 시작되는가》 같은 책들이었다.

(그렇게 해서 해가 될 건 없겠지만). 그러나 마음 상태에 따라 성과가 크게 좌우될 수 있다는 점은 알아 두어야 한다. 빌링슬리와 가르니에, 그리고 몸을 준비하고 생각을 집중하기 위해 사전 루틴을 만드는 여러 세계적인 운동선수들처럼, 우리도 우리 안에서 최고를 끌어내기 위해 사전 루틴을 만들 수 있다.

퍼포먼스 가이드

- 삶에서 나에게 가장 중요한 일들에 관해 생각해 본다.
- 그런 일을 하려면 몸과 마음이 어떤 상태여야 하는지 파악한다.
- 중요한 일을 앞두고는 그 일을 할 수 있도록 몸과 마음을 준비시킴으로써 자신을 준비한다.
- 다양한 준비 기술을 시험하고 다듬어서 나에게 가장 잘 맞는 루틴을 만든다.
- 일관성을 유지한다. 관련된 일을 할 때마다 똑같은 루틴을 사용한다(일관성에 조금 더 중점을 둔다).
- 기분이 성과에 미치는 영향을 기억한다. 긍정적인 마음은 멀리까지 영향을 미친다.

환경은 자아의 연장선이다

우리는 이 책을 쓰는 동안 좋아하는 책 외에 커피에서도 힘을 얻었다. 정말 많이도 마셨다. 그러나 커피면 다 되는 건 아니었다. 매일 같은 시간, 같은 카페, 같은 테이블에서 마시는 커피여야 했다. 그 외에 우리는 각자 책을 쓸 때만 듣는 음악들이 있었고, 브래드는 이 책을 쓸 때만 사용하는 컴퓨터도 따로 있었다. 얼른 들으면 우리가 전형적인 A 유형(프리드만과 로젠만이 분류한 성격 유형의 하나로 A 유형은 완벽주의 성향이 강하다—옮긴이)이 아닌가 싶겠지만, 그렇지 않다. 사실 우리는 지금까지 가장 많은 작품을 남긴 작가 중 한 명인 스티븐 킹의 조언을 따른 것이었다.

킹이 글을 쓰는 환경 속에는 의도되지 않은 것이 없다. 글 쓰는 방부터 책상의 위치, 책상에 놓인 물건이 그렇고, AC/DC와 메탈리카, 건스앤로지스 같은 폭발적인 밴드 음악이 그렇다. 그는 글을 쓸 때 이런 음악을 듣는다. 그렇다고 이것들에 특별한 비밀이 있는 건 아니다. 그리고 이런 환경이 누구에게나 맞는 것도 아니다(예를 들어, 우리는 헤비메탈을 틀어 놓고는 글을 쓸 수 없다). 여기서 중요한 것은 킹이 자신에게 맞는 환경을 만들어 냈다는 점이다. 그는 자신의 회고록 《유혹하는 글쓰기》에서 이를 이렇게 말했다. '우리는 대부분 자기만의 공간에 있을 때 능력치의 최고를 해낸다.'

이렇게 말하는 사람은 스티븐 킹만이 아니다. 성과의 최강자로서 이 책에 소개된 거의 모든 이가 기량을 완성하는 '공간'의 중요

성을 강조했다. 세계적인 운동선수
의 좋아하는 운동 장소부터 주요 상
을 휩쓴 예술가의 자기만의 작업실,
그리고 킹의 서재까지, 어디서 일하

어디서 일하는가는 중요한 문제다.

는가는 중요한 문제다. 그 이유에 관해서는 아직은 조금 생소한 '생
태심리학'이라는 분야에서 통찰을 얻을 수 있다.

생태심리학에서는 우리를 둘러싼 환경은 고정된 역할만 하는
것이 아니라고 말한다. 오히려 그것들은 구체적인 행동에 영향을
미치고 그런 행동을 적극적으로 유발한다고 한다. 여러 실험에 따
르면, 어떤 사물을 스치듯 보는 것만으로도 뇌에서는 특정 행동과
관련된 활동이 일어난다. 예컨대 의자가 눈에 보이면, 몸이 전혀 움
직이지 않았는데도 뇌에서는 앉는 움직임을 조정하는 부분, 가령
모터 프로그램motor program(움직임을 저장하고 업데이트하고 표출하게 하
는 뇌 속의 소프트웨어―옮긴이)이 자극되기 시작한다. 마치 의자가
사람을 향해, '이봐, 와서 앉아'라고 말이라도 건 것처럼 뇌는 그 신
호를 듣고 거기에 따라 반응한다. 축구처럼 움직임이 많은 운동의
선수들은 경기 중에 달릴 방향을 '생각'하지 않는다고 말하곤 하는
데, 이 현상은 운동선수들의 행동에 대한 설명이 될 수 있다. 상황
을 보고 논리를 따져서 몸을 움직이려면 시간이 너무 많이 걸리는
것이다. 대신, 선수들은 빈틈이 보이기 무섭게 그쪽을 향해 달려간
다. 의식이 경험하는 것보다 훨씬 깊은 수준에서 반응이 일어나는
셈이다.

간단히 말해, 우리는 생각보다 주변과 분리되기가 어렵다. 대신 우리 뇌는 우리를 둘러싼 것들과 정교하게 소통하며, 소통이 많아질수록 우리와 환경의 상호 작용은 강화된다. 예컨대, 의자를 처음 본 아기의 뇌에서는 모터 프로그램이 앉는 동작을 자동으로 만들어 내지는 않는다. 하지만 아기는 자라는 동안 수많은 의자를 눈으로 보고 의자에 직접 앉아 보기도 한다. 그런 과정을 거쳐 성인이 되면 이제 의자를 보기만 해도 뇌 깊은 곳에서 앉는 반응이 일어나는 것이다.

개념은 조금 난해할 수 있지만 현실에 적용하기는 아주 쉽고 간단하다. 어떤 기술이나 기교를 연습할 공간을 마련할 때, 바라는 행동은 나오게 하고 바라지 않는 행동은 나오지 않게 하는 것들로 주변을 채우면 도움이 된다. 미하이 칙센트미하이 박사는 자신의 저서 《몰입의 재발견》에서, 최고의 성과를 끌어내려면 반드시 주변 환경에 '의도'를 담아내야 한다며 이렇게 말했다. '우리가 일하는 환경은 우리 자아의 연장선이 된다. 머리는 그 환경을 이용해 경험과 경험이 어우러지게 한다.'

그뿐만 아니라, 우리는 같은 환경에서 꾸준히 일을 반복할 때 더 단단하게 환경과 연결된다. 행동 신경과학자 대니얼 레비틴Daniel Levitin 박사의 연구를 보면 브래드가 컴퓨터를 따로 마련해서 이 책을 쓴 것이 타당한 일이었음을 알 수 있다. 레비

우리가 일하는 환경은 우리 자아의 연장선이 된다. 머리는 그 환경을 이용해 경험과 경험이 어우러지게 한다.

틴 박사에 따르면, 특정 작업(글쓰기 등)에 사용하는 물건(컴퓨터 등)을 따로 마련해 두면 주체(글쓰기)와 대상(컴퓨터) 사이의 연결이 강화된다. 시간이 가면 그 컴퓨터를 보는 것만으로 글 쓰는 행위가 떠오른다. 말 그대로, 브래드의 뇌는 컴퓨터를 보기만 해도 지금 쓰는 책이나 이야기, 기사를 떠올리도록 자극되는 것이다.

전략적인 루틴 중에는 미신에 가까운 것들도 있다. 이를테면, 큰일을 앞두고는 똑같은 양말을 신거나 속옷을 입는 식이다. 그러나 성과를 내기에 앞서 하는 일들은 몸과 마음을 구체적인 상태로 준비시키며, 일하는 환경은 특정 행동을 유발하고 자극한다. 똑같은 루틴을 반복하고 똑같은 환경에서 일할 때 몸과 마음 깊은 곳에 강력한 연결 고리가 만들어진다. 본격적으로 일을 시작하기 전부터

퍼포먼스 가이드

- 가장 중요한 일을 하는 '나만의 장소'를 마련한다.
- 바라는 행동을 유발하는 물건들로 주변을 채운다.
- 같은 장소에서 같은 도구를 이용하여 지속적으로 일한다.
- 시간이 가면, 환경은 신경학적으로 깊은 수준까지 생산성을 향상시킬 것이다.

일과 일하는 장소를 일하는 행위와 연결 짓게 되는 것이다. 결국, 그럴 때 우리는 일하기 좋은 상태로 자신을 다듬을 수 있다.

스키너 박사의 리추얼

앞서 스티븐 킹은 글 쓰는 루틴과 환경을 세심하게 챙기는 사람이라고 이야기한 바 있다. 그가 글을 쓰기 위해 자리에 앉았다면, 분명 글을 잘 쓸 수 있게 준비된 상태다. 킹은 우연히 좋은 결과가 나오거나 알 수 없는 방법으로 영감이 떠오를 수 있다고는 믿지 않는다. 그는 회고록에 이렇게 썼다. '무작정 뮤즈를 기다려서는 안 된다. 우리가 할 일은 우리가 아홉 시부터 정오까지, 혹은 일곱 시부터 세 시까지 어디 있을지를 뮤즈에게 확실히 알려 주는 것이다. 뮤즈는 그 시간을 알 때 우리 앞에 나타나기 시작할 것이다. 내가 약속한다.'

드러머 맷 빌링슬리가 루틴을 통해 정확하게 몰입 상태에 들어가고, 사이클 선수 메건 가르니에가 경기를 앞두고 역시 루틴을 통해 몸과 마음을 준비하는 것처럼, 스티븐 킹은 끊임없이 창의력을 발산하기 위해 루틴에 의지한다. 그는 말한다. '매일 비슷한 시각에 종이와 디스크에 수천 개의 단어를 쏟아 내는 일정이 존재하는 이유는 습관을 기르기 위해서다. 매일 비슷한 시각에 침대에 눕고 매일 똑같은 순서대로 잠들 준비를 하는 것처럼, 꿈꿀 준비를 하는 습

관을 들이기 위해 일정은 존재한다.'

킹이 의지하는 '똑같은 순서', 즉 '리추얼ritual'은 위대한 사상가들에게는 새로운 개념이 아니다. 심리학자 B. F. 스키너Skinner 박사의 예도 주목해 보자. 1960년대 초반, 스키너는 지식의 영역에서 가장 획기적인 업적을 완성하는 동안 강박으로 보일 만큼 정확하게 루틴을 수행했다. 다음은 1963년 어느 날 그가 쓴 일기의 도입부다.

'매일 비슷한 시각에 종이와 디스크에 수천 개의 단어를 쏟아 내는 일정이 존재하는 이유는 습관을 기르기 위해서다. 매일 비슷한 시각에 침대에 눕고 매일 똑같은 순서대로 잠들 준비를 하는 것처럼, 꿈꿀 준비를 하는 습관을 들이기 위해 일정은 존재한다.'

> 나는 6시와 6시 30분 사이에 라디오를 들으며 일어난다. 주방 식탁에는 아침으로 시리얼 한 그릇이 놓여 있다. 스토브에 타이머를 맞춰 둔 덕에 커피도 준비된 상태다. 아침은 혼자서 먹는다. 연구실로 내려가는 건 7시 무렵이다. 호두나무 패널로 내벽을 장식한 내 연구실은 우리 집 지하에 있다. 나는 모던 스타일의 북유럽풍 긴 책상을 쓰는데 선반은 직접 짜 넣었다. 그 위에는 내가 쓴 책과 논문, 사전, 단어장 같은 것들이 놓여 있다. 연구실에서 몇 시간을 보낸 뒤에는 사무실로 간다. 요즘은 여름학기 수업을 듣는 데비와 함께 가야 해서 10시 전에 나간다.

스키너는 하루하루를 아주 구체적으로, 거의 분 단위로 기록해 나갔다.

그는 습관으로 무장한 사람이었다. 심지어 글을 쓸 때도 알람 소리로 시작하고 마무리했다. 물론, 여기서 가장 흥미로운 점은 그가 루틴의 힘을 활용해서 루틴의 힘을 입증하는 심리학 이론, 즉 '행동주의 이론'을 정립하려 했다는 점이다. 행동주의의 핵심은 외부의 요인에 의해 특정 행동이 유발될 수 있다는 것, 즉 행동이 '조건화'될 수 있다는 것이다. 스키너는 조건화와 관련된 유명한 실험에서 쥐가 레버를 당기고 비둘기가 탁구를 하도록 가르쳤다. 그는 바라는 행동을 음식과 연결 지어 작은 동물들에게 특정 행동을 학습시켰다(음식으로 동물을 훈련하게 된 것은 스키너 덕분이다).

스키너는 어떤 일이든 행동과 지속적으로 연결시키고 그 연결 고리를 긍정적인 방향으로 강화하면 행동을 유발하는 자극이 될 수 있다고 믿었다. 행동주의적 관점에서 보아, 스키너가 개인적으로 공들인 루틴은 '쓰기'라는 행동을 유발하는 자극으로 작용했으며, 이 연결 고리는 생산적인 순간을 경험한 뒤 그가 느낀 긍정적인 감정을 통해 강화된 것이다.

현대 심리학에서는 인간의 행동을 스키너의 행동주의에서 언급하는 것보다 훨씬 더 복잡하게 말한다. 그러나 행동은 그에 앞서 일어나는 일을 통해 유발될 수 있다는 행동주의의 본질은 습관을 다루는 오늘날의 과학에서 여전히 존재감을 과시한다. 요즘은 빌링슬리와 가르니에, 킹이 루틴을 사용해서 기량을 '조건화'한다고 말하지 않는다. 우리라면 그들이 탁월한 '습관을 기른다'라고 말할 것이다. 하지만 이 둘은 동떨어진 개념이 아니다.

퍼포먼스 가이드

- 핵심 행동을 특정 계기/루틴에 연결한다.
- 꾸준히, 그리고 자주 그렇게 한다. 행동에 앞서 행동과 짝을 이루는 동일한 계기를 만들거나 루틴을 실행한다.
- 가능하다면 핵심 행동을 항상 똑같은 환경(시간, 물리적 공간 등)과 연결한다.
- 환경을 바꿔가며 일해야 한다면, 장소와 관계없이 어디서든 실행할 수 있는 이동식 신호나 루틴을 마련한다(심호흡, 자기 대화 등)(‘신호’[시각적 신호]와 ‘자기 대화’는 9장에 나오는 개념이다—옮긴이).
- 일관성을 지키는 것이 가장 중요하다. 자주, 규칙적으로 실행하지 않으면 아무리 좋은 루틴도 무용지물이다.

일을 항상 같은 루틴과(그리고 가능하다면 항상 같은 환경과) 꾸준히 연결 짓는다면, 마치 반사 작용의 결과처럼 훌륭한 성과가 당신을 기다리고 있을 것이다.

몸이 반응하는 루틴을 만들어라

펜실베이니아 랭커스터Lancaster의 경기장. 데이비드 해밀턴David Hamilton의 영국 억양이 두드러지게 들려온다. 해밀턴은 미국 여자 하키팀의 성과 과학을 책임지고 있다. 그의 임무는 1984년 이후 한 번도 시상대에 올라 보지 못한 이 팀에 메달을 가져다주는 것이다. 2012년 올림픽에서 영국 여자 하키팀에 동메달을 안겼던 그는 바로 얼마 전 영국에서 스카우트되었다.

2012년 당시 영국팀은 지금의 미국팀처럼 20년 가까이 메달 가뭄을 겪고 있었다. 당시에 영국팀은 어느 지표로 보아도 세계적인 수준의 기량을 자랑했지만, 중요한 경기에서는 어김없이 고전을 면치 못했다. 훈련에서는 챔피언이었지만 경기에서는 실력이 제대로 발휘되지 못한 것이다. 영국팀이 훈련에서 보이는 뛰어난 점들을 경기에 그대로 옮기지 못하는 이유를 밝히기 위해, 해밀턴은 운동 과학자의 눈으로 세심하게 문제에 접근했다.

그는 우선 선수들의 훈련 방식부터 모든 것을 뜯어보기 시작했다. 우려될 만한 점은 없었다. 연습 때마다 높은 수준의 기량을 관찰한 터라 놀랍지는 않았다. 선수들의 몸 밖에서 관찰되는 '생리적 기능physiology'을 바꾸는 건 답이 아닌 것 같았다. 대신 해밀턴은 몸속에서 일어나는 현상이 궁금해졌다. 선수들의 몸속에서 일어나는 '생물학적 작용biology'을 바꿔 보면 어떨까? 그러면 혹시 경기에서 필요한 그 '한 끗' 차이를 만들 수 있지 않을까?

특히 해밀턴은 테스토스테론 호르몬에 관심이 갔다. 테스토스테론은 다른 호르몬보다 성과와 더 깊이 연관돼 있다. 근육의 성장과 힘, 에너지를 증가시키는 호르몬이 테스토스테론이다. 이 호르몬은 생리적으로도 몸에 큰 영향을 미치지만, 창의력과 자신감, 기억력, 주의력을 강화하는 데 관여하기도 한다. 다시 말해, 테스토스테론은 어떤 영역에서든 강력한 성과 향상 기제로 작용할 수 있다. 스포츠에서 합성 테스토스테론을 주입하는 것은 금지된 일이지만, 선수들의 몸속에 흐르고 있는 자연적인 테스토스테론의 양을 증가시키는 것은 가능하다고, 해밀턴은 믿었다.

먼저, 그는 선수들의 수면 시간을 늘리기로 하고 모든 선수가 적어도 8시간의 밤잠을 자게 했다(수면과 테스토스테론의 관계를 더 자세히 알아보려면 5장 참조). 그리고 여기서 멈추지 않고, 선수들의 타액을 검사하여 무엇이 어떻게 선수들의 테스토스테론 수치에 영향을 주는지 알아보았다. 가령, 긍정적/부정적 피드백, 스프린트/지구력 훈련, 감독이 경기 전에 선수들에게 하는 말, 기운을 북돋는 영화, 친목을 다지는 자리 등 여러 요인에 따라 테스토스테론 반응이 어떻게 달라지는지를 살펴본 것이다.

그 결과, 해밀턴은 테스토스테론 수치를 올리는 공식은 하나로 정해지지 않았다는 사실을 알아냈다. 오히려 선수들은 여러 자극에 대해 각기 다른 반응을 보였다. 예를 들어, 짧은 거리를 빠르게 뛴 뒤에 테스토스테론 수치가 확 올라가는 선수도 있었고, 긴 거리를 느리게 뛴 뒤에 테스토스테론 수치가 최고점을 찍는 선수도 있었다. 그런가 하면, 혼자서 준비 운동을 한 뒤에 수치가 더 올라가는 선수도 있었고, 여럿이 할 때 더 좋아지는 선수도 있었다. 그러나 한 가지 일관적으로 나타나는 점이 있었다. 바로, 경기 전에 테스토스테론이 올라가 있으면 선수들의 경기력이 크게 올라간다는 것이었다. 해밀턴이 풀어야 했던 수수께끼의 열쇠, 그리고 궁극적으로 영국 여자 하키팀에 메달을 안길 열쇠는 '선수들의 테스토스테론 수치를 올리는 것'이었다.

해밀턴은 이 점을 염두에 두고 2012년 올림픽에 앞서 선수 한 명 한 명과 각자의 경기 전 루틴을 만들었다. 그는 테스토스테론 수치를 측정해 가며 루틴을 조정한 끝에 각 선수가 '최적' 루틴을 마련하도록 도와주었다. 2012년 올림픽이 가까워질 무렵, 모든 선수는 테스토스테론을 최고치로 올릴 나름의 루틴을 갖고 있었다. 그 해에 영국 여자 하키팀은 올림픽 메달을 목에 걸었고, 이로써 해밀턴의 색다른 접근 방식도 효과가 입증되었다.

사실 해밀턴은 실험을 거듭하며 선수들의 루틴을 만드는 과정에서 그렇게 꼼꼼하게 모든 것을 따질 필요는 없었을지 모른다. 그가 한 말에 따르면, 선수들은 항상 기분이 좋을 때 다른 때보다 테스토스테론 수치가 높았다고 했다. 그는 말한다. "경기 당일 선수들의 기량을 끌어 올리기 위해 정말 많은 일을 했습니다. 선수 한 명 한 명이 몸과 마음이 완벽하게 준비됐다고 확신하며 경기를 시작할 수 있도록 말입니다."

우리는 이번 장의 도입부에서, 루틴이 효과를 발휘할 수 있는 이유는 그것이 특정한 행동 및 몸과 마음의 상태를 유발하기 때문이라고 이야기했다. 그런데 해밀턴의 이야기를 살펴보면, 자신에게 맞는 루틴을 사용하면 일을 위해 준비되는 것 이상을 할 수 있음 또한 알 수 있다. 루틴은 몸의 생리 작용에 영향을 주고 호르몬 반응에 변화를 일으켜 힘과 에너지, 자신감, 창의력, 주의력, 기억력을 향상한다. 즉, 알맞은 루틴을 만들면 성과를 내는 조건을 만드는 데 그치지 않고 성과 자체를 끌어올릴 수 있다.

'스트레스+휴식=성장' 공식이 재능을 기르는 바탕이라면, 루틴과 환경은 그 재능을 온전히 발산하게 하는 디딤돌인 것이다.

7

CHAPTER

맥시멀리스트가 되기 위한
미니멀리스트 전략

명망 높은 메이오 클리닉의 의사이자 연구원인 마이클 조이너 박사는 인간이 내는 성과를 다루는 전문가이기도 하지만 본인도 성과를 내는 데 일가견이 있는 사람이다. 조이너는 성과를 주제로 350여 편의 글을 출판했고, 업적을 인정받아 여러 차례 상을 받았다. 최근에는 메이오 클리닉의 '탁월한 연구자'에 이름을 올렸으며, 유명한 풀브라이트재단Fullbright Scholar Program에서 연구 보조금을 받았다. 마취과 의사인 그는 연구도 열심이지만 정기적으로 환자를 보고, 셀 수 없이 많은 유망 학자들의 멘토 역할을 하며, '나만의 몬테소리 학교my own version of a Montessori school'라고 이름 붙인 공간을 개인적으로 운영한다. 또한《스포츠일러스트레이티드Sports Illustrated》잡지에 글을 기고하는데, 그가 쓴 글은 여러 비중 있는 다른 글에서 전문가의 의견으로 자주 인용된다. 그런데 여기서 끝이 아니다. 조이너(2017년 현재 58세)는 빠른 속도로 마라톤을 하던 시절이 있었고, 여전히 패기 넘치는 운동선수이다. 그리고 무엇보다 어린 아이들을 둔 가장이다.

그가 이렇게 많은 일을 할 수 있는 이유는 남다른 돌연변이 유전자 덕분에 끝없이 에너지를 낼 수 있어서도 아니고 하루에 12시간을 일해서도 아니다. 대신 그는 방해 요소를 최소화하고 일과 관계없는 활동을 하지 않을 뿐이다. 그렇다고 그가 자기 영역밖에 모르는 편협한 사람인 것도 아니다. 사실 그 반대다. "매일 한 시간에서 한 시간 반은 일과 관련 없는 책을 읽습니다. 새로운 아이디어를 떠올리는 데 도움이 되거든요." 그러나 조이너가 이렇게 폭넓은 독서를 하는 이유는 창의력이 연구에서 빼놓을 수 없는 부분이며 광범위하게 글을 읽으면 창의적인 생각과 연결될 수 있다는 걸 알기 때문이다. 그는 할 일에 꼭 필요한 것이 아니면 시간과 에너지를 들이지 않는다. 그리고 말한다. "맥시멀리스트가 되려면 미니멀리스트가 돼야 합니다." 미니멀리스트가 되라는 것은 편협하게 되거나 한 분야만 파고들어야 한다는 게 아니다. 지금까지 이야기했듯 뛰어난 성과를 내는 많은 사람은 관심사가 다양하며, 그런 것들이 합해지면 성

"맥시멀리스트가 되려면 미니멀리스트가 돼야 합니다."

공에 큰 힘이 된다. 그러나 삶에서 무의미한 것들을 파악하고 가지를 쳐 내기 위해 애쓰는 것도 분명히 필요하다. 시간은 모든 것 가운데 가장 귀한 자원이다. 그러니 시간을 쓸 때는 '의도'가 분명해야 한다.

조이너의 생활에는 이 철학이 고스란히 드러난다. 그는 일찍 일어난다. 4시 30분과 5시 사이에는 눈을 뜬다. 아내와 아이들이 일어나기 한참 전이다. 머릿속이 가장 맑고 방해가 전혀 없는 이 귀한 시간 동안 그는 하루 중 제일 급하고 중요한 일을 마무리한다. 가족들이 일어날 즈음이면 그도 쉴 준비가 된다. 이제부터는 가족과 함께하는 특별한 시간이 되는 것이다. 한 시간 뒤에는 출근을 하는데, 가방에 매일 같은 운동복과 업무복을 미리 챙겨 두었다가 그대로 들고 나간다. 그는 말했다. "무얼 입을지 생각하는 데 두뇌의 에너지를 쓰고 싶지 않습니다." 조이너는 사무실 근처에 있는 체육관까지 몇 마일을 자전거를 타고 간다. "여기 살기로 했을 때 여러 가지 이유가 있었어요. 오가는 데 시간을 버리기 싫었고, 교통 체증을 참는 데 힘을 쓰기 싫었거든요. 그래서 짧게 자전거를 타면 움직일 수 있는 곳을 골랐습니다. 그러면 또 좋은 점이, 체육관에 갈 수 없는 날은 자전거로 이동하면서 적어도 어느 정도는 몸을 움직일 수 있다는 겁니다."

조이너는 일터에서 편 가르기를 하거나 험담을 나누는 자리에는 끼지 않는다. 거의 매일 셀 수 없이 많은 세미나와 회의가 열리지만, 그런 자리에도 보통 가지 않는다. 집중해서 일하는 데 방해가 되기 때문이다. 저녁이 되어 집으로 돌아오면 최대한 일과 관련된 스위치는 내리고 중요하지 않은 활동은 좀처럼 하지 않는다. 일을 잘 해내는 비결을 그는 이렇게 말한다. "많은 일에 'No'라고 말할 줄 알아야 합니다. 그래야 'Yes'라고 말해야 할 때가 오면 온전히 에너지를 쏟아부을 수 있으니까요." 조이너도 거절이 쉽지 않다는 걸 안다. "뉴욕이나 보스턴, 워싱턴에 살 수도 있었습니다. 하지만 전 미네소타 로체스터에 마음이 갔어요. 저는 연구와 가족이 제일 중요합니다. 저한테 가장 중요한 것에 집중하기에 여기만큼 좋은 곳은 없습니다." 연구와 가족을 사랑하는 조이너는 지금 가장 행복하다.

조이너는 삶의 방해 요소를 없애고 '중요하지 않은' 결정으로 고민하지 않는 것을 중심으로 하루만이 아니라 삶 전체를 설계에 왔다. 그는 그렇게 해서 정말로 중요한 일에 쓸 에너지와 의지력을 비축한다. 다시 말해, 조이너가 그렇게 많은 것을 이뤄 내며 자기 분야에서 '맥시멀리스트'가 될 수 있는 비결은 그 외 거의 모든 면에서 그가 '미니멀리스트'라는 데 있다.

조이너의 철학과 삶의 방식이 익숙하게 들린다면, 그것이 3장에서 만났던 성과의 또 다른 최강자, 밥 코커 박사의 방식과 닮은꼴이기 때문일 것이다. 닥터 밥은 하루를 분 단위 시간대로 나누고 각 시간대에 분명한 목적이 들어가게 한다. 조이너처럼 닥터 밥도 분명한 의도에 따라 무엇을 하고 무엇을 하지 않으며, 어디에 에너지를 들이고 어디에 들이지 않을지를 결정한다. 우리가 곧 만나게 될 에밀 알자모라Emil Alzamora는 인정받는 조각가이다. 그는 자신의 집 뒤뜰에 '케이브cave(동굴)'라는 이름의 작업실을 마련했다. 자신과 자신이 하는 예술 사이의 거리를 최대한 가깝게 하기 위해서다. 알자모라와 닥터 밥, 조이너를 비롯해 뛰어난 성과를 내는 많은 사람의 공통점은 시간과 에너지에 대한 의도가 분명하다는 점이다. 성과의 강자들은 에너지를 집중할 대상을 선택하고, 그것을 방해할 만한 다른 것에는 에너지를 뺏기지 않는다. 그들은 오늘 입을 셔츠를 결정하는 것 같은 사소한 일에도 에너지가 소모된다는 것을 안다.

저커버그는 옷을 고르지 않는다

다음에 컴퓨터 앞에 앉게 되면 잠깐 구글에 들어가 페이스북의 설립자이자 CEO인 '마크 저커버그'로 이미지 검색을 해 보자(지금쯤이면 이 시점에서 스마트폰을 집어 드는 건 좋지 않다는 걸 알겠지만, 필요하다면 스마트폰을 써도 좋다). 희한하게도 검색 결과로 나타난 사진들에 비슷한 점이 있다는 걸 눈치챌 것이다. 드물게 꼭 필요한 경우가 아니라면 저커버그는 대부분 같은 옷을 입는다. 청바지에 회색 티셔츠, 후드티를 벗어나는 일이 거의 없다. 마치 그가 실리콘밸리를 향해 편안한 옷차림을 하자며 패션 성명이라도 내는 것 같겠지만 (결과적으로 그렇게 된 면이 없지 않지만), 그렇지 않다. 그의 옷장이 단조로운 이유는 생산성을 올리고 성과를 강화하기 위한 노력의 일

환이다.

2014년 말, 저커버그가 처음으로 대중 앞에서 질문을 받던 자리에서 가장 이목이 쏠린 질문은, '왜 항상 똑같은 티셔츠만 입으시나요?'였다.

저커버그는 이렇게 답했다. "생활의 군더더기를 없애고 싶어섭니다. 사회에 가장 보탬이 될 방법 외에 다른 결정은 최소한으로 줄일 수 있게 말이죠." 그러고는 똑같은 티셔츠만 입는 게 아니라 '똑같은 셔츠가 여러 벌'이라며 질문의 말을 정정했다. 그리고 옷을 고르는 것 같은 사소한 결정도 전부 합하면 정말 피곤한 일이 된다고 덧붙였다. 또 그는 말했다. "전 지금 정말 운 좋은 위치에 있습니다. 매일 아침 일어나서 10억이 넘는 사람들을 위해 일합니다. 그런데 생활 속 시시하고 하찮은 일에 조금이라도 에너지를 쓴다면 할 일을 하지 않는 듯한 기분이 듭니다."

옷장 속을 단순화한 천재는 그가 처음이 아니다. 잘 알려져 있듯, 알베르트 아인슈타인도 저커버그처럼 옷장에 '회색 정장'만 가득했다고 한다. 스티브 잡스는 대부분 검은색 모크 터틀넥mock turtleneck(목 부분을 접지 않는 터틀넥—옮긴이)에 청바지만 입었고, 여기에 뉴밸런스 운동화를 신었다. 버락 오바마 전 대통령은 잡지《베니티페어Vanity Fair》와의 인터뷰에서 이렇게 말했다. "앞으로 제가 회색이나 청색 계열의 똑같은 정장만 입는 것을 보게 되실 겁니다. 결정할 일을 줄이려는 중이거든요. 무얼 먹고 무얼 입을지에 관한 결정은 안 하고 싶습니다. 그게 아니라도 결정할 건 너무 많으니까요." 탁월한 성과를 내는 사람들 가운데 생활 속 사소한 결정을 덮기로 한 이들은 그 밖에도 얼마든지 있다. 그런데 파란색을 입을지 빨간색을 입을지, 켈로그를 먹을지 포스트를 먹을지를 고르는 것 같은 단순한 일이 정말로 성과에 영향을 미칠까?

두뇌는 근육과 같다고 했던 말을 기억하는가? 우리는 1장에서 심리학자 로이 바우마이스터 박사가 개척한 이론을 이야기했다. 이 이론에서는 마음의 에너지는 한정돼 있어서 하루 동안 사용한 만큼 줄어든다고 했다.* 처음에 바우마이스터가 이 이론을 연구할 때 주로 집중했던 주제는 '자제력'이었다. 박사는 오전에 유혹을 밀어내고 나면 저녁 무렵에는 더 쉽게 유혹에 굴복하는 이유를 알고자 했다. 그러나 곧 과학자들은 유혹을 이기는 것만큼 사람을 지치게 하는 일이 무언가를 결정하는 것임을 알게 되었다.

판사들은 눈앞에 놓인 증거만으로 공정한 결정을 내려야 한다. 우리는 그들이 잡음과 편견을 최대한 걷어 내고 '진공' 속에서 각 사건을 판단하는 데 능숙하리라 생각한다. 그런데 연구에 따르면 판사들은 앞서 얼마나 많은 판결을 내렸는가에 따라 판결을 다르게 한다고 하니 놀라운 일이다. 가령 한 연구에서는 판사들이 하루를 시작할 무렵에는 한 시간에 65퍼센트의 수감자에게 가석방을 판결했는데, 하루가 끝나갈 무렵에는 그 비율이 0퍼센트에 가깝게

---

* 의지력을 '회복'하는 가장 좋은 방법 한 가지는 해야 할 일을 잠시 놓고 쉬는 것이다. 보통 아침에 일어났을 때 의지력이 가장 왕성한 이유도 그래서이다. 대부분 사람에게 잠은 가장 긴 휴식이다.

떨어졌다는 결과가 나왔다. 판사들은 '결정 피로'를 이기지 못한 것이었다. 판사들은 판결의 횟수가 누적되면서 정신적으로 피로해졌고, 그래서 사건에 대해 비판적으로 사고한 에너지가 남아 있지 않았다. 그래서 '가석방 불가'라는 더 쉬운 기본값을 선택했던 것이다.

비판적 사고에 능하다고 존경받지만 결정 피로로 괴로워하는 전문가는 판사들만이 아니다. 최근에는 의사들도 하루가 가면서 중대한 처방 실수가 잦아진다는 연구가 있었다. 이 연구를 이끈 제프리 린더Jeffrey Linder 박사는 《뉴욕타임스》와의 인터뷰에서 이렇게 말했다. "여기서 합리적으로 생각할 수 있는 점은 의사도 사람이므로 진료 시간이 막바지로 갈수록 피로를 느끼고 판단력이 흐려진다는 사실입니다."

당연히 가석방 여부를 판단하고 환자를 진찰할 때는 옷 색깔을 결정할 때보다 더 깊은 사고력이 필요할 것이다. 그러나 아무리 사소한 일을 결정할 때도 에너지는 들어간다. 많은 실험에서는 여러 잡다한 선택지(티셔츠의 색깔, 향초의 종류, 샴푸의 브랜드, 사탕의 종류, 양말의 종류 등) 중에서 하나를 선택해야 했을 때 선택지가 하나뿐일 때보다 체력, 끈기, 문제 해결 등 모든 영역에서 수행력이 떨어졌다. 또한, 여러 선택지를 놓고 고민한 참가자들은 실험이 끝난 뒤 생활의 다른 영역에서도 무언가를 하려면 시간이 더 오래 걸렸다. 이러한 실험에 관여한 연구자들은 아무리 단순한 일이라도 '결정하는 횟수가 많아지면 사람을 지치게' 하며, 다음에 할 일의 결과에 지장을 준다고 결론 내렸다.

아무리 사소해 보이는 일이라도 우리가 고민을 결정할 때, 뇌는 결정에 뒤따를 여러 시나리오를 처리하고 모든 선택지를 가늠한다. 그러므로 결정할 일이 늘면 뇌가 처리할 양도 느는 것이다. 그러면 몸의 근육과 마찬가지로 마음의 근육도 피로를 느낀다.* 결정은 하루를 피곤하게 할 뿐 아니라 예리한 사고력을 유지하는 데도 방해가 된다. 그저 오늘 신을 양말을 고르는 것뿐이지만 그러려면 뇌는 깊이 파고들던 생각을 중단해야 한다(생각이 꼬리에 꼬리를 물고 이어지며 잠재의식이 가동되던 중이었다면, 의식적인 사고로 모드를 전환해야 한다).

에너지는 한정돼 있음을 기억하고 정말 중요한 일에만 에너지를 써야 한다.

그렇다고 '자동 항법 장치'를 단 것처럼 아무 결정도 하지 않고 살아야 한다는 뜻은 아니다. 대신 에너지는 한정돼 있음을 기억하고 정말 중요한 일에만 에너지를 써야 한다. 물론, 정말 중요하다고 생각하는 일이 많아질수록 그 하나하나에는 들어갈 에너지는 줄어들 수밖에 없다. 맥시멀리스트가 되는 유일한 길은 미니멀리스트가 되는 것뿐

* 마음 근육, 즉 두뇌 근육은 비판적인 사고만이 아니라 자제력도 담당한다. 즉, 물리적인 성격의 일(육상이나 근력 운동 같은)을 하더라도 능력의 최대치까지 자신을 밀어붙이는 힘(자제력을 발휘하기 가장 어려운 부분 중 하나)은 앞서 무언가를 결정했는가(혹은 결정하지 않았는가)에 따라 달라질 수 있다. 다시 말해, 무슨 일을 하든지 결정할 상황을 줄이면 더 좋은 성과를 낼 수 있다. 그래서 코치들은 경기 당일에 선수들이 아무 생각 없이 경기를 치를 수 있도록 갖은 애를 쓰곤 한다.

퍼포먼스 가이드

- 맥시멀리스트가 되기 위해 미니멀리스트가 된다.
- 보통 하루 동안 결정하는 일들을 생각해 본다.
- 그중에서 중요하지 않은 것들을 파악한다.
- 중요하지 않은 결정은 최대한 자동으로 이뤄지게 한다. 그 대표적인 예는 다음과 같다.

  ⊘ 옷

  ⊘ 식사 메뉴

  ⊘ 매일 하는 활동의 시간대(예: 언제 할지를 고민하지 않기 위해 매일 같은 시간에 운동을 한다)

  ⊘ 사교 및 친목 모임 참석 여부(이런 모임에 꼭 가야 할 필요는 없다. 특히 성과의 최강자 중에는 업무와 관련된 중요한 기간에 이런 제안이 있을 때 거절하는 것을 철칙으로 삼는 이들이 많다)

- 결정할 일을 최소한으로 줄인다. 험담과 편 가르기, 다른 사람의 판단을 걱정하는 일에는 두뇌의 에너지를 쓰지 않는다(물론, 공식적으로 다른 사람에게서 표를 받아야 하는 상황이라면 이런 일이 제일 중요하다).
- 일상적인 결정을 돌아보고, 인생의 더 큰 결정(예: 어디에 집을 마련할 것인가)이 2차, 3차적으로(출퇴근 시간, 경제적인 부담 등) 생활에 미칠 영향도 생각해 본다.

이다.

미니멀리스트가 되는 열쇠는 목적의 중심에서 벗어난 것들을 루틴으로 만드는 것이다. 결정이 자동으로 이뤄지면 의식적인 사고 및 그와 관련된 두뇌 활동은 건너뛸 수 있다. 맞닥뜨린 상황(예: 옷을 입어야 한다)에 에너지를 낭비하지 않고 바로 행동(예: 항상 입는 그 셔츠를 입는다)으로 넘어갈 수 있는 것이다. 어떻게 보면 이것은 중요한 일을 위해 두뇌 근육을 아끼고 피로를 속이는 일이다. 자동으로 결정되는 일이 많아질수록 중요하게 생각하는 일에 쏟을 에너지를 더 많이 확보할 수 있다. 즉, 맥시멀리스트가 되기 위한 미니멀리스트 전략을 적용할 때의 핵심은 정말 중요한 일, 진정으로 에너지를 쏟을 가치가 있는 일을 파악하고 그 외 나머지 것에는 최소한만 에너지를 들이는 것이다.

나만의 황금 시간대를 찾아라

최적의 하루를 계획하는 첫 번째 단계가 '무엇'을 할지(더 중요하게는 무엇을 안 할지)를 결정하는 것이라면, 두 번째 단계는 '언제' 할지를 결정하는 것이다. 《리추얼》의 저자 메이슨 커리Mason Currey는 지금까지 세상에 나온 가장 위대한 예술가와 작가, 음악가, 사상가 50여 명의 일반적인 하루를 구체적으로 정리한 바 있다. 그들 대부분이 미니멀리스트였고, 모두가 엄격한 루틴을 고수하며 생활했다는 사실은 이제 놀랍지 않다. 그러나 루틴 자체, 즉 성과의 최강자들이 각자의 하루를 설계하는 방식은 천차만별이었다. 특히 일이 제일 잘 되는 '시간'은 저마다 달랐다. 모차르트처럼 한밤중에 잘 되는 사람이 있는가 하면, 베토벤처럼 새벽에 가장 생산적인 사람도 있었다. 요점은 뛰어난 성과를 내는 사람들은 대부분 일이 잘 되는 시간이나 생산성이 제일 좋은 시간이 따로 있다는 것이 '아니다'. 여기서 중요한 것은 이들은 각자 가장 머리가 맑고 집중이 잘 되는 시간대를 파악하고 거기에 맞춰 하루를 설계했다는 점이다. 각자 자기한테 맞는 크로노타입을 가장 적절히 이용한 것이다. 크로노타입이란, 사람들이 각자 24시간 동안 경험하는 에너지의 독특한 흐름을 가리키는 과학적 용어이다.

과학자들은 아침에 가장 정신이 맑은 사람을 가리켜 '종달새형'이라고 하고, 저녁에 가장 정신이 맑은 사람을 가리켜 '올빼미형'이라고 한다. 많은 연구에 따르면, 이런 구분은 현실에서도 잘 들어맞는다. 신체적인 일이든 지적인 일이든, 사람들은 대부분 하루 중 이른 시간대(종달새형)나 늦은 시간대(올빼미형) 중 한 시간대에 일을 더 잘하는 경향이 있다. 이런 차이가 생기는 근본적인 원인은 우리 몸의 생체 리듬이 각자 다르기 때문이다. 몸에는 에너지 및 집중력과 관련된 다양한 호르몬이 있는데 사람마다 이런 호르몬이 나오는 시간대가 다르고, 체온이 오르고 내리는 시간대도 다르다. 활력을 주는 호르몬이 오전에 많이 나오는 사람도 있고 오후나 저녁 늦게 나오는 사람도 있다.

나의 크로노타입 알아보기

영국 러프버러대학교 수면 연구소에서 만든 질문을 바탕으로 나의 크로노타입을 알아보자. 전체 질문지를 이용하는 방법을 알아보려면 이 책의 참고 문헌을 살펴본다. 그러나 다음 세 가지 질문에만 답해 보아도 자신이 종달새형과 올빼미형 중 어느 쪽인지 대략 알 수 있을 것이다.

1. 저녁에 아무 계획이 없고 이튿날 아침에 해야 할 일도 없다면 몇 시에 자겠는가?
2. 2시간 동안 육체적으로 힘든 일을 해야 한다. 하루를 자유롭게 계획할 수 있다면, 이 일을 언제 하겠는가?
3. 2시간 동안 매우 어려운 시험을 봐야 한다. 하루를 자유롭게 계획할 수 있다면, 이 일을 언제 하겠는가?

위 질문들도 유용하지만, 나에게 가장 잘 맞는 일정을 이해하는 가장 좋은 방법은 내 몸에 귀 기울이는 것이다. 앞으로 이틀 동안 몸에서 에너지가 가장 높게 느껴지는 때는 언제고 집중력이 떨어지고 일이 힘들어지면서 마치 머릿속에 안개가 낀 듯할 때는 언제인지 잘 살펴보자. 보통은 이틀 정도 관찰하면 크로노타입에 대한 실마리를 얻을 수 있다. 그러나 여러 달 동안 커피와 설탕을 쏟아부으며 피로와 싸워 왔다면 크로노타입이 흔들린 상태일 수 있다. 그러므로 크로노타입을 파악하는 황금 법칙은 하루 중 어느 때에도 알람을 맞추거나 억지로 피로를 풀지 않고 일주일을 지내 보는 것이다. 그러면 가장 정확하게 크로노타입을 이해할 수 있을 뿐 아니라 생체 리듬이 '초기화'되면서 몸이 본래 리듬을 되찾을 수 있을 것이다.

내가 가장 효율적으로 일할 수 있는 시간대를 알아보려면 비싼 혈액 검사를 받을 수도 있겠지만, 거기에 시간과 돈을 들이는 대신 간단히 몇 가지 질문에 답해 볼 수도 있다. 우리가 이 책을 쓰면서 이야기 나눈 성과의 최강자들은 모두 일이 잘되는 시간대가 따로 있다고 했는데, 소수의 올림픽 스타들을 제외하고는 혈액 검사로 그런 시간대를 파악하지는 않는다고 했다. 그들은 그저 자기 자신을 찬찬히 들여다볼 뿐이었다.

한편, 깊이 집중해야 하는 일은 '황금 시간대'(종달새형은 아침, 올빼미형은 저녁)에 할 때 효과적이지만 창의력이 필요한 일은 그 반대로 할 때 더 효과적이다. 4장에서 이야기했듯 창의력을 발휘하려면 일에서 한 걸음 물러나 의식적인 생각에서 벗어나야 할 때가 많다. 그럴 때 우리는 잠재의식에서 비롯되는 창의력을 발산할 수 있다(휴지 상태 네트워크가 가동되게 할 수 있다). 기민한 사고가 가능해지고 집중력이 높아지는 황금 시간대에는 두뇌에서 의식적인 부분이 전면으로 나온다. 그러나 황금 시간대를 벗어나면 피로를 느끼고 집중력을 유지하기가 어려워지는데, 창의력을 빛내기에는 이때가 더적기다. 그렇다면 창의적으로 생각해야 하는 일을 할 때 종달새형은 저녁에, 올빼미형은 아침에 더 잘한다는 연구 결과는 당연한 이치인지 모른다.

우리(스티브와 브래드)는 이 책을 쓰면서 우리가 종달새형이라는 사실을 깨닫고 이 크로노타입에 따라 글 쓰는 시간을 계획했다. 아침에는 글을 수정하고 다듬었으며(깊이 집중해야 하는 작업), 오후에는 새로운 아이디어를 발전시키고 글의 다음 부분을 쓰기 시작했다(창의적인 작업). 그러자 일이 편안하게 돌아갔다. 오후에는 자유롭게 창의적인 작업을 하고, 다음 날 아침이면 그것을 정교하게 다듬었다.

성과의 최강자들은 몸의 자연스러운 리듬과 싸우지 않는다. 대신, 그 리듬을 잘 이용한다. 깊이 집중해야 하는 어렵고 까다로운 일(운동선수에게는 가장 힘든 훈련)이 있다면, 그들은 의도적으로 가장 정신이 맑은 시간대에 그 일을 계획한다. 이 시간대가 어떤 사람에게는 이른 아침일 수 있고, 또 어떤 사람에게는 늦은 밤일 수 있다. 그리고 리듬이 바뀌어 집중력이 떨어지는 시간대에는 일에 꼭 필요하지만 조금 덜 집중해도 되는 것을 주로 한다. 이메일에 답장하기, 생산적이지는 않지만 꼭 해야 할 모임 잡기, 기본적인 집안일 등이 여기에 해당한다. 마지막으로, 집중력이 심각하게 떨어지기 시작한다면 그때는 '억지로' 일을 계속하는 대신 두뇌의 긴장을 풀고 몸을 회복한다. 그럴 때 '아하'와 '유레카'를 외치는 통찰의 순간

퍼포먼스 가이드

- 앞 장에 수록된 질문지와 제안을 사용해서 나의 크로노타입을 찾는다.
- 내 크로노타입에 따라 하루를 설계한다. 활동을 계획할 때는 그 시간에 대한 의도가 분명해야 한다. 몸의 에너지 수준에 맞게 일의 난이도를 고려하여 계획한다.
  - ⊘ 머리가 가장 맑은 시간대는 가장 중요한 일을 위해 남겨 둔다.
  - ⊘ 난도가 높지 않은 일은 집중이 덜 되는 시간대로 잡는다.
  - ⊘ 피로와 싸우지 않는다. 피로가 느껴지면 회복에 집중하고, 다음 주기에 에너지와 집중력이 올라갈 때 실행할 창의적인 아이디어를 모은다.
- 크로노타입에 맞게 일한다. 그러면 성과를 최대로 끌어올리는 데만이 아니라 스트레스와 휴식 사이에서 적당한 균형을 잡는 데도 도움이 된다.

이 일어나곤 한다. 다시 말해, 성과의 최강자들은 자기만의 크로노타입을 잘 알며, 달라지는 에너지 수준에 맞춰 활동을 계획하기 위해 최대한 여건을 만든다. 그들처럼, 당신도 할 수 있다!

스마트한 관계를 맺는 방법

2010년, 미국 공군사관학교에서는 사관학교 생활 중에 체력이 좋아지는 생도가 있고 그렇지 않은 생도가 있는 이유를 고민하기 시작했다. 이에 국민경제연구소 National Bureau of Economic Research 는 사관생도 한 그룹을 4년 동안 추적해 보기로 했다. 그 결과 개인별로 보면 체력이 좋아진 생도도 있고 나빠진 생도도 있었지만, 중대별로 보면 그 차이가 나타나지 않는다는 사실이 밝혀졌다. 중대는 30명의 생도로 이뤄진 그룹으로, 각 생도는 1학년이 시작되기 전에 무작위로 중대가 정해진다. 생도들은 사관학교에서 지내는 동안 대부분 중대 내 동료들과 함께 지낸다. 중대는 제2의 가족인 셈이다. 같은 중대의 생도들은 식사, 수면, 학습, 운동 시간을 함께 보낸다. 그런데 모든 중대가 똑같은 방식으로 훈련하고 회복하는데도, 4년 동안 어떤 중대는 체력이 크게 증진됐지만 어떤 중대는 그렇지 못했다.

중대에 속한 30명 생도의 발전에 결정적인 영향을 미치는 요인은 중대에서 가장 체력이 떨어지는 사람의 '동기 motivation'인 것으로 드러났다. 이 생도에게 발전하고자 하는 동기가 생기면 그 열정이 확산되면서 모든 생도가 같이 발전했다. 반면, 체력이 제일 떨어지는 사람이 무기력하거나 심지어 부정적이라면 그 사람이 나머지 사람들을 전부 끌어내렸다. 유대가 강한 그룹

유대가 강한 그룹에서 질병이 쉽게 전염되는 것과 같은 원리다. 동기도 전염력이 꽤 강하다.

에서 질병이 쉽게 전염되는 것과 같은 원리다. 동기도 전염력이 꽤 강하다.

　사람은 타인을 지켜보는 것 같은 단순한 일만으로도 동기에 영향을 받을 수 있다. 로체스터대학교에서는 이 주제로 실험을 하면서, 참가자를 두 그룹으로 나누고 각각 영상을 보여 주었다. 각 영상에 나온 사람들은 자신이 게임을 하는 이유를 내적인 동기(내적인 이유와 목적 등)와 외적인 동기(인정, 보상 등) 중 하나로 이야기했다. 내적인 동기를 이유로 든 사람들이 나오는 영상을 본 그룹은 자신들도 내적인 동기를 더 강하게 느낀다고 했다. 그것만이 아니었다. 연구진이 참가자들만 남겨 두고 자리를 뜨자, 내적인 동기를 가진 사람들의 영상을 본 참가자들은 영상에서 봤던 게임을 (자발적으로) 하기 시작했다. 그러나 외적인 동기에 관한 영상을 본 참가자들에게서는 그런 일이 일어나지 않았다. 여기서 가장 재미있는 점은 실험 전에는 내적인 동기가 강했든지 외적인 동기가 강했든지와 관계없이 자신이 본 영상에 따라 다른 식으로 동기를 느꼈다는 사실이다. 영상의 효과는 강력했다. 마치 주변 사람들의 행동에 따라 내 행동이 바뀌는 것과 같은 원리다.

　동기는 전염되는 감정으로만 그치지 않는다. 연구에 따르면, 다른 사람이 (웃거나 찡그리며) 행복해하거나 슬퍼하는 모습을 보면 뇌에서는 그런 감정과 관련된 신경망이 활발해진다고 한다. 통증도 마찬가지다. 다른 사람이 아파하는 모습을 보는 것만으로 뇌에서는 통증과 관련된 신경 반응이 일어난다. 그래서 우리는 슬픈 영화를 보면 눈물이 나고, 기분 좋은 친구들과 같이 있으면 힘이 나며, 통증을 느끼는 사람을 보면 몸을 움찔하게 되는 것이다. 스탠퍼드대학교의 심리학자 에마 세팔라Emma Seppälä 박사는 말했다. "우리는 공감 능력을 타고납니다."

사람은 공감 능력을 타고나기도 하지만, 어떤 감정은 사회적인 전염성이 있어서 특정 행동과 태도를 유발한다는 강력한 증거가 있다. 여러 연구에 따르면, 친구가 비만이 되면 내가 비만이 될 확률은 57퍼센트였다. 또 친구가 담배를 끊으면 내가 담배를 끊을 확률은 36퍼센트였다. 이러한 사회적 영향은 2차, 3차적으로 연결된 관계에서도 놀라울 만큼 강하게 영향을 미쳤다. 친구의 친구가 비만이 되면 내가 비만이 될 확률은 20퍼센트였고, 깊이 알지 못하는 지인이 흡연을 시작하면 내가 흡연을 시작하게 될 확률은 11퍼센트였다. 다시 말해, 우리는 누구와 사회적 관계를 맺느냐에 따라 행동이 크게 달라질 수 있다. 무엇을 언제 할지도 중요하지만, 누구와 함께할지도 중요한 문제다.

그리스 제국의 절정기에 플라톤은 말했다. '한 나라에서 존경받는 무언가가 있다면 그것은 그 나라가 잘 길러 낸 산물일 것이다What is honored in a country will be cultivated there.' 팀이나 사회적 관계에서도 마찬가지다. 스포츠팀이 연승을 기록했다면, 그 팀의 선수들이 쓰는 탈의실에서 마법 같은 '케미chemistry'가 흘러나오더라는 이야기가 어김없이 회자되곤 한다. 그런 팀이 승리하는 이유는 재능이 출중한 선수들만 모아 놨기 때문이 아니라, 선수들이 최상의 조합을 이뤘기 때문인 경우가 많다. 스포츠계에서만 그런 것은 아니다. 경영 전문가 피터 드러커는 말했다. '아무리 좋은 전략도 결국 문화에 먹히기 마련이다Culture eats strategy for breakfast.'(플라톤과 피터 드러커의 인용구는 환경이 사람에게 미치는 영향을 강조하는 의미로 썼다—옮긴이)

항상 팀으로 일하는 건 아니지만, 어떤 사람들 속에 있는가는 어디서나 중요하다. 매일 같이 상호 작용하고, 어려울 때 의지하며, 업무 공간

> 서로 지지하고 동기를 부여하며 도전할 만한 상황을 만들어 가는 사람들에 둘러싸여 있다면 혼자 할 수 있는 것보다 더 높은 수준을 달성할 수 있다.

을 공유하는 각각의 사람들은 모두 우리의 감정과 성과에 지대한 영향을 미친다. 나를 둘러싼 사람들과 계속 생각이 어긋난다면, 앞서 나왔던 공군사관학교 생도들처럼 전체가 무너지는 건 시간문제다.* 반면, 서로 지지하고 동기를 부여하며 도전할 만한 상황을 만들어 가는 사람들에 둘러싸여 있다면 혼자 할 수 있는 것보다 더 높은 수준을 달성할 수 있다. 올림픽 사이클 선수 메건 가르니에는

---

* 무관심과 부정적인 자세는 상황이 어려울 때 특히 위험하다. 무관심하고 부정적인 동료는 누군가는 우려했을 법한 문제를 현실로 만들고 더 어렵게 키우기도 한다.

퍼포먼스 가이드

- 나를 둘러싼 사람들이 나에게 미치는 영향력이 지대하다는 사실을 명심한다.
- 긍정적인 에너지, 동기, 추진력은 모두 전염성을 띤다. 나를 지지해 주는 사람들로 이뤄진 나만의 '마을'을 만들고 좋은 결과로 이어지는 환경에 머무를 수 있도록 적극적으로 노력한다.
- 긍정적인 태도를 보이고 의욕적으로 행동하면 나만이 아니라 내 삶의 모든 사람에게 도움이 된다는 사실을 기억한다.
- 안타깝지만, 부정적이고 비관적인 마음도 전염이 된다. 어느 쪽도 보고만 있으면 안 된다. 전체 사슬의 강도는 가장 약한 고리의 강도가 좌우한다.

말했다. "나와 잘 맞는 사람들, 그리고 나를 전폭적으로 지지해 줄 수 있는 사람들과 '마을'을 만들어야 해요. 그렇게 하는 게 제일 중요하죠. 그게 전부니까요."

행동은 태도를 만든다

성과의 최강자들은 하루를 선략직으로 설계하고, 맥시멀리스트가 되기 위해 미니멀리스트가 되며, 크로노타입에 따라 일하고, 자신을 지지해 주고 마음이 맞는 사람들과 함께 일한다. 그러나 완벽한 하루를 설계한다 해도 실행하지 않으면 무용지물이다. 작가 제임스 클리어는 이렇게 썼다. '무슨 일에서든 가장 훌륭한 기술 한 가지는 바로 일을 하는 것이다. 쉬운 일, 나를 돋보이게 하는 일을 골라서 하라는 뜻이 아니다. 해야 한다는 느낌이 드는 시점을 찾아서 하라는 뜻도 아니다. 무엇이 됐든 그저 그 일을 하는 것이 최선이다.'

> 성과의 최강자는 꾸준히 잘하는 사람이 아니라 꾸준히 하는 것을 잘하는 사람이다.

성과의 최강자는 꾸준히 잘하는 사람이 아니라 꾸준히 하는 것을 잘하는 사람이다. 그들은 하루도 빠짐없이 자리로 가서 일을 한다. 여러 사회과학자들은 행동이 태도를 낳을 때가 많다고 이야기한다. 뛰어난 성과를 내는 사람들은 이 점을 이해하고, 일하기로 한 날에는 적어도 빠짐없이 일을 시작하려고 노력한다.

인정받는 작가 무라카미 하루키는 소설의 초안을 쓸 때면 하루를 꼼꼼하게 설계하고 엄격한 루틴대로 생활한다. 그러나 그는 루틴은 그저 가장 중요한 단계인 '실행'을 뒷받침하기 위해 존재할 뿐이라고 말한다. 하루키는 실행이 쉽지 않다는 걸 누구보다 잘 아는 사람이다.

'소설 쓰는 모드일 때는 새벽 4시에 일어나서 5~6시간 동안 일을 합니다. 오후에는 4킬로미터를 달리거나 1500미터 거리만큼 수영을 하죠(둘 다 할 때도 있고요). 그런 다음에는 잠깐 글을 읽고 음악도 좀 듣습니다. 밤 9시면 잠을 잡니다. 하루도 빠짐없이 정확하게 이 루틴을 따릅니다. 중요한 건 반복이에요. 반복은 최면 같은 겁니다. 마음 깊은 곳에 닿기 위해 저한테 최면을 거는 거죠. 하지만 이런 날들을 길게(1년에 6개월) 반복하려면 상당한 정신력과 체력이 필요합니다. 그래서 소설을 쓰는 것은 생존 훈련과 같다고 할 수 있어요. 예술적인 민감성만큼 중요한 건 체력입니다.'

생각해 보면, 우리가 이번 장에서 이야기한 모든 것은 가장 잘할 수 있는 상태에서 일을 실행하고자 할 때 유용한 도구들에 해당했다. 어느 분야에서든지 세계 정상을 달리는 사람들의 진짜 비결은 자기만의 일상 루틴이 있다는 것이 아니라 그 루틴을 고수한다는 것일지 모른다. 몸과 마음이 말을 듣지 않을 때조차 계획을 실행하는 힘이 그런 성과의 비결일 것이다. 사람들은 그 비결을 '추진력' '열정', 그리고 '그릿'이라는 말로 부른다.

세계 정상을 달리는 사람들의 진짜 비결은 자기만의 일상 루틴이 있다는 것이 아니라 그 루틴을 고수한다는 것일지 모른다.

어떤 이름이든지, 그것은 내면 깊은 곳에서 나와야 한다. 그러나 재미있는 역설이 있다. 내면 깊은 데서 나온 이 힘이 사실은 '외부'의 무언가에 뿌리를 둔 경우가 많다는 사실이다. 상황이 어려워질 때, 성과의 최강자들은 자기 자신을 위해 일하지 않는다. 그럴 때 그들의 머릿속에는 자기보다 큰 존재가 있다. 사실, 그들은 '자아'라는 개념을 완전히 넘어선다. 이제 그 이야기로 넘어가 보자.

Part 3

한계 너머의
나를 만나는 시간

CHAPTER

내면의 목소리에
귀 기울이기

"세상에! 여보! 여보! 봤어요?" 톰 보일Tom Boyle은 겁에 질린 아내의 목소리가 들리기 무섭게 아주 심각한 일이 생겼음을 알아차렸다.

자전거로 애리조나 투손Tucson의 교외를 달리던 열여덟 살 카일 홀트러스트Kyle Holtrust가 방금 보일 부부의 눈앞에서 카마로(셰보레의 소형 스포츠카—옮긴이)와 정면으로 부딪친 터였다. 보일은 충돌 지점으로 달려갔다. 자동차의 앞바퀴 두 개가 지면에서 살짝 들려 있었다. 아직 상황을 다 파악하지 못했는데 비명이 들렸다. "살려 주세요! 살려 주세요! 너무 아파요! 꺼내 주세요!" 홀트러스트는 살아는 있었지만 온몸을 짓누르는 자동차에 깔려 옴짝달싹 못하고 있었다.

보일은 생각할 겨를도 없이 카마로를 앞쪽 끝에서 들어 올리기 시작했다. 홀트러스트는 계속 비명을 질렀다. "조금만 더요, 조금만 더!" 보일은 차를 더 들어 올리기 시작했다. 몇 시간은 흐른 것 같다는 생각이 들던 차, 홀트러스트가 밭은 숨을 내쉬며 말했다. "됐어요. 다 들렸어요. 그런데 몸이 안 움직여요. 다리가 말을 안 들어요. 꺼내 주세요. 제발요!"

하지만 보일은 도리가 없었다. 3700파운드(약 1.7톤)나 되는 뜨거운 쇳덩이를 땅에서 들어 올린 채 버티는 참이라 손이 모자랐다. 보일은 카마로를 두 손으로 받치고 서서, 홀트러스트를 친 운전자를 향해 와서 도와 달라고 소리쳤다. 운전자는 도롯가에 서서 멍하게 이쪽을 바라보고 있었다. 보일은 《애리조나데일리스타Arizona Daily Star》와의 인터뷰에서 말했다. "네댓 번을 부르니 그제야 운전자가 다가와서 차 밑에서 홀트러스트를 끌어당기더군요. 충격을 받은 것 같았어요. 영 믿지 못하는 얼굴이었죠."

마침내 차 밑에서 나온 홀트러스트는 몸은 만신창이였지만 의식도 있고 숨도 쉬었다. 몇 분 뒤 구급차가 도착했고 그는 곧 가까운 병원으로 이송됐다. 병원에 도착해서는 머리와 다리에 생긴 심각한 상처를 치료받았다. 몇 달간 재활을 거쳐야 했지만 홀트러스트는 무사히 살아남았다. 어느 모로 보나 기적이었다.

보일은 데드리프트 세계 기록(1110파운드, 카마로는 3700파운드)의 세 배나 되는 무게를 들어 올렸지만 올림픽을 꿈꾸며 훈련을 시작하려는 역도 선수가 아니었다. 그는 이튿날 아무 일도 없었다는 듯 페인트 가게 관리자로 돌아갔다. 괴력의 헐크로 변신하여 영웅 같은 모습을 보여 준 순간도 있었지만, 일상으로 돌아가면 그는 평범한 사람이었다.

이 이야기만도 놀라운데, 이런 일을 겪은 사람은 보일만이 아니다. 이렇게 믿기 어려울 정도의 힘이 발휘되는 상황이 심심찮게 나타나자 과학계에서도 보일처럼 사람의 능력과 이성을 벗어난 힘을 내는 것이 현실적으로 가능한 일임을 인식하게 됐다. 클리블랜드 병원 신경외과 집중치료시설ICU에서 근무하는 J. 하비에르 프로벤시오Javier Provencio 박사에 따르면, 일반적인 상황에서는 한계가 다가오면 마음이 미리 몸을 걸어 잠근다. 그리고 이때 공포, 피로, 고통이 방어 기제로 작동한다. 이런 감정은 몸이 우리에게 전하는 메시지로, 감당할 수 없이 힘든 일을 계속하면 몸이 무너지거나 상할 가능성이 크다는 뜻이 담겨 있다. 그러면 우리는 일을 멈춘다. 그러나 누군가의 생사가 달렸을 때처럼 일반적이지 않은 상황에서는 방어의 메시지를 무시할 힘이 생긴다. 더는 공포와 피로, 고통이 느껴지지 않는 상태가 되는 것이다. 그 결과, 우리는 실제 한계치에 가깝게(카마로를 들어 올리는 등) 자신을 밀어붙인다. 누군가 평범한 일요일 오후에 보일에게 카마로를 좀 들어 올려 달라고 했다면 분명 보일은 시도조차 안 하고 웃어넘겼을 것이다. 수천 달러를 준다 해도 하지 못할 일이었을 것이다. 왜냐하면 마음이 몸을 걸어 잠갔을 테니 말이다. 보일이 카마로를 들어 올릴 수 있었던 이유는 한 가지밖에 없었다. 바로, 홀트러스트가 그 밑에 깔려 있었기 때문이다.

그런데 만일 이 믿을 수 없는 힘의 근원을 일상에서 활용하며 거기에 자주 의지할 방법이 있다면 어떨까? 미시간대학교의 공중보건학 교수인 빅터 스트레처Victor Strecher 박사는 그렇게 하는 일이 가능하다고 말한다. 박사가 이 사실을 알게 된 건 연구가 아닌 경험을 통해서였다. 그는 그 자신이 큰 무게에 짓눌려 있다가 빠져나오는 과정을 직접 경험한 사람이다.

자아를 넘어선다는 것의 의미

미시간 앤아버Ann Arbor에서 스트레처 박사는 전설로 통한다. 그는 화려한 수상 경력을 자랑하는 대학교수에 '건강 행태 변화health behavior change' 전문가이고, 성공적인 기업가이기도 하다. 또한 지역에서 건강 기술 회사를 키웠으며, 2008년에는 수십억 달러를 받고 이 회사를 대기업에 매각했다. 그러나 무엇보다 그는 강의실에서 에너지와 열정이 넘치기로 유명한 사람이다. 그가 강의하는 모습을 보고 있으면 무대에서 이뤄지는 것만 아닐 뿐, 마치 행위 예술을 보는 것 같다. 스트레처는 학생들에게 온전히 집중하며, 누구든 그 열정을 눈으로 확인할 수 있다. 그가 가르치는 강의실에서는 온몸으로 에너지가 느껴진다.

브래드가 미시간대학교에서 대학원 공부를 시작하려고 준비하던 2010년, 브래드의 주변에서는 열이면 열 스트레처 교수의 강의를 추천했다. 브래드는 스트레처 박사가 가르치던 '건강 행태 변화와 커뮤니케이션'을 공부하진 않았지만 상관없었다. 경제학을 가르치던 브래드의 지도 교수는 말했다. "스트레처 교수님이 가르치는 강의실에 그냥 한번 들어가 보게. 좋은 자극이 될 걸세." 하지만 그 과목을 듣기 위해 수강 신청을 하러 가 보니, 그 학기에는 스트레처 교수가 강의를 하지 않는다고 했다.

2010년 봄, 스트레처 교수는 가족과 함께 도미니카공화국에서 휴가를 보내고 있었다. 날씨는 완벽했고, 아내와 두 딸, 딸들의 남자 친구들이 함께 있었다. 스트레처는 사랑하는 사람들과 좋은 시간을 함께하며 느끼는 기쁨의 중요성을 알았다. 그는 무엇 하나 당연히 여기지 않는 법을 배운 사람이었다.

스트레처의 둘째 딸 줄리아는 겨우 14개월 무렵에 심한 수두를 앓았다. 바이러스는 걷잡을 수 없이 퍼져 심장을 건드렸고 심장은 무섭게 기능이 떨어지기 시작했다. 줄리아는 급격히 상태가 나빠지면서 생사를 오갔다. 기적이 필요했다. 그리고 기적이 찾아왔다. 1991년 발렌타인데이에 줄리아는 노스캐롤라이나대학교 병원에서 소아 심장 이식 수술을 받았다. 소아 대상으로는 거의 처음 이뤄지는 심장 이식 수술이었다. 수술은 성공적이었고 줄리아는 목숨을 건졌다.

8년이 흘러 아홉 살이 된 줄리아는 다시 아프기 시작했다. 스트레처 부부는 자잘한 두려움을 느낄 때마다 지나치게 긴장하지 않으려고 했지만(그렇다 해도 탓할 사람은 없을 테지만) 딸에게 큰 문제가 있다는 느낌을 지울 수 없었다. 부부의 직감은 틀리지 않았다. 그들은 줄리아를 병원에 데려갔다가 최악의 이야기를 들었다. 줄리아의 두 번째 심장이 힘을 잃어 가고 있다는 것이었다. 다시 기적이 필요했다. 새 심장이 있어야 했다. 그리고 스트레처 가족은 소아 집중치료실로 돌아가 잠 못 이루는 밤들을 보내야 했다.

줄리아는 다시 새 심장을 받았지만 이번에는 심각한 합병증이 뒤따랐다. 스트레처 교수는 줄리아가 죽을 수도 있다고 생각했다. 그는 아내 제리가 그 끔찍한 순간에도 어떻게든 남에게 베풀 방법을 고민했음을 기억한다. "아내는 줄리아의 장기를 기증하는 방법을 알아봐 달라고 했습니다. 이제 정말 끝인 것 같았습니다." 그런데 이럴 수가. 줄리아가 살아났다. 당시에도 그랬지만 지금도 설명할 수 없는 일이라고, 그는 말한다. 또 한 번의 기적이었다.

줄리아는 똑똑하고 예쁜 아가씨로 자랐다. 남자 친구와 가족과 함께 도미니카공화국에서 봄방학을 보내던 그때는 간호대 1학년을 마칠 무렵이었다. 모든 것이 완벽하던 그때, 그 일이 일어났다. 2010년 3월 2일, 줄리아의 심장이 갑자기 멈춰 버린 것이다. 줄리아의 심장, 혹은 줄리아의 가슴 속에 있던 누군가의 심장이 이번에는 다시 뛰지 못했다. 줄리아는 살아갈 무수할 날들을 남겨 두고 열아홉이라는 나이로 생을 마감했다.

멎은 건 줄리아의 심장만이 아니었다. 스트레처도 심장이 멎은 듯했다. 그는 컴컴한 방으로 들어가서 자식을 잃은 사람만 이해할 고통을 겪었다. 줄리아가 두 번째로 심장을 이식받은 뒤 그렇게 얻은 삶이 큰 축복임을 알게 된 스트레처는 딸이 넓은 세상을 누리며 풍요롭게 살아가도록 이끌어 주는 것을 목표로 살았다. 함께 세계 여행을 하고, 태국 북부에서 코끼리를 탔으며, 로키산맥에서 패러 글라이딩을 하고, 30피트(약 9미터) 높이 바위에서 호수로 다이빙도 했다. 그러나 줄리아가 떠나자 그 목표도 사라져 버렸다. 스트레처 는 그때를 돌아보며 말했다. "사는 게 다 의미 없었어요. 길을 잃은 것 같았죠."

줄리아가 죽은 지 3개월이 지난 뒤, 스트레처는 미시간 북부의 외딴 오두막에서 혼자 지내고 있었다. 어느 날 새벽, 꿈에서 줄리아 를 만난 스트레처는 호수 한가운데를 향해 카약을 저었다. 아직 다 섯 시였다. 서서히 해가 떠오르고 뱃전에 잔잔하게 물결이 부딪히 는데 주변은 온통 고요했다. "거기서 마냥 소리 내 울기 시작했습 니다. 그런데 딸아이가 제 안으로 들어오는 것 같았어요. 줄리아가 말했습니다. '아빠, 여기서 벗어나 앞을 향해 가셔야죠.'"

나중에 알았지만, 그날은 '아버지의 날'이었다.

그 순간, 스트레처는 자신이 정말 공허한 상태임을 알아차렸다. 이유야 어떻든 이렇게 살아서는 안 된다는 사실을 일깨워 주기 위 해 딸이 말을 걸었던 것 같다고, 그는 말했다. 다시 목표를 떠올려 야 했다. 그러자 갑자기 눈앞이 환해지는 것 같았다. 다시 목표에 불을 붙이면, 다른 사람들이 목표를 찾도록 도울 수 있을 것 같았다. 그 길을 걷는 것이 줄리아의 뜻이라는 확신이 들었다.

딸이 준 메시지에 매달리자니 스트레처는 낭비할 틈이 없었다. 이제 그의 연구는 목적의 힘을 이해하는 쪽으로 옮겨 가 있었다. 대학 강의도 다시 시작했다. 상상할 수 있겠지만 절대 쉽지 않았다. 스트레처는 이렇게 속내를 털어놓았다. "학생들 한 명 한 명에게서 줄리를 봤습니다." 시간이 흐르면서, 스트레처는 삶에서 새로운 목적을 찾는 데도 공을 들였다. 그렇게 찾은 목적 중 하나는 '모든 학생을 딸로 여기며 가르치는 것'이었다.

그러자 놀라운 일이 일어났다. 마음이 가벼워지기 시작한 것이다. 아직 상처가 다 아문 것은 아니지만 이제 이전의 어두운 곳에서 벗어난 것 같았다. 하루아침에 이뤄진 일은 아니었다. 그러나 그는 매일 아침 한결 나아진 기분으로 눈을 뜨고 다시 삶을 즐기기 시작했다. 이런 일들이 더해지고 더해져 눈부신 변화를 이뤄 내는 가운데, 그는 연구를 통해 자신의 경험을 이해해 나가고 있었다.

스트레처가 알아낸 바에 따르면, 역사적으로 사람들은 자신을 넘어서거나 자신보다 큰 목적이 있을 때 그때까지 가능하다고 생각하던 한계를 훌쩍 뛰어넘었다. 자아를 넘어서는 무언가에 깊이 집중할 때 자아가 가장 작아지기 때문이라는 것이 그가 생각하는 이유다. 자아의 중요한 역할 중 하나는 말 그대로 '나'를 보호하는 것이다. 위협을 느낄 때 그만하고 피하라고 말하는 것도 자아다. 그러나 '나'를 넘어서고 자아를 줄이면, 커다란 돌파구를 만들고자

할 때 자주 방해 요소로 등장하는 두
려움과 불안, 심리적 보호 기제를 극
복할 수 있다 그러면 완전히 새로운
가능성의 영역이 눈앞에 펼쳐진다.

> '나'를 넘어서고 자아를 줄이면, 완전히 새로운 가능성의 영역이 눈앞에 펼쳐진다.

　스트레처는 다른 사람들을 돕고, 딸을 가르치듯 학생들을 가르치는 데 집중하며 줄리아를 잃고 느낀 상실감을 극복해 나갔다. 보일은 카일 홀트러스트의 생명을 구하는 데 집중했기에 3700파운드짜리 자동차를 들어 올렸다. 언뜻 달라 보이기는 하지만, 두 이야기는 모두 자아를 넘어서는 목표에 집중하면 고통과 공포, 피로를 이기고 불가능한 것을 이룰 수 있음이 나타나는 예다.

　이 현상이 작동하는 방식을 더 제대로 들여다보는 의미에서, 다소 의외인 듯하겠지만 잠깐 운동 과학의 영역으로 들어가 보려고 한다.

피로는 몸이 아닌 머리로 느낀다

1990년대 초, 운동과학자 팀 녹스Tim Noakes 박사는 남아프리카 케이프타운대학교의 생리학과 실험실에서 피로에 관해 완전히 새로운 사고의 지평을 열었다. 그때까지의 통념에 따르면, 피로는 몸에서 일어나는 현상이었다. 육체적인 노동의 강도나 기간이 어느 수준에 이르면 근육에 가해지는 부담이 지나치게 커져서 결국 근육이 힘을 쓰지 못하게 된다는 논리였다. 마라톤부터 역도까지 어떤 종목의 운동선수에게 물어보더라도 그 불편한 느낌을 안다고 말할 것이다. 처음에는 감당할 만하지만 시간이 지나면 점점 힘들어지고 결국 더는 견딜 수 없는 시점이 온다. 육상 선수는 속도가 느려지다 못해 발만 겨우 움직일 정도가 되고, 역도 선수는 마지막 한 회차가 남았는데 바벨로 손조차 가져갈 수 없다. 힘껏 노력해 보지만 힘은 바닥을 드러내고 근육은 수축을 멈춘다.

그러나 녹스는 피로는 몸에서 일어나고 그럴 때 근육에서 에너지가 소진된다고 하는 말이 맞지 않은 것 같았다. 수많은 운동선수는 피로에 무너질 듯하다가도 결승선이 눈앞에 나타나면 갑자기 폭발적으로 속도를 올리곤 하지 않았던가. 그들이 그렇게 할 수 있는 이유는 무엇일까? 그는, 정말로 근육이 힘을 다 써 버렸다면 마지막에 그렇게 에너지를 폭발시키는 것은 불가능하다는 가설을 세웠다. 그리고 이 점을 입증하기 위해 선수들에게 전기 센서를 부착한 뒤 할 수 있을 때까지 다리로 기구를 들어 올리도록 지시했다(운동과학에서는 이를 가리켜 '근육 소실 유도inducing muscle failure'라고 한다). 그리고 선수들이 지칠 대로 지쳐 기구를 떨어뜨리며 더는 근육이 수축되지 않는다고 하자, 녹스는 센서로 전류를 흘려보냈다. 그런데 모두가 놀랄 일이 일어났다. 다리가 말을 듣지 않는다고 했던 선수들은 더욱 어안이 벙벙했다. 근육이 수축된 것이다. 참가자들이 스스로 근육을 수축시킬 수는 없었지만, 녹스는 선수들의 근육에 분명 힘이 남아 있음을 입증했다. 선수들은 근육에 더 쓸 힘이 남지 않은 것처럼 느껴졌지만, 실제로는 그렇지 않았다.

녹스는 여러 비슷한 형태로 이 실험을 반복하고 같은 결과를 관찰했다. 실험에 참가한 사람들은 근육이 힘을 다 잃었다고 '생각하는' 시점까지 운동한 뒤 너무 지쳐서 근육이 수축되지 않는다고 말했지만, 전류로 자극하면 근육은 어김없이 남아 있던 힘을 끄집어냈다. 이러한 실험을 통해, 녹스는 통념과 달리 신체적 피로는 몸이 아닌 머리에서 일어난다는 결론에 도달했다. 피로는 근육이 아니라, 아직 조금 더 힘이 남아 있는데도 미리 몸을 걸어 잠가 버리는 '머리'에서 일어난다. 녹스는 이를 사람이 자기를 지킬 수 있도록 타고나는 생존 방식이라고 생각했다. 생리학적으로만 보면 우리는 위험한 상태까지(예: 상처가 나거나 장기의 기능이 떨어질 때까지) 몸을 밀어붙일 수 있지만, 실제로 그렇게 되기 전에 뇌가 개입하여 힘이 다 떨어졌다는 인식을 만들어 내는 것이다. 녹스는 뇌야말로 피로를 다루는 '중앙 통제 기관'이라고 말한다. 두려움과 위협을 느낄 때 우리를 걸어 잠그는 것은 우리의 '자아'다. 다시 말해, 힘들다고 느끼는 순간 물러나는 것은 인간의 본능이다. 하지만 보일과 스트레처가 증명했듯 우리는 분명 뇌라는 중앙 통제 기관을 극복할 수 있다.

방어 기제를 극복하라

애팔레치아트레일은 조지아Georgia의 스프링어산Springer Mountain에서 메인Maine의 커타딘산Mount Katadin까지 이어지는 2185마일(약 3516 킬로미터) 거리의 하이킹 코스다. 보통 이 길을 끝에서 끝까지 걸어 가려면 5~7개월이 걸린다. 그런데 2011년, 제니퍼 파르 데이비스 Jennifer Pharr Davis라는 젊은 여성이 50일 안에 애팔레치아트레일을 통과하겠다며 기록 경신에 나선 일이 있었다.

안타깝게도 파르 데이비스는 도전에 나선 지 12일째 되는 날 1650여 마일을 남기고 지쳐 무너지고 있었다. 이제 기권 선언만 남은 상황이었다. 그녀는 지난 나흘 동안 하이커를 가장 무력하게 하는 두 가지 걸림돌인 경골부목脛骨副木(무릎에 부하가 걸리면서 근육에 손상이 생겨 나타나는 증상―옮긴이)과 설사병을 동시에 겪느라 녹초가 돼 있었다. 머릿속은 부정적인 생각과 두려움으로 어지러웠다. 파르 데이비스는 우리에게 말했다. "폭풍 속에 있는 것 같았어요. 기록을 깨기에는 이미 한참 뒤처져 있었죠. 이런 생각이 들더군요. '기록은 절대 못 깨.' 그래서 기권하기로 했어요." 남편 브루를 만나기로 한 뉴햄프셔New Hampshire의 교차로가 가까워지고 있었다. 브루는 파르 데이비스를 지원하고 있었다. 여기서 그만두다니 서글펐지만 끝났다는 안도감도 들었다.

이 교차로까지 오게 된 시작점은 7년 전 파르 데이비스가 스물한 살 때였다. 대학 생활이 끝나갈 그 무렵, 퍼뜩 그녀는 그때까지 자신이 '상자 속'에서만 교육받아 왔다는 생각이 들었다. 자연환경에 대해서는 아는 것이 없었지만, 인간으로서 할 수 있는 가장 중요한 경험을 놓치고 있었던 것 같았다. 이유는 확실치 않았지만 파르 데이비스는 자연과 연결되고 싶었다.

그리하여 파르 데이비스는 2005년에 대학을 졸업한 뒤 난생처음 애팔레치아트레일로 향했다. 그때 그녀는 기본적인 하이킹 기술 외에도 아주 많은 것을 배웠다. "훌륭한 동료들을 만났고 자연을 보며 말로 다 표현 못 할 경외심을 느꼈어요. 무엇보다 사람과 경험을 우선시하는 법도 배웠고요." 그러나 제일 중요한 건 자연과 깊이 연결됐다는 점이었다. "자연은 저와 동떨어진 존재가 아니었어요. 제가 자연의 일부가 되어 자연과 함께 흘러갈 수 있다는 걸 그때 알게 됐어요." 파르 데이비스는 그 경험 속에서 어느 때보다 신을 가깝게 느꼈다고 했다. "자연에서 빠르게 이동할 수 있다는 게 제 재능일지 모른다는 생각이 들었어요. 기독교인으로서 그 재능을 써야 한다는 느낌이 들었죠."

파르 데이비스는 그 느낌을 따랐다. 열정적인 하이커가 되었고, 깨어 있는 동안 점점 더 많은 시간을 자연에서 보냈다. 몇 년이 지난 2008년, 그간의 훈련 경험과 트레일 안팎에서 이어지는 남편의 지원 속에서 그녀는 57일 만에 애팔레치아트레일을 통과했다. 여자로서는 가장 빠른 속도로 애팔레치아트레일을 지나온 것이었다. 그러자 이제는 머릿속에서 이런 생각이 들기 시작했다. '전체 기록도 갈아 치울 수 있을지 몰라.'

전체 기록은 47.5일로, 초장거리 종목에 특화된 강력한 남자 선수들이 이어 온 기록이었다. 파르 데이비스가 전체 기록을 깬다는 건 보스턴마라톤 대회에서 여자 선수 하나가 프로 남자 선수 전체를 이기는 것과 다름없겠지만(어불성설이겠지만), 그녀는 자신에 대한 믿음이 확고했고 남편 브루가 든든하게 뒤를 받치고 있었다. 부부는 그때부터 3년 동안 훈련과 준비에 전념하며 목표를 위해 달렸다.

그렇게 2011년 6월 28일이 되었다. 뉴햄프셔의 도로에서 기다릴 남편을 향해 걷는 그 순간, 파르 데이비스는 전체 기록을 깨기 위해 자신을 더 밀어붙일 힘이 없었고 기록을 깰 가능성도 멀어지고 있었다. "결국 남편한테 가서 그만두게 됐다고 말했어요. 하지만 남편은 안 된다고 하더군요." 파르 데이비스의 기록 도전을 돕던 남편 브루는 자신이 아내를 위해 얼마나 많은 것을 포기했는지를 말하며, 지금까지 부부는 '한 팀'으로 목표를 이루기 위해 노력해 왔음을 상기시켰다. 파르 데이비스는 그렇게 남편의 눈을 들여다보는 순간 중대한 사실을 깨달았다. "그때까지는 모든 게 제 일이었고 그저 기록만 깨면 된다고 생각했어요. 기록의 노예였던 거죠. 그 외에 다른 건 안중에도 없었어요." 그러나 그 순간 파르 데이비스는 모든 것을 뒤바꾼 깨달음이 생겼다.

그 순간 기록에서 완전히 자유로워졌어요. 깊은 신앙으로 걷기 시작했죠. 하느님과 한 약속을 지키고 싶었어요. 처음에 하이킹에 매료됐던 이유로 돌아가고 싶었죠. 자연을 사랑하는 마음, 남편을 사랑하는 마음, 그리고 제가 받은 재능을 써야 한다는 마음. 그 초심으로 돌아가고 싶었어요. 자연과 하나 되어 트레일을 따라 걸을 때, 남편에게 사랑을 느낄 때, 그리고 제 재능을 즐길 때 하느님이 저와 가장 가까이 계셨다는 사실이 떠올랐어요. 그러자 갑자기 내가 지금 걷는 이유는 기록을 깨기 위해서도 나를 위해서도 아니라는 생각이 들었어요. 그 모든 것이 저보다 큰 존재를 따르기 위한 행위가 됐어요.

걸으면서 느껴지는 신체적인 불편함은 걷는 내내 끝없이 나타나고 사라졌지만, 생각의 틀을 바꾸자 심리적 고통은 사라졌다. 생각의 초점을 자신에게서 자신 너머의 존재로 옮기자, 파르 데이비스는 순식간에 깊은 수렁 속을 벗어날 수 있었다. 새롭고 상쾌한 마음이 들었고 다시 힘이 솟았다. 피로가 사라졌고 두려움을 더 편안하게 마주하게 됐다. 그녀는 남편과 자연, 신에 대한 사랑으로 무장하고 남은 길을 걸어 나갔다.

43일 뒤, 파르 데이비스는 하루 평균 47마일(약 75.6킬로미터)을 걸으며 가장 험준한 땅을 통과하여 불가능할 것만 같았던 도전을 이루어 냈다. 그녀는 전체 기록을 26시간 앞당겨 경신하며 내셔널 지오그래픽의 '올해의 모험가National Geographic Adventurer of the Year' 타이틀을 거머쥐었다.*

---

* 2016년 봄, 초장거리 선수 칼 멜처는 45일 22시간으로 다시 이 기록을 경신했다. 브래드는 잡지 《러너스월드Runner's World》에 낼 기사를 작성하면서 멜처를 인터뷰했다. 그때 그는 벽에 부딪힌 것 같을 때마다 자신을 지지해 주는 사람들에게 마음으로 감사하고, 그러면 곧바로 기분이 나아진다고 했다. 멜처는 자신을 잊을 때 기록이 올라갔다.

우리는 미시간대학교에서 목적을 연구하는 스트레처 교수에게 파르 데이비스의 이야기를 전했다. 그는 평소답지 않게 '우와!'라는 한마디 말만으로 답장을 보내왔다. 나중에 그가 한 말에 따르면, 파르 데이비스가 애팔레치아트레일에서 겪은 일은 자아의 비중을 최대한 줄이는 '자아 최소화'가 잘 드러난 예라고 했다. 스트레처는 그녀가 목적의 힘을 이용해 두려움과 의심을 이긴 것이라고 설명하며, 그 당시 그녀의 머릿속에서 펼쳐졌던 일의 비밀을 풀 새로운 뇌과학에 관해 이야기했다.

최근에 미국《국립과학원회보Proceedings of the National Academy of Science》에 발표된 한 연구에서, 스트레처 교수를 비롯한 연구진은 사람이 위협적인 메시지를 접할 때 뇌에서 일어나는 일을 fMRI를 이용해 알아보았다. 피실험자들은 먼저 개인적으로 가장 중요하게 생각하는 가치인 '핵심 가치'를 깊이 생각해 보도록 요청받았고, 그 뒤에 위협적인 메시지를 받았다. 그러자 그들의 뇌에서는 '긍정적 평가'와 관련된 영역에서 신경 활동이 높아지는 것이 관찰됐다. 신경학적으로 보아 그들은 중요하게 생각한 가치를 깊이 생각한 덕분에 위협적인 상황을 근본적으로 더 쉽게 수용하게 된 것이었다. 그들은 '중앙 통제 기관'의 메시지를 듣지 않았다. 그들의 뇌는 위협을 느낄 때 몸을 걸어 잠그는 대신 어려움을 향해 전진하게 했다. 이는 실험실에만 국한된 결과가 아니었다. 핵심 가치를 생각했던 그룹은 그렇지 않았던 그룹에 비해 현실에서도 훨씬 높은 비율로 위협과 두려움을 극복해 나갔다.

파르 데이비스가 애팔레치아트
레일에서 몸으로 이룬 일은 평범한
일이 아니며, 당연히 약간이라도 그
런 재능이 있는 유전자가 있어야 가
능한 일이다. 그러나 그녀가 마음으

로 한 일은 우리도 할 수 있다. 나를 넘어서는 존재에 집중하고 핵심 가치에 관해 생각할 때, 누구든 용기 있게 어려움과 맞서 성과를 끌어올릴 수 있다.

나를 초월하는 목적을 이용해 끌어올릴 수 있는 것은 신체적인 일만이 아니다. 다양한 산업군에서 일하는 (운동선수가 아닌) 20만 명을 대상으로 분석한 결과, 사람들은 자신이 하는 일이 타인에게 긍정적인 영향을 미친다고 믿을 때 일에서 더 좋은 성과를 냈다. 또 다른 연구에서는 목적이 있으면 번아웃을 줄일 수 있고, 다이어트나 금연처럼 건강과 관련된 어려운 행위를 지속하는 데도 도움이 된다고 했다. 모두 맞는 말이다. 두렵거나 벅차게 느끼는 상황에서, 우리 뇌(중앙 통제 기관, 자아, '나')는 본능적으로 우리를 실패로부터 보호하려고 한다. 머리는 몸을 걸어 잠그고, 방향을 바꾸라고 메시지를 보낸다. 이때 실패란 신체적인 상처만을 말하지 않는다. 우리의 자아는 감정적 상처도 좋아하지 않고 당황할 만한 위험도 감수하지 않으려 하므로 더 안전한 길로만 우리를 데려가려 한다. 내가 그은 선은 '나'를 넘어설 때만 넘어갈 수 있다.

역설적인 말이지만, '나'에 대한 생각을 줄일 때 더 나은 '나'가

될 수 있다.

퍼포먼스 가이드

- 우리의 '자아', '나', '중앙 통제 기관'은 보호 기제로 작용하여, 진정한 한계에 이르지 못하게 우리를 가로막는다.
- 큰 어려움을 접할 때, 자아는 생물학적으로 몸을 걸어 잠그고 방향을 바꾸라는 메시지를 보낸다.
- 나를 넘어서는 목적이나 이유에 집중할 때, 자아가 보내는 메시지에 신경 쓰지 않고 스스로 그었던 선을 넘어갈 수 있다.
- 지금 하는 일을 가능한 가장 큰 목적과 연결시킨다(그 방법은 9장에서 더 자세히 다룰 것이다). 그러면 쉽게 해결할 수 없는 어려움이 생기고 머리에서 그만두라는 메시지가 들려올 때, 내가 그 일을 하는 이유를 자문할 수 있다. 그래서 '나를 넘어서는 누군가 또는 나보다 큰 존재를 위해서'라는 답이 나온다면, 어려움을 극복해 나갈 가능성이 커질 것이다.
- '나'에 대한 생각을 줄이는 것은 더 나은 '나'가 되는 최선의 방법 중 하나다.

내가 진짜로 원하는 것

나를 초월하는 목적이 있으면 가장 두려운 순간을 극복하고 한계를 넘어서는 것 외에 일상의 소소한 일에서도 더 나은 결과를 만날 수 있다. 펜실베이니아대학교 와튼스쿨의 연구진은 환자용 변기를 닦고 바닥을 청소하는 병원의 청소원들을 대상으로 연구를 진행한 적이 있다. 청소원들은 자신이 하는 일이 사람들을 치유하는 데 꼭 필요한 부분으로 이해될 때 성과와 일에 대한 만족도가 모두 높아졌다. 그들은 병원을 깨끗하게 유지하면 박테리아가 확산할 가능성이 줄어들기 때문에 본래도 취약한 환자들이 박테리아로 인해 더 위험해질 가능성이 줄어든다는 사실을 항상 주지받았다. 청소원들은 이제 바닥에 쏟아진 토사물을 치우는 것만이 자신의 일이라고 생각하지 않았다. 그들에게 청소는 사람을 살리는 일이었다. 그래서인지 요즘은 청소원, 미화원 대신 '건강 안전 지킴이health and safety team member' '환경 건강 지킴이environmental health worker' 등으로 이들을 부르는 병원들도 있다.

또 다른 연구에서는 동문들에게 기부금 독려 전화를 거는 학생들을 대상으로 연구를 진행했는데, 최근에 학교를 졸업한 학생이 찾아와 이들의 노고에 감사하는 뜻을 전한 뒤에 모금액이 올라가는 결과가 나왔다고 했다. 그런데 이때 이들을 방문한 졸업생은 일반적인 방식이 아닌 학생들의 기부금 독려 전화를 통해 마련된 장학금으로 학교를 마친 사람이었다. 이들의 만남이 있은 지 한 달

스스로 질문해 보자. 내가 하는 일이 다른 사람이나 더 큰 명분에 이로운 영향을 미친다면 나는 내 모든 것을 내어 줄 수 있을까? 성과의 최강자들은 이 질문을 받자 대부분 아주 신이 나서, '그렇다'라고 답했다.

뒤, 학생 모금원들이 전화로 마련한 장학금은 전달보다 171퍼센트 늘어 있었다.

지금까지 말한 두 가지 이야기는 일이 더 큰 목적과 연결될 때 사소한 부분일지라도 일상의 성과가 강화될 수 있음을 나타내는 여러 사례 중 일부일 뿐이다. 스스로 질문해 보자. 내가 하는 일이 다른 사람이나 더 큰 명분에 이로운 영향을 미친다면 나는 내 모든 것을 내어 줄 수 있을까? 성과의 최강자들은 이 질문을 받자 대부분 아주 신이 나서, '그렇다'라고 답했다.

우리는 그 이유를 알아보기 위해, 목적이 두려움을 극복하게 하는 이유를 알아보려 했을 때처럼 다시 한번 벽을 넘어, 운동 과학의 영역으로 들어가 보기로 했다.

새뮤얼 마코라 박사는 켄트대학교 스포츠 및 운동 과학 학부 School of Sport and Exercise Sciences의 연구 책임자다. 녹스와 마찬가지로 마코라도 피로에는 신체적 요소와 심리적 요소가 있다고 생각한다. 그런데 피로를 일컬어 한계에 근접할 때 몸을 걸어 잠그는 중앙 통제 기관의 방어 기제로 여겼던 녹스와 달리, 마코라는 피로를 그보다 훨씬 더 복잡한 것으로 이해한다. 마코라에 따르면, 우리는 어떤 일을 할 때 그 일을 하는 데 필요하다고 생각하는 노력의 정도, 즉 '노력 자각도'(예컨대, 일이 얼마나 어렵게 느껴지는가)를 일에 대한 동기와 끊임없이 저울질한다. 사람들은 노력 자각도보다 동기가 적으면 속도를 늦추거나 태도를 가볍게 함으로써 둘 사이에 균형을 맞춘다. 즉, 기꺼이 참고 노력해야 한다고 생각하는 정도가 커지려면 동기가 커야 하는 것이다. 이러한 맥락에서, 운동선수는 노력 자각도를 줄이거나(예를 들어, 5분 달리기가 수월하게 느껴지도록 몸을 훈련하거나) 동기를 강화함으로써 성과를 높일 수 있다.

많은 연구에서는 동기를 강화하는 데는 상금이나 명예 같은 전통적인 보상보다 다른 사람을 위해 그 일을 한다는 생각이 훨씬 더 효과적이라고 말한다. 그래서인지 운동선수들은 어마어마한 고통을 당연하게 참아내며 믿을 수 없을 만큼 놀라운 기록을 내고 난 뒤에 정말로 간절히 챔피언이 되고 싶었다거나 큰 상금을 받고 싶었다고 말하는 일이 드물다. 결승선을 끊은 뒤, 그들은 대부분 고통스러웠던 순간에 가족과 신, 암에 걸린 친구를 떠올리기 시작했다고 말한다. 그러면 고통을 견딜 힘이 생겼고 몸이 '그만'을 외칠 때 '더' '계속'이라고 말할 수 있었다고 했다. 왜냐하면, 그들은 '나'를 뛰어넘는 목적에서 절대적인 동기를 얻고 있었기 때문이다.

이와 관련하여 우리가 좋아하는 일화가 있다. 애쉬튼 이튼Ashton Eaton은 올림픽 2관왕 10종 경기(개인이 육상 10개 종목에 참가한 뒤 각 기록을 합산해서 순위를 매기는 올림픽 정식 종목―옮긴이) 선수로, 누군가는 그를 가리켜 '역사상 가장 위대한 선수'로 칭한 바 있다. 2015년 세계 선수권 대회에서 세계 기록 경신에 나선 이튼은 기록을 깨려면 마지막 경기인 1500미터 달리기에서 4분 18초 안에 결승선을 끊어야 했다. 사실 이것 하나만 달성하기도 쉬운 일은 아니었다. 게

다가 이튼은 이미 아홉 종목을 마무리했고, 금메달을 딸 가능성도 커 보였다. 다시 말해 그는 몹시 지쳐 있었고 최선을 다해도 큰 의미는 없었다. 무엇보다 지금 깨고자 하는 기록은 몇 년 전 자신이 세운 기록이었다.

그런데도 이튼은 끝까지 해 보기로 했다. 그 이유가 궁금하지 않은가? 인터뷰에서 고통을 느낄 때 어떻게 했느냐는 질문을 받자, 이튼은 이렇게 말했다. "생각을 가다듬었습니다. 이건 나를 위한 게 아니야, 그러니까 해야 해, 라고 생각했습니다." 그리고 이어진 질문에 이렇게 답했다. "어릴 때 저를 떠올렸습니다. 저는 소파에 앉아서, 마이클 존슨Michael Johnson과 칼 루이스Carl Lewis 같은 선수들이 공중으로 뛰어오르고 트랙을 내달리는 모습을 지켜보곤 했습니다. 제가 지금 여기 있는 이유는 그런 선수들이 있었기 때문입니다. 어느 집 소파에 그 시절 저 같은 아이가 있을지 모른다고 생각합니다. 제가 세계 기록을 깨면 거기서 힘을 얻고 무언가를 해 보려고 할 그 아이를 저는 생각합니다." 이튼은 그날 1500미터를 4분 17초에 주파했다.

우리가 이야기할 또 한 사람은 멥 케플레지기Meb Keflezighi 다. 케플레지기는 2014년 보스턴마라톤대회에서 미국인으로서는 30년 만에 최초로 우승을 차지했다. 이 역사적인 승리가 더욱 특별했던 이유는 1년 전인 2013년에 이곳에서 끔찍한 테러가 일어났고, 이 대회는 그 뒤 1년 만에 같은 자리에서 열리는 경기였기 때문이다. 케플레지기는 1년 전 참사(보스턴 폭탄 테러Boston Bombing)로 사망한 사람들을 위해 뛰면서 영감을 느낀 덕분에 그토록 놀라운 결과를 얻을 수 있었다고 했다. 당시에 그는 희생자들의 이름을 적어 넣은 등 번호를 달고 경기를 뛰었다. 그는 지난해 테러의 희생자들을 대표하는 한편, 최고의 미국인으로서 경기에 참가하여 더 큰 목적과 동기를 갖고 달릴 수 있었다. "결승선이 가까워지자 돌아가신 희생자들을 생각했습니다. 그분들이 저를 끝까지 데려다주었습니다."

마코라의 연구와 이튼, 케플레지기의 일화는 운동의 영역에 관한 것들이지만, 이 이론은 다른 분야에도 쉽게 적용될 수 있다. 예를 들어, 병원의 청소원들과 학생 모금원들은 일을 더 큰 목적과 연결함으로써 동기를 크게 강화했다. 그 결과, 그들은 일에 대한 노력 자각도가 커지더라도 기꺼이 힘든 시간을 감내할 수 있었다. 그러느라 청소를 더 열심히 해야 하든지, 집중해서 적극적으로 더 많은 동문들에게 전화를 걸어야 하든지 말이다. 결국, 그들은 일을 더 잘해냈다.

목적은 동기를 강화한다. 동기가 있으면 노력 자각도가 커지더라도 견딜 힘이 생긴다. 그리고 그럴 때 성과가 더 좋아진다. 이 공식은 경기장부터 사무실까지 모든 분야에서 그대로 적용된다. 그리고 이제부터 살펴보겠지만, 예술가의 작업실에서도 예외가 아니다.

에밀 알자모라는 타고난 예술가다. 그의 어머니와 외할머니도 성공

> 목적은 동기를 강화한다. 동기가 있으면 노력 자각도가 커지더라도 견딜 힘이 생긴다. 그리고 그럴 때 성과가 더 좋아진다.

한 예술가였다. 그는 페루 리마에서 자랐는데, 집 근처에 가족들이 일하는 도예 공방이 있었다. 알자모라는 걸음마도 떼기 전에 그림을 그렸다. 그는 어린 시절을 회상하며 말했다. "눈 가는 곳마다 예술이 있었죠. 전 거기 푹 빠져 자랐어요." 가족 누구도 예술을 해야 한다고 말하는 사람은 없었지만 알자모라는 자연스럽게 예술의 세계로 들어갔다. 그리고 결국 미국으로 이주하여 플로리다주립대학교 미대를 차석으로 졸업했다. 그러나 그는 한 가지가 마음에 걸렸다. 학교에서 미술 이론과 미술 역사는 전문적인 수준으로 공부했지만, 정작 자신이 가장 매력을 느끼는 조각에 관해서는 많은 것을 배우지 못했다는 점이었다.

알자모라는 현실 세계에서 필요한 경험을 쌓기 위해 뉴욕시로 가서, 세계적으로 이름난 미술품 주물소인 폴리크탤릭스Polich Tallix에서 일을 시작한다. 그리고 거기서 세계에서 가장 뛰어난 조각가들과 함께 일한다. "대단한 체력이 필요한 곳이었습니다. 하지만 저는 거기서 처음으로 조각가가 된다는 것의 의미를 알게 됐습니다." 알자모라는 습득이 빨랐고 예술계에서 빠르게 두각을 나타냈다. 머지않아 그의 작품들은 UN 건물과 펩시 본사, 퀸즈박물관을 포함한 전 세계 곳곳에 전시되었다. 《뉴욕타임스》의 예술 섹션을 비롯한 여러 매체에서도 긍정적인 평가가 나왔다. 그러나 떠들썩한 찬사와 칭찬도 좋지만 그에게 더 중요한 것은 그 밑에서 자신이 일궈온 '예술'이다. "전 마치 마라톤 선수 같아요. 저에게 조각은 몸 바쳐서 하는 일이에요. 끊임없이 피로와 싸워야 하죠." 그러나 가족을 돌보아야 한다고 생각하면 몸의 피로 따위는 아무것도 아닌 것이 된다. 예술로 성공하겠다는 건 위험한 생각이다. 안정적이지도 않고 잘 되리라는 보장도 없다. 미술관과 비평가, 수집가는 항상 변덕을 부리고, 하루는 곧잘 극과 극을 오간다. 예술계에서는 최고의 자리에 오르기 위해 기회라도 잡아 보려면 여러 해 동안 위험을 감수한 채 변변한 벌이도 없이 노력만 쏟아부어야 한다. 하지만 일단 그렇게 올라가더라도 그 자리를 지키려면 고된 싸움을 계속해야 한다. 프롤로그에서 이야기했듯, 예술가들은 항상 불안과 우울을 안고 살아간다. 알자모라 역시 우리와 이야기하며 불안한 마음이 있다는 점을 인정했다. 그러나 그는 아침에 눈뜰 때마다 새로 마음을 다잡는다고 했다. "제 사명은 예술을 통해 사람들이 성장하게 하고 긍정적으로 생활하게 하는 거예요. 그 사명 덕분에 불안한 마음이 사라지죠."

"예술을 하면서 예술이 아닌 다른 모든 부분을 다루는 게 정말 힘들어요. 예술계는 편 가르기와 뒷말이 난무하는 난폭한 세상이기도 하거든요." 나아가, 그는 이 산업의 비즈니스적 측면들 때문에도 힘이 빠지고 지칠 때가 많다고 했다. 예술가는 작품만이 아니라 자신도 '팔아'야 하기 때문이다. "그게 저한테만 달린 일이라면, 아침에 일어나서 밥을 먹고 종일 작품만 하면 됩니다. 하루도 빠짐없이 말이죠. 안타깝게도 이제 그럴 수만은 없습니다." 알자모라는 현실주의자다. 가족을 부양하려면 돈을 벌어야 한다는 사실을 안다. 하지만 그렇다고 해서 예술과 직접 관련되지 않은 지엽적인 부분들이 전부 견디기 수월해지는 것은 아니다. 사실 이름이 알려질수록 그런 부분에 더 많은 시간과 에너지가 들어간다. 그런데 전부 그만두고 싶을 만큼 모든 것이 지긋지긋해질 때 그가 떠올리는 것은 작품을 끝내고 받게 될 금전적인 보상이나 명성이 아니다. "정말 지치고 힘들 때는 애초에 제가 이 일을 하는 이유를 떠올립니다. 저는 사람들을 울고 웃게 하고, 사람과 사람, 사람과 자연이 연결되도록 돕고 싶은 마음에서 작품을 합니다. 사람들이 더 큰 존재의 일부가 되도록 도와주고 싶습니다. 그러면 지긋지긋한 것들이 다 견딜 만해집니다."

나만의 '그릿' 만들기

펜실베이니아대학교의 심리학자 앤절라 더크워스Angela Duckworth 박사라면, 알자모라를 누구보다 '그릿'이 대단한 예술가라고 말할 것이다. 더크워스 박사는 그릿을 연구하고 맥아더재단의 '천재상'을 받았다. 그릿이란, 장기적인 목표에 대해 관심과 노력을 지속하려는 경향을 말한다. 더크워스는 그릿을 일컬어 '모든 영역에서 높은 성과를 내는 사람들이 보이는 전형적인 특징'이라고 말한다. 그릿이 있는 사람들은 다른 사람이 그만두는 상황에서도 자리를 지키며 노력을 계속한다.

더크워스는 그릿은 타고나는 것이 아님을 알아냈다. 오히려, 시

간을 들여 길러 낼 수 있는 것이 바
로 그릿이다. 그릿은 어느 한 가지
방법만으로 길러지지 않으며, 강한
목적의식을 동반할 때가 많다. 특히,
그릿이 있는 사람은 상황이 어려워

그릿이 있는 사람은 상황이 어려워질 때면
더 큰 명분에 의지하여 영감을 얻고 끈기를
발휘한다.

질 때면 더 큰 명분에 의지하여 영감을 얻고 끈기를 발휘한다. 더크
워스가 동료들과 함께 2014년에 작성한 논문에 따르면, '절대 하고
싶지 않은 경험도 나를 넘어서는 긍정적인 결과로 이어질 일로 이
해하면 견디기가 수월해진다.' 목적의 힘은 그릿을 이야기할 때도
그 근간을 이루는 주제로 등장한다.

가장 극단적인 예는 홀로코스트 생존자들에게서 살펴볼 수 있
을 것이다. 홀로코스트 생존자들은 굶주리고 고문당하고 사랑하는
사람들이 가스실로 끌려가는 것을 보고도 살기 위해 끝까지 싸웠
다. 홀로코스트를 경험하지 못한 우리는 그 참상을 상상조차 할 수
없지만, 정신과 의사이자 홀로코스트 생존자인 빅터 프랭클 박사는
자신을 비롯한 생존자들이 살아남은 과정을 《죽음의 수용소에서》
를 통해 이렇게 밝혔다.

'자신을 애틋하기 기다릴 누군가에 대해, 혹은 미처 끝내지 못
한 채 두고 온 일에 대해 책임을 자각하는 사람은 절대 목숨을 버
릴 수 없다.'

물론 이것은 더 없이 극단적인 예이며, 사무실이나 체육관에서
어려운 시간을 견디는 것과 홀로코스트에서 살아남는 것은 절대

- 사람는 어떤 일을 하고자 할 때 그 일에 대한 노력 자각도(즉, 일이 얼마나 어렵게 느껴지는가)를 일에 대한 동기와 끊임없이 저울질한다.
- 일을 더 잘 해내려면 더 노력하는 과정이 필요한데, 이 과정을 견디려면 동기를 강화해야 한다.
- 동기를 강화하는 가장 좋은 방법은 일을 더 큰 목적이나 명분과 연결 짓는 것이다.
- 일할 때 다른 사람에게 초점을 맞추면 세상이 더 좋은 곳이 된다. 그리고 나도 일을 더 잘 해낼 수 있다.
- 특히, 일을 하다 피로하고 지칠 때는 그 일을 하는 '이유'를 생각해야 한다.

같을 수 없을 것이다. 그런데도 우리가 프랭클 박사의 통찰을 여기에 실은 이유는, 사람은 자신을 넘어서는 목적을 통해 동기를 부여받을 때 가장 끔찍한 상황도 꿋꿋하게 견딜 수 있음이 극단적이기는 하지만 깊이 있게 드러나기 때문이다.

'기버 전략'

번아웃은 제일 안 좋은 시기에 찾아오곤 한다. 운동선수라면 평생 몸 상태가 가장 좋거나 좋아지고 있을 때 번아웃이 온다. 직장인이라면 정말 열심히 일한 뒤 막 승진했을 때, 예술가라면 일생의 역작이 마무리돼 갈 때 번아웃이 나타난다. 그리고 갑자기 더는 아무것도 하고 싶지 않아진다. 추진력도 열정도 흥미도 떨어진다. 그것이 번아웃이다.

번아웃은 '투쟁-도피 스트레스 반응'과 긴밀히 연결돼 있다. 과도한 스트레스가 너무 길게 이어진 뒤에는 '도피' 유발 기제가 작동하기 시작하면서, 지금 무슨 일을 하든지 스트레스를 받고 있다면 도망치라는 메시지를 보낸다. 번아웃은 최선을 다하기 위해 자신을 몰아붙이는 사람에게서 흔하게 나타난다. 왜냐하면 계속해서 성장하고 나아지려면 여러 날, 여러 주, 여러 달, 여러 해에 걸쳐 계속해 스트레스를 가해야 하기 때문이다. 1장에서 이야기했듯, 스트레스를 가하는 시기와 휴식하는 시기가 번갈아 가며 일어나면 번아웃을 막는 데 도움이 된다. 그렇기는 하지만, 우리는 자신을 한계점으로 밀어붙일 때면(물론, 그것이 목표이기는 하다) 그 강도가 너무 세서 적정선을 넘길 위험을 무릅쓰는 일이 많다. 그럴 때 번아웃을 느끼기 시작하는 것이다.

전통적인 사고에서는 번아웃이 생기면 어떤 일이든 거기서 벗어나 길게 휴식할 것을 권한다. 이런 방식이 효과적일 때도 있겠지만 문제는 그럴 수 없을 때가 많다는 것이다. 올림픽에 나갈 선수가 예선전을 6개월 앞두고 훈련을 그만둘 수는 없다. 직장인의 경우도 일이 힘들었다고 3개월이나 회사를 쉴 수는 없는 노릇이다. 무엇보다 번아웃이 올 만큼 열심히 하던 일이라도 일단 그 일에서 완전히 빠져나오면 일과의 연결점을 잃고 다시 돌아가지 못할 때가 많다.

다행히 우리에게는 번아웃에 대해 대안적인 접근법을 제시하는 행동과학이 있다. 여기서 말하는 번아웃 관리법을 따르면, 길게 일을 쉬지 않더라도 잠재적으로 추진력과 동기를 강화할 수 있다. '기버giver 전략'이라고 부를 이 관리법은 UCLA대학교에서 심리학을 가르치는 셸리 테일러 박사와 펜실베이니아대학교 와튼스쿨의 애덤 그랜트 박사의 연구에서 비롯됐다. 기버 전략의 기본 전제는 번아웃이 오면 일에서 멀어지기보다는 다른 방식으로라도 일과 더 가까워져야 한다는 것이다.

그 다른 방식이란, 일과 관련하여 '도움'을 주는 '기버'가 되는 것이다. 도움은 봉사와 멘토링을 포함한 여러 가지 형태로 이뤄질 수 있지만, 요지는 내가 아닌 다른 사람에게로 초점이 옮겨 가야 한다는 것이다. 다른 사람을 도우면 뇌에서 보상과 쾌락을 담당하는 부분이 활성화된다. 그러면 기분이 좋아지며, 다시 일을 긍정적으로 생각하는 데도 힘이 된다. 그래서 일과 관련된 영역에서 남을 도우면 새로운 에너지와 동기가 생기곤 하는 것이다. 그랜트 박사는《뉴욕타임스》베스트셀러를 기록한 자신의 저서《기브앤테이크》에서 학교와 병원 등을 대상으로 한 여러 연구를 언급하며, 도

움은 번아웃의 강력한 해결책이라고
말했다.

도움은 번아웃의 강력한 해결책

　그런데 학교와 병원은 본래 사람
을 돕는 곳이 아니던가? 이론상으로
는 그렇다. 그래서 교사와 간호사는 천성적으로 남을 돕는 일에 끌
리는 사람들이 매력을 느끼는 직군이기도 하다. 그러나 많은 교사
와 간호사가 말하듯, 쉴 새 없이 돌아가는 일상의 업무에서는 자신
이 학생이나 환자에게 직접적인 영향을 미치고 있음을 잊고 오히
려 비효율적인 기계의 작은 톱니바퀴처럼 일하고 있다고 느끼기가
쉽다. 그런데 교사나 간호사에게 가시적인 결과를 볼 수 있는 방식
으로 남을 돕게 하자 번아웃이 줄어드는 결과가 나타났다. 그랜트
는 자신의 저서에서, '다른 사람에게 지속적으로 영향을 미치고 있
음을 자각할 때 스트레스를 막을 수 있고 지치지 않을 수 있다'라
고 말했다. 그리고 스트레스가 높은 직군에서 일한다면, 일과 밀접
하게 연결된 형태로 '봉사'할 기회를 적극적으로 찾아보라고 했다.
　봉사의 힘에 관한 그랜트의 설득력 있는 연구에 관해서라면 당
연히 평생을 이야기해도 모자라겠지만, 그의 개인사에도 주목할 만
한 이야기가 많다. 지금은 베스트셀러 작가에 미국에서 가장 명망
높은 교수 중 한 명이지만, 오래전 그랜트는 내로라하는 다이버였
다. 고교 시절에는 두 차례나 올아메리칸으로 선정됐고, 하버드대
학교에서도 선수로 생활했었다. 그랜트는 '도움'에 관해 이야기하
기 전에 고등학교 3학년 시절을 회상했다. 그때 그는 심각하게 번

아웃을 겪었다고 했다. "그때는 다이빙이 전부였습니다. 2학년에서 3학년으로 올라가던 여름에는 하루에 9시간을 연습에 매달렸어요. 마치 제2의 피부라도 된 양 발에 테이프를 감고 살았죠. 온종일 다이빙 보드에 긁히다 보니 발바닥이 물집투성이였거든요." 훈련은 예상보다 훨씬 더 잘 진행됐고, 이대로만 간다면 3학년 때 나갈 가장 큰 경기에서도 좋은 성적을 낼 수 있을 것 같았다. 그보다 더 몸이 좋았던 적은 없었다며 그는 이렇게 말했다. "정점에 올라갈 일만 남아 있었죠." 그런데 결과는 좋지 않았다. 4년간 쏟아부은 노력과 헌신의 정점이 될 줄 알았던 날은 재앙이 되어 버렸다. 경기는 잘 풀리지 않았고, 그가 전에는 쉽게 이겼던 그 많은 선수가 그를 제치고 올라갔다. "방에 들어가서 나오지 않았습니다. 너무 우울했고 다이빙 보드는 다시 밟고 싶지도 않았습니다."

그랜트는 이제 운동은 끝났다고 생각했고, 대학에서도 선수로 뛰고 싶은 마음은 사라져 버렸다. 그러나 다이빙계에서는 그랜트의 경력이 그렇게 끝나 가는 것을 보고만 있을 수 없었다. 아직 그랜트는 앞날이 창창했다. 그랜트의 멘토들은 애정 어린 충고를 쏟아 낸 끝에 결국 그랜트를 설득해 다이빙풀로 돌아가게 했다. 그러나 선수로서가 아니라 어린 다이버들의 코치로서였다. "어린 친구들을 가르치면서 온전히 활력을 되찾았습니다. 선수들을 가르치고 그들이 나아지는 모습을 지켜보는 건 말로 다 못 하게 행복한 일이었어요. 그러면서 애초에 제가 다이빙을 왜 좋아했는지를 생각하게 됐습니다. 운동을 통해 제가 얼마나 성장했는지도요." 그랜트는 어린 선수들을 가르친 지 얼마 되지 않아 선수로서 다이빙 보드로 돌아갔고, 대학에서도 성공적으로 선수 생활을 이어 갔다.

그랜트의 이야기는 우리 중 한 명에게도 깊은 울림을 주었다. 앞서 소개했듯, 스티브도 육상 선수로 생활하며 번아웃 그 이상을 겪었다. 스티브는 그때까지 22년 동안 정말 많은 것을 육상에 쏟아 부었지만, 번아웃이 나타나자 육상은 생각조차 하기 싫은 기간이 찾아왔다. 그런데 스티브가 다시 육상으로 돌아간 계기는 장기 휴식이나 운동 심리학 덕분이 아니라, 코치 생활을 하면서였다. 스티브는 올림픽 선수들의 코치가 되기 한참 전에 고교 육상 선수들을

퍼포먼스 가이드

- 내가 하는 일과 관련하여 남을 도울 기회를 찾는다. 코칭이나 멘토링처럼 강도 높은 일도 있고 온라인 공간에서 진지한 조언을 하는 것처럼 조금 느슨한 일도 있을 것이다.
- 이때 유일한 조건은 일과 밀접하게 관련된 부분에서 '기버'가 되어야 하며, 전혀 보상을 바라지 않아야 한다는 점이다.
- '도움'은 번아웃을 방지하고 역전시키는 효과가 있지만, 적절한 휴식으로 스트레스를 뒷받침하여 번아웃을 피한다는 목표는 이때도 변하지 않아야 한다.

먼저 가르치기 시작했다.

그랜트가 어린 선수들을 가르치며 겪었던 것처럼, 스티브도 멘토가 절실한 십 대 육상 선수들로 이뤄진 엉성한 팀을 자원하여 가르치며 기버가 됨으로써 성취감을 느꼈다. 그 당시 스티브는 1마일을 4분 안에 달리지 못했다는 생각으로 괴로워하고 있었다. 하지만 그러다 자신이 가르친 선수들이 1마일을 6분 안에 뛰고 흥분하는 모습을 보았고, 그러면서 마음이 흐뭇해졌다. 스티브는 이런 순간들을 거치며 과연 자신에게 스포츠가 어떤 의미였는지를 생각했다. 공정한 경쟁과 더 나아지려는 마음으로 열심히 노력하는 그 단순한 행위를 그는 좋아했었다. 스티브는 미국 최고의 육상 선수가 되고자 하던 것에서 다른 선수들을 돕는 것으로 초점을 옮기면서 천천히, 그러나 분명히 다시 육상을 사랑하게 되었다.

목적의 힘

자신을 넘어서는 목적이 있는 사람도 있지만, 그렇지 않은 사람도 있다. 난데없이 나를 초월한 목적을 만들어 낸다는 것은 어불성설로 보인다. 그러나 그런 목적은 하늘에서 뚝 떨어지는 것이 아니다. 목적은 내면에서 나온다. 우리가 할 일은 그것을 찾는 것이다. 미시간대학교의 스트레처 교수는 각자의 핵심 가치를 바탕으로 자기 초월적 목적을 만들 수 있는 도구를 고안했다. 우리는 스트레처 교수의 도구를 단계별로 따라가면서 이 책을 쓰는 목적을 다음과 같이 명확히했다.

> '사람들이 건강하고 지속 가능한 방식으로 최고의 성과를 내는 법을 찾고, 그럴 때 뒤따를 번아웃, 불만족, 불행을 방지하도록 돕는다.'

우리는 이 책을 쓰는 내내 이 목적을 다시금 들여다보곤 했다. 힘이 빠지고 겁이 나고 한없이 피곤할 때는 특히 더 이 목적에 매달렸다.

다음 장에서는 자아를 넘어서는 목적을 만드는 과정을 차근차근 이야기하고(이미 그런 목적이 있다면 다시 확인하는 의미에서 따라가 보자), 그것을 제대로 활용할 가장 좋은 방법 몇 가지를 추천하려고 한다. 하지만 그 전에 목적의 힘을 한 번 더 강조하는 의미에서, 홀로코스트 생존자이자 정신과 의사인 빅터 프랭클의 말을 여기 옮긴다.

> 사람은 누구나 책임이 있으며, 자신이 살아가는 삶에 담긴 잠재적 의미를 실현해야 한다. 나는 이렇게 말하며, 인생의 참 의미는 한 사람이나 그 사람의 마음이 아닌 '세상'에서 찾아야 한다고 강조하고 싶다. 사람과 세상이 마치 하나로 연결되기라도 한 것처럼 말이다. 나는 사람을 이루는 한 가지 특징에 '자기 초월'

이라는 이름을 붙여 보았다. 여기에는 인간으로 살아가다 보면 언제나 나 아닌 다른 존재를 바라보고 거기에 이끌리게 된다는 의미가 있다. 나 아닌 다른 존재란 이뤄야 할 목적일 수도 있고 마주해야 할 누군가일 수도 있다. 사람은 명분에 몸 바치고 다른 사람을 사랑함으로써 자기를 잊을수록 더 사람다운 사람이 된다. 그리고 본모습에 더 가까워진다. '자아실현'은 절대 이룰 수 있는 목표가 아니다. 왜냐하면, 그 목표는 이루려 할수록 실패할 가능성이 커지기 때문이다. 다시 말해, 자아를 실현한다는 것은 자아를 초월함으로써 나타나는 부수적인 결과로서만 이룰 수 있는 목표인 것이다.

CHAPTER

자기 맞춤형 목적을
계발하는 방법

이번 장에서는 목적을 계발하는 법을 이야기할 것이다.* 이미 알맞은 목적을 찾아서 집중하고 있다면, 이번 장을 계기로 그 목적을 더 가다듬고 재확인할 수 있기 바란다. 여기서는 목적을 찾는 방법에 관해 이야기한 뒤, 목적이 일상에 스며들게 함으로써 목적에 부합하게 생활하고 목적을 통해 성과를 강화할 간단한 방법들을 알아보려고 한다. 그러나 그 주제로 바로 들어가기 전에 먼저 일반적인

---

* 이 부분은 빅터 스트레처 박사가 개발한 모바일 앱인 '온퍼포스On Purpose'를 참조했다. 이 책의 저자인 우리가 목적을 찾도록 도와준 스트레처 박사는 독자들 또한 나름의 목적을 찾을 수 있도록 이 도구를 사용하는 것을 허락해 주었다. 스트레처 박사께 감사를 전한다. 스트레처 박사의 접근법을 더 자세히 알아보려면 www.JoolHealth.com을 참조하길 바란다.

오해 몇 가지를 해결해야 할 것 같다.

- 목적을 갖기 위해 종교적이거나 영적으로 돼야 할 필요는 없다.
- 목적은 신비주의적 노력이 아니다. 이제부터 알아보겠지만, 목적을 만드는 과정은 합리적인 사고를 바탕으로 한다.
- 목적이 여럿이어도 괜찮다. 예컨대 앞 장에서 이 책을 쓴 목적을 이야기했지만, 우리는 각자 그 외에 삶의 다른 영역과 관련된 목적들도 있다.
- 목적이 하나뿐이라도 괜찮다. 한 가지 목적이 자신이 하는 모든 일에 적용되는 경우도 있다. 그 예는 다음과 같다.
  - 매일 내가 될 수 있는 가장 훌륭한 사람이 됨으로써 내가 믿는 신을 섬기고 받든다.
  - 내가 하는 모든 일에 긍정적인 에너지를 쏟고, 내가 소통하는 모든 이와 그 에너지를 나눈다.
  - 행동하기 전에 잠시 멈추고, 내 행동이 다른 사람에게 미칠 영향을 생각한다.
- 목적이 나를 위한 것이라도 문제없다. 그러나 앞 장에서 이야기했듯, 나를 넘어서는 목적이 있으면 세상을 더 좋은 곳으로 만들 수 있고 일도 더 잘해낼 수 있다. 그러므로 반드시 그래야 하는 것은 아니지만, 나의 강점을 나보다 큰 존재를 위해 쓸 방법을 찾아보면 좋다.
- 목적은 시간이 가면서 달라질 수 있다. 사실, 그래야 마땅하다! 삶에서 변하지 않는 것은 변화 그 자체일지 모른다. 필요하면 언제든 다시 이 과정을 통해 목적을 수정한다.

맨 처음에 대략의 목적을 정할 때는 15분에서 20분을 넘기지 않아야 한다. 여러 번 고민하지 말고 한 번에 끝내기를 추천한다. 모든 사람이 여기 제시하는 목적 설정 과정을 따라가 보면 정말 좋겠지만,* 이미 목적을 잘 정리해 두었다면, 이 부분은 건너뛰고 285쪽으로 넘어가서 목적에서 비롯되는 성과 향상의 힘을 잘 활용할 방법을 살펴본다.

핵심 가치 선택하기

'핵심 가치'란, 근본이 되는 신념이나 길잡이가 되는 원리를 말한다. 핵심 가치는 개인에게 가장 중요한 것으로, 개인의 행동 지침이 된다. 다음 목록에서 최대 다섯 개의 핵심 가치를 선택한다. 이 목록에 모든 핵심 가치가 포함된 것은 아니므로 여기에는 없지만 생각나는 것이 있다면 그것을 사용해도 좋다.

• 공동체	• 공관계	• 교육
• 긍정	• 낙관	• 독립
• 동기	• 명예	• 성취
• 신뢰	• 실용성	• 안전

---

* 책에 이런 활동이 들어가는 걸 우리도 좋아하지 않는다. 하지만 여기 있는 활동은 충분히 해볼 가치가 있다고 보장한다!

- 일관성
- 영성
- 전문성
- 창의성
- 친절
- 활력

- 열정
- 용기
- 전통
- 책임
- 헌신
- 효율

- 영감
- 자제
- 정직
- 성실
- 확신

가령, 우리가 이 책을 쓰는 목적을 정하면서 선택한 다섯 가지 핵심 가치는 다음과 같다.

- 공동체에 보탬이 된다
- 전문적인 지식을 얻는다
- 창의성을 발휘한다
- 관계를 쌓는다
- 즐긴다

나만의 핵심 가치 만들기

선택한 각 핵심 가치에 더 개인적인 의미를 담기 위해 '나만의' 설명을 한두 문장으로 적는다. 다음은 이 책을 쓰기로 하는 밑바탕이 됐던 핵심 가치에 대해 우리가 적은 설명이다.

- 공동체에 보탬이 된다: 독자들이 더 큰 능력을 발휘하며 그 과정을 즐기도록 돕는다.
- 전문적인 지식을 얻는다: 우리가 둘 다 열정을 가진, '건강과 인간 성과'라는 분야를 전문적으로 알아간다. 배운 것을 삶에 적용하고 그것들을 독자들과 나눔으로써, 독자들 또한 그런 지식을 삶에 적용하게 한다.
- 창의성을 발휘한다: 여러 영역에서 나온 이질적인 아이디어들을 의미 있고 통찰력 있는 방식으로 통합한다.
- 관계를 쌓는다: 이 기회를 통해 책을 쓰는 데 그치지 않고, 계속 교류하며 가르침 받을 수 있는 흥미로운 사람들과 관계를 쌓는다.
- 즐긴다: 우리는 배우는 과정과 소통의 어려움을 극복하는 과정을 좋아하므로 그 점을 명심하고 한껏 즐겨야 한다! 글쓰기도 즐겁게 하면 더 잘할 수 있을 것이다.

핵심 가치에 순서 매기기

이제 가장 어려운 부분이다. 나만의 핵심 가치를 만들었으니, 이제 가장 의미가 큰 것부터 순서를 매긴다(예를 들어, 가장 중요한 순서로). 가령, 우리가 정한 순서는 다음과 같다.

① 창의성을 발휘한다
② 공동체에 보탬이 된다

③ 관계를 쌓는다

④ 전문적인 지식을 얻는다

⑤ 즐긴다

목적 문장 만들기

지금까지 우리는 핵심 가치를 선택하고 그 각각에 관해 생각해 보았다. 이제 '목적 문장'을 적어 볼 차례다. 목적 문장은 한 문장에서 세 문장 사이로 적되, 나만의 핵심 가치가 잘 드러나야 한다. 다음은 그 예이다.

- 사람들이 건강하고 지속적인 방식으로 최대한 능력을 발휘하고, 그에 따른 번아웃과 불만, 불행을 예방하도록 돕는다.
- 내 도움이 필요한 사람을 도울 수 있게 준비한다. 나도 도움이 필요할 때 다른 사람들에게서 많은 도움과 사랑을 받았기 때문이다!
- 우리 학교 학생들에게 깨끗한 건물을 선사한다.
- 자연을 공부하고 이해한 뒤 그렇게 알게 된 것을 사람들에게 전한다.
- 사랑하는 사람에게 더 헌신한다.
- 최대한 훌륭한 운동선수가 돼서 한계까지 자신을 채찍질하려는 사람들에게 영감을 준다.
- 아름다운 작품을 만들어서 사람들을 웃고 울게 하며, 그들이 다른 사람,

그리고 자연과 연결되게 한다.

목적의 힘 활용하기

우리에게 그랬듯 이 방식이 당신에게도 가치를 발했기 바란다. 이 정도면 잘 결정한 것인지 확신할 수 없더라도 괜찮다. 또한, 지금은 잘 결정된 듯 보이더라도 다음에 이 책을 읽을 때 다시 한번 그 목적을 살펴보기 바란다(목적을 결정하는 과정도 다시 따라가 보면 좋을 것이다). 목적을 다듬는 것은 언제 해도 좋으며, 빠를수록 좋다.

그러나 머지않아 편안한 느낌이 들 만큼 꼭 맞는 목적을 정할 수 있을 것이다. 나의 정체성과 내 믿음이 드러나는 목적이 곧 생길 것이다.

이제 목적을 활용할 차례다. 지금부터는 확실한 틀 안에서 목적을 되새기고 그 힘을 활용할 실질적인 방법을 이야기하려고 한다. 곧 알게 되겠지만, 어렵거나 시간이 많이 들어가는 방법은 아니다. 전부 더해도 하루에 3분을 넘기지 않을 것이다. 그러나 방법은 간단하더라도 이렇게 일상에 목적이 스며들면 정말 큰 보상이 뒤따를 것이다. 이제 소개할 방법들은 누구든 더 건강하고 행복하며 나은 사람이 되고자 할 때 사용하도록 고안되었다. 방금 한 말은 자기계발 분야에서 가져온 말로 들리겠지만, 사실 이 말의 뿌리는 과학에 있다. 이제부터 살펴보자!

시각적 신호

목적 문장은 잘 적어서 격려가 필요한 장소에 전략적으로 붙여 두는 것이 좋다. 그렇게 하면 일이 어려워질 때 그것을 보면서 열심히 일하는 '이유'를 떠올릴 수 있다. 앞 장에서 언급했듯, 연구에 따르면 핵심 가치와 목적을 돌아보는 행위는 문자 그대로 두려움을 극복하고 동기와 그릿을 강화하기 좋은 방향으로 뇌에 변화를 일으킨다. 글로 적힌 목적을 아주 잠깐 눈으로 확인할 뿐이지만(내용을 뇌에서 제대로 처리하는 과정을 거치지 않더라도), 우리는 목적을 시야에 확보하는 것만으로도 힘을 낼 수 있다. 여러 연구에서는, '시각적 신호'는 의식적으로 인식되지 않더라도 (뇌에서 완벽하게 처리하지 않더라도) 노력 자각도를 바꿈으로써 누가 보아도 어려운 일을 쉽게 느끼게 한다고 말한다. 역시 앞 장에서 이야기했듯, 단 몇 초라도 의식적으로 목적을 떠올리고 일과 연결하면, 뇌만이 아니라 동기에도 지대한 영향이 갈 수 있다.

다음은 성과의 최강자들이 가장 필요한 순간에 시각적 신호를 이용해서 전략적으로 목적을 상기하는 방법이 나타난 예이다.

> 목적 문장은 잘 적어서 격려가 필요한 장소에 전략적으로 붙여 두는 것이 좋다.

- 한 프로 사이클 선수는 자전거 핸들에 목적 문장을 붙여 둔다. 속도가 올

라가고 고통이 느껴질 때마다 그는 본능적으로 고개를 숙이고 아래를 바라본다. 그러면 핸들에 붙여 둔 목적이 눈에 들어온다. 그의 목적 문장은 다음과 같다. '사람들이 자기 안전지대를 벗어나 삶에서 최대한 많은 것을 경험하도록 영감을 주자!' 이렇게 하면 조금 더 자신을 밀어붙일 수 있고 조금 더 고통을 참을 수 있다.

- 건강 관리 회사에 다니는 한 중간 관리자는 현장 직원이 전화해서 자신의 부서에서 만든 보고서에 대해 바보 같은 질문을 할 때마다 좌절감을 느끼곤 한다. 자신이 전화 통화에 취약하다는 것을 알고 전화를 아예 무시할 때도 있다. 그녀는 자신이 이 일을 하는 목적을 다음과 같이 적어서 핸드폰에 붙인다. '사람들의 삶에 변화를 일으킨다.' 이렇게 하자, 현장 직원이 전화해서 보고서에 관해 아무리 사소한 질문을 하더라도 그것을 '환자 관리 개선'이라는 궁극적인 목적과 연결 지을 수 있게 됐다. 이제 그녀는 언제 전화가 울리더라도 자신이 사려 깊고 정확하게 답하면 환자들을 치료하는 데 보탬이 되고 사람들의 삶에 변화를 가져다줄 수 있음을 떠올린다.

- 한 예술가는 자신의 목적 문장을 작품처럼 멋지게 적어 본 뒤 기운을 얻었다. 하지만 이 문구는 그녀의 작업실이 아닌 사무실에 걸렸다. 앞서 말했지만, 많은 예술가들이 일에서 가장 힘들어하는 부분은 작품 외의 부분이다. 그녀는 사무실에 목적 문장을 걸어 둔 덕분에 의미 없게 보이는 모든 것을 참아내는 이유를 떠올리게 되고, 그래서 사람들에게 감동을 주는 아름다운 작품을 만들 수 있다.

- 우리(브래드와 스티브)는 컴퓨터에 목적 문장을 붙여 둔다! 그러면 글을 쓰기 위해 자리에 앉을 때마다 이 일을 하는 이유를 떠올릴 수 있다. 우리가

이렇게 한 덕분에 당신은 분명 더 좋은 책을 읽고 있을 것이다. 과연 목적이 없었다면 이 책을 시작이나 할 수 있었을지 모르겠다. 본업을 하는 틈틈이 책을 쓴다는 건 겁이 나는 일이었다. 본업만 충실히 하는 편이 경제적으로는 유리했다. 그러나 그렇게 해서 사람들을 돕지는 못했다. 우리는 사람들이 번아웃과 불만, 불행을 예방하면서 건강하고 지속 가능한 방식으로 각자의 최대치를 끌어낼 방법을 찾도록 돕고 싶었다. 이 소박한 목적을 되새긴 덕분에 계속 글을 쓸 용기와 자신감을 얻었다.

이 예시들이 목적 문장을 붙일 알맞은 장소를 찾는 데 도움이 됐기 바란다. 목적 문장은 일에 대한 두려움을 이기기 위해 약간의 용기가 필요한 곳이나 동기를 지속하기 위해 격려가 필요한 곳에 붙이면 좋다. 핵심은 어려움이 생길 때 눈 둘 만한 곳에 목적 문장이 있어야 한다는 점이다. 목적 문장을 붙이기 좋은 장소로 우리가 추천하는 곳은 화장실 거울이다. 하루의 시작을 알리는 좋은 방법이 되는 동시에 최대치를 발휘하는 데도 도움이 될 것이다.

자기 대화

미리엄웹스터사전Miriam Webster dictionary에서는 '만트라mantra'라는 말에 대해 몇 가지 정의가 나온다. 가장 일반적으로 쓰이는 정의는 '자주 반복하는 말, 또는 개인의 기본적인 믿음이 나타나는 단어나

문구'이다. 또 다른 정의는 '신비한 말로 된 주문'이다. 한편, '주문'은 이렇게 정의된다. '도움을 구하며 사물이나 사람을 부르는 행위, 또는 초자연적인 힘을 소환하는 행위.' 이것들을 모두 합하면, 만트라의 작동 원리를 이렇게 정의할 수 있다. '신비하고 초자연적인 힘이 있는 듯 보이는 중요한 단어나 문구를 반복하여 말하는 행위.'

목적 문장은 완벽한 만트라가 될 수 있다. 이렇게 만든 목적은 더없이 중요하다. 또한 앞 장에서 이야기했듯, 목적에는 신비하고 초자연적으로 보이는 힘이 있다. 목적이 있으면, 용기가 생기고 두려움을 이기며 가장 어려운 상황도 참을성 있게 견딜 수 있다. 그렇다면 '자기 대화'를 하는 동안 (머릿속으로 반복하여) 만트라처럼 목적을 되뇐다면 성과를 크게 강화할 수 있을 것이다.

자기 대화가 성과를 끌어올린다는 증거는 아주 많다. 특히 여러 연구에서는 자기 대화가 불편한 상황을 견딜 동기와 의지를 강화한다는 것을 알 수 있다. 자기 대화에서 하는 말은 짧고 구체적일 때, 그리고 무엇보다 지속적으로 반복할 때 가장 효과가 있다. 그러므로 목적 문장이 길다 싶으면, 자기 대화 전략에서 사용할 수 있게 핵심을 짚는 몇 개의 단어로 압축해 본다. 자기 대화가 특히 도움이 되는 때는 몸과 마음이 그만두라는 메시지를 보내지만 나는 계속해야 할 때이다. 자기 대화는 평정심을 유지하고 편도체 납치(4장에서 이야기한, '뇌가 감정에 장악된 상태'를 이르는 말)를 피하는 데 도움이 된다. 또한, 자기 대화에 '나'를 넘어서는 목적이 들어간다면 평소에 가능하다고 생각했던 선을 넘어서는 힘이 될 수 있다.

예상하겠지만, 이 전략은 운동선수들 사이에서 흔하게 쓰인다. 이 책을 쓰는 과정에서 우리가 만난 모든 선수는 자기 대화를 한다고 했다. 예를 들어, 올림픽 마라톤 선수 데지레 린든은 결승선이 몇 마일 안 남은 상황에서는 수분 보충만큼 중요한 것이 자기 대화라고 말했다. 그러나 자기 대화는 운동만이 아니라 다른 분야에서도 활용할 수 있는 전략이다. 몸과 두뇌, 정신 중 어느 부분을 중심으로 일하든지, 두렵고 고통스럽고 불안할 때 목적이 담긴 만트라를 반복하면 큰 도움을 받을 수 있다. 흔들리지 않고 중심을 잡고, 부정적인 감정을 누그러뜨리며, 8장에서 이야기했듯 항상 그만두라고만 말하는 우리의 자아를 진정시킬 수 있다.

미리엄웹스터 사전에서는 만트라의 이점을 '초자연적'인 것으로 말할지 모르지만, 사실 우리는 만트라를 통해 과학적으로 충분히 뒷받침되는 이점을 얻을 수 있다.

하루 돌아보기

앞서 시각적 신호를 다루면서, 화장실 거울에 목적 문장을 붙여 두고 매일 아침 하루를 시작할 때 사용하도록 이야기했다. 그렇다면, 하루를 보낸 뒤 매일 밤 잠자리에 들기 전에 다시 그 목적을 돌아보는 것도 좋을 것이다. 구체적으로 이렇게 자문해 보자. 오늘 내가 목적에 충실하게 생활했는지를 점수로 나타낸다면, 1점부터 10

점 사이에서 몇 점을 줄 수 있을까? 점수를 정한 뒤에는 딱 1분만 시간을 내서, 만점인 10점에 가까워지려면 어떤 점을 개선할지 생각해 본다. 10점이라면 어떻게 해서 10점이 되었는지 생각해 본다. 알다시피 목적이 있으면 거의 모든 면에서 성과가 더 좋아진다. 멀리 보면, 하루를 돌아보는 짧고 간단한 행위는 더욱더 목적과 부합하는 삶을 사는 데 필요한 변화를 만드는 데 보탬이 된다. 이 과정은 머릿속으로만 거쳐도 좋지만, 여러 연구에 따르면 생각을 직접 쓰면 성과만이 아니라 건강도 좋아진다고 한다.

'표현적 글쓰기'는 삶에 필수적이고 기초적인 문제들을 깊이 살피며 글로 써 보는 일종의 일기 쓰기와 같은 행위로, 사람의 면역체계 안에 있는 세포들을 강화한다고 알려졌다. 그뿐만 아니라, 표현적 글쓰기는 우울과 불안을 줄이고 혈압을 낮추며, 질병에 걸릴 확률을 떨어뜨리고, 폐와 간의 기능을 향상하며, 긍정적인 태도와 사회적 유대감을 키운다고 한다. 과학자들이 표현적 글쓰기가 이렇게 엄청난 결과를 낳는다고 생각하는 이유는 표현적 글쓰기를 통해 가장 중요한 문제들을 돌아볼 공간이 마련되기 때문이다. 많은 사람은 표현적 글쓰기로 표출할 만한 생각과 감정을 억눌러 자기 안에 가둬 놓는다. 그러나 강렬한 감정을 속으로 삼켜 본 사람들은 알겠지만, 감정은 표현하지 않으면 높은 긴장을 유발한다. 그렇다고 다른 사람에게 그런 감정을 이야기한다는 것도 편안하기만 한 경험은 아니다. 그러나 나에게 가장 중요한 가치와 감정을 반영한 말을 종이에 쏟아내면 긴장이 해소되며, 그렇게 하는 과정에서 건강이 좋아진다. 표현적 글쓰기 연구의 선구자인 텍사스대학교의 제임스 페니베이커 교수는 이렇게 말한다. "가끔 한 발짝 떨어져서 내가 지금 삶의 어디쯤 있는지를 가늠해 보는 일은 정말 중요합니다." 페니베이커 교수가 말하는 표현적 글쓰기가 잘 나타나는 예가 있다면, 과연 얼마나 목적과 가까운 삶을 살고 있는지 알아보기 위해 목적을 돌아볼 때일 것이다.

목적이 이끄는 삶

목적은 삶을 아주 이롭게 한다는 사실을 스스로 일깨우는 것도 중요하지만, 정말 중요한 것은 목적에 따라 살아가는 것이다. 목적에 걸맞은 삶을 사는 것만큼 성과와 활력, 건강에 힘이 되는 건 없다. 이 책에서 딱 한 가지를 얻어가야 한다면, 바로 이 점이 그 한 가지이기 바란다.

목적을 계발했다면, 목적을 이룰 수 있는 삶을 살기 위해 최선을 다해야 한다. 하루의 점수가 10점에 가까워질수록, 즉 목적에 완벽하게 부합하는 삶을 살아갈수록, 우리는 더 행복하고 건강한 사람, 더 나은 사람이 될 것이다. 미국 역사상 가장 빠른 마라톤 선수인 라이언 홀Ryan Hall이 말했듯, 목적을 이루며 살아가는 것은 '세상에서 가장 기분 좋은 일'이다.

PEAK

체계적이고 지속 가능한
자신만의 성장 공식을 완성하라

가능하다고 생각하는 경계 너머에 목표를 세우고 체계적으로 달성해 가는 것만큼 흐뭇하고 뿌듯한 일도 없을 것이다. 그런데 바꿔 말하면, 우리는 더 나아지고자 하는 과정에 온전히 몰입할 때 최대치를 끌어내는 경우도 많다. 이 책에서 이야기한 최고들은 모두 만족에 관해서는 무능한 사람들이다. 각자의 영역에서 가장 높이까지 올라가고도 그들은 더 나아지기 위해 치열한 노력을 아끼지 않는다. 당신도 자신의 영역에서 비슷한 마음가짐을 갖고자 소망하게 되었기를 바란다.

우리는 지금까지 이 책에서 건강하고 지속 가능한 방식으로 최고의 성과를 내는 핵심 원리들을 이야기했다.

- 스트레스+휴식=성장
- 최적 루틴을 개발하고 하루를 설계하는 힘
- 목적

부디 이 책이 즐거움을 선사했기 바란다. 그런데 정말 큰 재미는 책은 덮고 우리가 이야기한 원리들을 실제 생활에 적용할 때 시작된다.

명심하자. 이 책에 등장한 성과의 최강자 가운데 처방을 그대로 따른 사람은 없었다. 오히려 그들은 성과의 원리와 관련된 실천법을 가져다가 자기 것으로 만든 뒤, 자기만의 방식과 일의 구체적인 필요에 맞게 바꾸어 활용했다. 당신도 그렇게 해 보기 바란다.

당신의 시작을 응원하며 각 원리에 해당하는 핵심 원리들을 정리해 보았다. 당신은 이것을 기본 삼아, 시간을 들여 나름의 레시피를 만들어 가면 된다. 그 과정에서 개인적으로 경험하고 배운 것들을 이메일(info@peakperformance.email)로 우리와 공유해 주기 바란다. 공유된 이야기는 성과 과학 분야의 최신 정보와 함께 우리가 발행하는 소식지에 실릴 예정이다. 소식지는 www.peakperformancebook.net에서 구독할 수 있다. 우리는 이 책을 발판 삼아, 배우고 개선하고자 하는 공통점을 가진 사람들이 모이는 공동체를 만들고 싶다.

우리에게는 이 책을 쓰는 프로젝트를 해낸 것이 '최고의 성과'였다. 항상 쉽지는 않았지만 말하는 것들을 실천하기 위해 우리는 최선을 다했다. 이제 나름의 여정을 향해 나아가는 당신을 보내며, 지금까지 우리의 여정을 함께해 주어 깊이 감사하다는 말을 전한다.

스트레스와 휴식의 교차 속에 이뤄지는 체계적 성장

스트레스 가하기

성장하고자 하는 영역에서 '최적점 과제'를 찾는다

- 최적점 과제는 현재의 능력치를 살짝 넘어서는 수준의 일을 말한다.
- 일이 완전히 통제되는 것 같으면 조금 더 어려운 수준의 다음 과제를 찾는다.
- 집중할 수 없을 만큼 불안하거나 긴장된다면 일의 수준을 한 단계 낮춘다.

깊은 집중력과 완벽한 실천력을 기른다

- 의미 있는 일을 시작할 때는 항상 분명한 목적을 정한다.
- 깊이 집중한다. 물론 집중이 항상 즐거운 일은 아니다.
- 스마트폰 같은 방해 요소를 제거한다. 눈에서 멀어지면 정말 마음에서도 멀어짐을 기억한다.
- 한 번에 한 가지 일만 한다. 멀티태스킹이 하고 싶어지면, 과학에서는 멀

티태스킹이 효과적이지 않다고 말한다는 사실을 떠올린다.

- 질이 양을 이긴다는 사실을 기억한다.

시간대를 나누어 일한다

- 50~90분 사이(일에 따라 달라질 수 있다)로 시간을 나누어 일한다. 집중력을 유지하기 어렵다면 더 짧게 나눠도 좋다.
- 깊이 집중해서 일하는 데 익숙하지 않다면 시간을 10~15분 사이로 짧게 나눈다. 깊이 집중하는 데 익숙해지면 점차 집중 시간을 늘린다.
- 대부분의 활동은 한 번에 최대 2시간을 넘지 않아야 한다.

성장(도전) 마인드셋을 기른다

- 어떤 것에 대한 시각은 그것에 대해 몸이 반응하는 방식을 근본적으로 바꾼다는 사실을 명심한다.
- 스트레스로 인한 '감정'이 느껴지면, 그것이 어려움에 대해 준비하는 몸의 자연스러운 방식임을 상기한다. 심호흡을 하고, 고조된 긴장과 예민해진 의식이 눈앞에 놓인 과제를 향하게 한다.
- 스트레스를 생산적으로 바라보고 환영하기 위해 노력한다. 성과와 함께 건강도 좋아질 것이다.

휴식할 용기

휴식에 대한 선택이 더 수월해지도록 명상을 통해 마음챙김 근육을 기른다

- 아침 가장 이른 시각, 양치 후, 잠자기 전처럼 방해가 가장 적은 시간을 찾는다.
- 편안한 자세로 앉는다. 조용한 곳이 좋다.
- 시간이 가는 것에 대한 생각으로 방해받지 않기 위해 타이머를 맞춘다.
- 코로 심호흡을 시작한다.
- 호흡에만 집중한다. 생각이 떠오르면 알아차리되 그대로 흘러가게 한다. 다시 호흡의 느낌에 집중한다.
- 1분으로 시작해서 며칠 간격으로 30~45초씩 늘리는 식으로 점차 시간을 늘린다.
- 얼마나 길게 하는가보다 얼마나 자주 하는가가 중요하다. 명상은 짧게라도 매일 할 때 가장 좋다.

일상에서 마음챙김 근육 기르기를 생활화한다

- 스트레스가 큰 기간에는 '진정 대화'를 한다. '나'는 내가 경험하는 감정이나 느낌과 별개임을 기억한다.
- 스위치를 내리고 싶어지는 때를 알아차리고, 스트레스에서 벗어나는 쪽을 선택한다. 심호흡을 하면 뇌에서 명령 및 조절을 총괄하는 전전두피질이 활성화되어 도움이 된다.

똑똑하게 휴식하고 잠재의식이 일하게 한다

- 힘든 일을 하다 난관에 봉착하면 물러설 용기를 낸다.
  ‣ 5분 이상 하던 일에서 물러난다.

- ▸ 스트레스가 많은 일을 할수록 휴식 시간도 길어져야 한다.

- ▸ 극도로 지치는 일을 할 때는 이튿날 아침까지 쉬는 것도 고려한다.

- 쉬는 동안은 집중력이 많이 요구되지 않는 일을 한다.

  - ▸ 짧게 산책한다.

  - ▸ 자연을 찾는다.

  - ▸ 명상을 한다.

  - ▸ 친구를 만난다.

  - ▸ 음악을 듣는다.

  - ▸ 샤워를 한다.

  - ▸ 설거지를 한다.

- 쉬다 보면 '아하'를 외치게 되는 통찰의 순간이 나타날 수 있다. 그렇다면 훌륭하다. 하지만 그렇지 않다고 해도 잠재의식은 여전히 작동하고 있다. 다시 일로 돌아가면 진전이 생길 가능성이 크다.

잠을 가장 높은 우선순위에 둔다

- 잠을 생산적인 것으로 생각한다.
- 매일 밤 7~9시간 이상의 수면을 목표로 한다. 몸에 부담이 큰 일을 하는 사람은 10시간 수면도 과하지 않다.
- 나에게 맞는 수면 시간을 알아보는 가장 좋은 방법은 10~14일 동안 피곤할 때 잠들고 알람 없이 일어나 보는 것이다. 그런 뒤 그 기간의 평균 수면

시간을 계산하면, 그것이 나에게 맞는 수면 시간이다.

• 밤잠을 잘 자려면 다음 조언을 따른다.

  ▸ 낮 시간에 반드시 (전자 불빛이 아닌) 자연광에 노출된다. 그럴 때 건강한 생체 리듬을 유지할 수 있다.

  ▸ 운동한다. 격렬한 신체 활동은 몸을 피곤하게 한다. 피곤하면 잠을 자기 마련이다. 그러나 잠잘 시간이 가까워서는 운동하지 않는 편이 낫다.

  ▸ 카페인 섭취를 제한하고, 잠들기 5~6시간 전에는 완전히 금한다.

  ▸ 침대는 잠과 섹스를 위한 용도로만 사용한다. 먹고, 텔레비전을 보고, 노트북을 들고 일하는 등의 용도로는 사용하지 않는다. 단, 자기 전에 침대에서 종이책을 읽는 것은 괜찮다.

  ▸ 잠잘 시간이 가까워서는 술을 마시지 않는다. 술은 잠들기까지의 시간은 줄여줄 수 있지만 그 뒤에 이어지는 더 중요한 국면의 수면은 방해할 때가 많다.

  ▸ 저녁에는 블루라이트 노출을 제한한다.

  ▸ 저녁을 먹은 뒤에는 몸으로든 머리로든 어렵고 스트레스가 큰 일은 시작하지 않는다.

  ▸ 초조함과 조바심 때문에 힘들다면 잠들기 전에 짧게 마음챙김 명상을 한다.

  ▸ 졸릴 때는 졸음과 싸우지 않는다. 어떤 일이든 아침까지 기다렸다 해도 된다.

  ▸ 방을 최대한 어둡게 한다. 가능하다면 암막 커튼을 사용한다.

  ▸ 침실에서 스마트폰을 완전히 없앤다. 무음모드도 안 된다. 완전히 밖으

로 치운다.

- 오후 중반쯤 몸이 가라앉고 머리가 둔해지는 것 같다면 에너지와 집중력을 회복하기 위해 10~30분 정도 낮잠을 잔다.

장기 휴식을 갖는다

- 어떤 일을 하든지 최소한 일주일에 하루는 쉰다.
- 스트레스가 누적된 기간 뒤에는 가능한 만큼 길게 날짜를 잡고 전략적으로 휴가를 간다.
- 스트레스가 클수록 휴식도 길어야 한다.
- 하루를 쉬든 여러 날을 쉬든 일은 완전히 차단한다. 몸도 마음도 스위치를 내리고 느긋하고 다시 힘이 생기는 일을 한다.

성과를 위한 준비

최적 루틴

중요한 활동/성과를 위해 워밍업 방법을 만든다

- 성과를 내는 데 필요한 몸과 마음의 상태를 결정한다.
- 몸과 마음이 그 상태로 들어가게 하는 일련의 활동을 만든다.
- 지속한다. 관련된 일을 할 때마다 동일한 루틴을 사용한다.
- 성과에 기분이 미치는 영향을 기억한다. 긍정적인 마음은 오래도록 영향

을 미친다.

'나만의 장소'를 만든다

- 특정 활동을 할 때만 쓰는 물리적 장소를 마련한다.
- 원하는 행동을 불러일으키는 물건들로 주변을 채운다.
- 꾸준히 같은 장소에서 같은 물건을 사용하여 일한다.
- 시간이 가면, 환경은 신경학적으로 깊은 수준까지 생산성을 향상해 줄 것이다.

성과를 내기 위해 나를 조건화한다

- 중요한 일을 시각적 신호나 루틴에 연결 짓는다.
- 꾸준히, 자주 그렇게 한다. 특정 일을 하기 전에 짝을 이루는 시각적 신호를 쓰거나 루틴을 실행한다.
- 가능하다면 중요한 일은 항상 같은 환경(예: 시간대, 물리적 환경 등)에서 한다.
- 환경을 바꿔가며 해야 하는 일이라면 어디서나 쓸 수 있는 이동식 신호/루틴을 만든다(예: 심호흡, 자기 대화 등).
- 꾸준히 하는 것이 답이다. 아무리 좋은 루틴도 규칙적으로 실행하지 않으면 무용지물이다.

하루의 설계

맥시멀리스트가 되기 위한 미니멀리스트 전략을 사용한다

- 평소에 하루 동안 결정하는 일을 모두 떠올려 본다.

- 그중에 나에게 크게 중요하지 않은 것들을 파악한다.

- 그다지 중요하지 않은 것들은 가능한 만큼 자동으로 결정되게 한다.

  ‣ 옷

  ‣ 식사 메뉴

  ‣ 매일 하는 일을 할 시간(예: 운동을 항상 같은 시간에 하면 말 그대로 시간에 대해 고민할 필요가 없어진다)

  ‣ 친목 모임에 참석할지 여부(항상 그런 것은 아니지만, 성과의 최강자들은 일과 관련하여 중요한 시기일 때는 사람들과의 만남을 거절하는 철칙을 고수하는 경우가 많다)

- 험담, 편 가르기, 나에 대한 다른 사람의 생각 따위에 두뇌의 에너지를 쓰지 않는다.

- 어디에 살 것인가와 같은 인생의 더 큰 결정이 2차, 3차적으로 생활에 미칠 영향(출퇴근 시간, 경제적인 부담 등)을 생각해 본다.

에너지의 수준에 따라 활동을 결정한다

- 크로노타입을 결정한다(예: 종달새형인지 올빼미형인지 파악한다)

- 크로노타입에 따라 하루를 설계한다. 활동을 계획할 때는 활동에 필요한 사항과 에너지의 수준에 맞게 신중하게 시간을 정한다.

- 가장 집중이 잘 되는 시간은 '가장 중요한 일'을 하는 데 쓴다.

- 까다롭지 않은 일은 집중이 덜 되는 시간에 계획한다.

- 피로와 싸우지 않는다! 그보다는 그 시간을 활용해 몸과 마음을 회복하고,

에너지와 집중력이 높아지는 때가 돌아오면 실행할 수 있는 창의적인 아이디어를 생각한다.

- 크로노타입에 맞게 일하면 성과를 극대화하는 데 더해 스트레스와 휴식 사이에서 적절한 균형을 맞출 수 있다.

주변을 현명하게 관리한다

- 주변 사람들이 나에게 큰 영향을 미친다는 사실을 인지한다.
- 좋은 성과로 이어지는 환경을 마련하기 위해 나를 지지해 줄 사람들을 가까이하고자 힘쓴다. 긍정적인 에너지와 동기, 추진력은 모두 전염성을 띤다.
- 긍정적인 태도를 보이고 의욕적으로 행동하면, 나만이 아니라 내 삶의 모든 사람에게 도움이 된다는 사실을 기억한다.
- 지나치게 부정적이거나 비관적인 사람에 대해 참고만 있어서는 안 된다. 가장 약한 고리의 강도가 전체 사슬의 강도를 좌우한다.

실행한다

- 기술을 연마하는 데 '꾸준한 실행'만 한 것은 없다.
- 행동이 태도를 낳을 때가 많다는 것을 기억한다. 때로는 시작이 최선일 수 있다.

목적의 힘

'나' 넘어서기

자아를 극복한다

- 나의 '자아', 즉 '중앙 통제 기관'은 내가 진정한 한계에 이르지 못하도록 가로막는 방어 기제로 작동함을 기억한다. 본래 자아는 큰 어려움이 닥치면 나를 걸어 잠그고 방향을 바꾸라는 메시지를 전하게 되어 있다.

- 나를 넘어서는 목적 또는 이유에 집중하면, 자아를 극복하고 스스로 만든 한계선을 뚫고 나갈 수 있다.

- 내가 하는 일을 가능한 한 큰 목적과 연결한다. 그러면 큰 어려움에 부딪혀 마음이 그만두라는 메시지를 보내더라도 그 일을 하는 목적에 대해 스스로 질문할 수 있다. 만일 답이 "내가 아닌 누군가, 또는 나보다 큰 존재를 위해서"라면 계속 앞으로 나아갈 가능성이 더 커질 것이다.

- 나에 대한 생각을 줄이는 것은 더 나은 사람이 되는 가장 좋은 방법 중 하나다.

동기를 강화한다

- 자아는 노력 자각도, 즉 노력해야 한다고 생각하는 정도를 동기와 끊임없이 저울질하고 있음을 기억한다. 그러므로 더 노력하고 싶다면 동기를 강화할 필요가 있다.

- 동기를 강화하려면 일을 더 큰 목적이나 명분과 연관시킨다.

- 남을 돕는 일에 집중하면 더 좋은 세상을 만들 수 있으며, 더 좋은 성과를 내는 데도 도움이 된다.
- 지금 하는 일을 하는 이유에 대해 생각한다. 특히 피로할 때는 더 도움이 된다.

번아웃을 피하기 위해 다른 사람을 돕는다

- 내가 하는 일과 관련해서 다른 사람을 도울 기회를 찾는다. 코칭이나 멘토링처럼 강도 높은 일부터 온라인상에서 진정성 있는 조언을 올리는 것까지 어떤 것이라도 좋다.
- 유일한 조건은 지금 하는 일과 밀접하게 관련된 일이어야 하며 보상을 기대하지 않아야 한다는 점이다.
- 다른 사람을 돕는 것은 번아웃을 예방하고 번아웃에서 회복되는 데 특히 효과가 크지만, 먼저 적절한 휴식을 통해 스트레스를 조절하여 번아웃을 피하는 것을 목표로 삼아야 한다.

목적의 계발과 활용

281~284쪽에 수록된 활동을 통해 목적을 찾는다

- 핵심 가치를 고른다.
- 나만의 핵심 가치를 만든다.
- 핵심 가치에 순서를 매긴다.
- 목적 문장을 작성한다.

전략적으로 목적을 떠올린다

- 가장 격려가 필요한 순간에 목적을 떠올릴 수 있도록 시각적 신호를 사용한다.

- 목적에 근거해서 만트라를 만들고 상황이 어려울 때 자기 대화에 사용한다.

- 매일 밤 목적을 떠올린다(표현적 글쓰기를 활용한다). 얼마나 목적에 걸맞게 생활했는지 생각해 보고 시간이 가면서 목적에 더 가깝게 생활하기 위해 꾸준히 노력한다.

프롤로그

Jim Clifton, *The Coming Jobs War* (New York: Gallup Press, 2011), 1-2. Laura A. Pratt, PhD; Debra J. Brody, MPH; and Qiuping Gu, MD, PhD,

"Antidepressant Use in Persons Aged 12 and Over: United States, 2005-2008," *NCHS Data Brief*, no. 7 (October 2011).

Matt Saccaro, "'I Think America is Out of Hand': The Shocking Numbers that Reveal Just How Burnt Out American Workers Are," *Salon*, June 29, 2015, http://www.salon.com/2015/06/29/i_think_america_is_out_of_hand_the_shocking_numbers_that_reveal_just_how_burnt_out_american_workers_are/.

Julie Bosman and Michael J. De La Merced, "Borders Files for Bankruptcy," *New York Times Dealbook*, February 16, 2011, http://dealbook.nytimes.com/2011/02/16/borders-files-for-bankruptcy/?_r=0.

Zeynep Tufekci, "The Machines Are Coming," *New York Times*, April 18, 2015, http://www.nytimes.com/2015/04/19/opinion/sunday/the-machines-are-coming.html?_r=0.

"An Open Letter: Research Priorities for Robust and Beneficial Artificial Intelligence,"

FutureOfLife.org, accessed November 11, 2015, http://futureof life.org/ai-open-letter/.

Rory Cellan-Jones, "Stephen Hawking Warns Artificial Intelligence Could End Mankind," *BBC*, December 2, 2014, http://www.bbc.com/news/technology-30290540.

Kevin Lynch "Introduction: 60 at 60," accessed: November 20, 2015, http://www.guinnessworldrecords.com/news/60at60/2015/8/introduction-393032 "Chronological Listing of U.S. Milers Who Have Broken 4:00 in the Mile," *Track & Field News*, last updated October 8, 2016, http://www.trackandfieldnews.com/index.php/archivemenu/13-lists/1476-tafn-us-sub-400-milers.

Andrew Powell-Morse, "The Historical Profile of the NBA Player: 1947-2015," *SeatSmart*, March 4, 2015, http://seatsmart.com/blog/history-of-the-nba-player/.

Addie Thomas, "Global Nutrition Supplements Market: History, Industry Growth, and Future Trends by PMR," *Nasdaq Globe Newswire*, January 27, 2015, http://globenewswire.com/news-release/2015/01/27/700276/10117198/en/Global-Nutrition-and-Supplements-Market-History-Industry-Growth-and-Future-Trends-by-PMR.html.

Marika Beale et al., "Examining the Enhancement Drink NeuroBliss®: Lack of Effect on Mood and Memory in Late Adolescents," *Impulse: The Premier Undergraduate Neuroscience Journal* (2014): 1-8, http://impulse.appstate.edu/sites/impulse.appstate.edu/files/Beale%20et%20al%20%282%29.pdf.

Stephen V Faraone et al., "The Worldwide Prevalence of ADHD: Is It an American Condition?," *World Psychiatry* 2, no. 2 (June 2003): 104-113.

"Attention-Deficit/Hyperactivity Disorder (ADHD)," Centers for Disease Control

and Prevention, last updated October 5, 2016, http://www.cdc.gov/ncbddd/
adhd/data.html.

A.D. DeSantis, E.M. Webb, and S.M. Noar, "Illicit Use of Prescription ADHD
Medications on a College Campus: A Multimethodological Approach,"
Journal of American College Health 57, no. 3 (November–December 2008): 315-324.

Arianna Yanes, "Just Say Yes? The Rise of 'Study Drugs' in College," *CNN*, April
18, 2014, http://www.cnn.com/2014/04/17/health/adderall-college-students/.

Alan Schwarz, "Workers Seeking Productivity in a Pill are Abusing
A.D.H.D. Drugs," *New York Times*, April 18, 2015, http://www.nytimes.
com/2015/04/19/us/workers-seeking-productivity-in-a-pill-are-abusing-
adhd-drugs.html?_r=0.

Erik Parens, "A Symptom of Modern Life," Room for Debate, *New York Times*,
April 21, 2015, http://www.nytimes.com/roomfordebate/2015/04/21/using-
adderall-to-get-ahead-not-to-fight-adhd/a-symptom-of-modern-life.

Olivier de Hon, Harm Kuipers, and Maarten van Bottenburg, "Prevalence of
Doping Use in Elite Sports: A Review of Numbers and Methods," *Sports
Medicine* 45, no. 1 (January 2015): 57-69.

Josie Feliz, "National Study: Teens Report Higher Use of Performance Enhancing
Substances," *Partnership for Drug-Free Kids*, July 22, 2014, http://www.
drugfree.org/newsroom/pats-2013-teens-report-higher-use-of-performance-
enhancing-substances.

"Anti-Doping," USA Triathlon, access date November 20, 2015, http://www.
usatriathlon.org/audience/athlete-resources/anti-doping.aspx.

David Epstein, "Everyone's Juicing," *ProPublica*, September 17, 2015, http://www.
propublica.org/article/raids-steroid-labs-suggest-market-for-steroids-beyond-
elite-athletes.

Deloitte University Press, *Global Human Capital Trends* 2014, accessed November
16, 2015, https://dupress.deloitte.com/dup-us-en/focus/human-capital-
trends/2014.html?icid=hp:ft:01.

LexisNexis, *The 2010 International Workplace Productivity Survey*, accessed
November 16, 2015, http://www.multivu.com/players/English/46619-

LexisNexis-International-Workplace-Productivity-Survey/.

Jada A. Graves and Katy Marquardt, "The Vanishing Lunch Break," *U.S. News & World Report*, October 9, 2013, http://money.usnews.com/money/careers/articles/2013/10/09/the-vanishing-lunch-break-2.

Daniel Hamermesh and Elena Stancanelli, "Americans Work Too Long (and Too Often at Strange Times)," *Vox*, September 29, 2014, http://www.voxeu.org/article/americans-work-long-and-strange-times.

Project: Time Off, *The Hidden Costs of Unused Leave*, accessed November 17, 2015, http://www.projecttimeoff.com/sites/default/files/PTO_HiddenCosts_Report.pdf.

Lydia Saad, "The '40-Hour' Workweek is Actually Longer—by Seven Hours," *Gallup*, August 29, 2014, http://www.gallup.com/poll/175286/hour-workweek-actually-longer-seven-hours.aspx.

Staples Business Advantage, *2015 Workplace Index*, accessed November 17, 2015, https://go.staplesadvantage.com/workplaceindex.

Ben Moshinsky, "Bank of America Intern's 5 a.m. E-Mail Before Death Worried Mom," *Bloomberg*, November 22, 2013, http://www.bloomberg.com/news/articles/2013-11-22/bank-of-america-staff-quizzed-as-coroner-probes-intern-s-death.

Jackie Wattles, "Goldman Sachs Bans Interns from Staying Overnight at the Office," *CNN Money*, June 17, 2015, http://money.cnn.com/2015/06/17/news/companies/goldman-limit-intern-hours/.

D. Smith Bailey, "Burnout Harms Workers' Physical Health Through Many Pathways," *Monitor on Psychology* 37, no. 6 (June 2006): 11.

Shahm Martini et al., "Burnout Comparison Among Residents in Different Medical Specialties," *Academic Psychiatry* 28, no. 3 (September 2004): 240-242.

Carol Peckham, "Physician Burnout: It Just Keeps Getting Worse," *Medscape*, January 26, 2015, http://www.medscape.com/viewarticle/838437.

Joachim Bauer et al., "Correlation Between Burnout Syndrome and Psychological and Psychosomatic Symptoms Among Teachers," *International Archives of Occupational and Environmental Health* 79, no. 3 (March 2006): 199-204.

Ji Hye Yu, Su Jin Chae, and Ki Hong Chang, "The Relationship Among Self-Efficacy, Perfectionism, and Academic Burnous in Medical School Students," *Korean Journal of Medical Education* 28, no. 1 (March 2016): 49-55.

Mark McGuinness, "The Dark Side of Creativity: Burnout," *Lateral Action*, accessed November 17, 2015, http://lateralaction.com/articles/the-dark-side-of-creativity-burnout/.

Simon Kyaga, *Creativity and Psychopathology* (Stockholm: Karolinska Institutet, 2014).

Eystein Enoksen, "Drop-out Rate and Drop-out Reasons among Promising Norwegian Track and Field Athletes: A 25 Year Study," *Scandinavian Sports Studies Forum*, no. 2 (2011): 19-43.

Jeffrey B. Kreher, MD, and Jennifer B. Schwartz, MD, "Overtraining Syndrome," *Sports Health* 4, no. 2 (2012): 128-138.

W.P. Morgan et al., "Psychological Characterization of the Elite Female Distance Runner," *International Journal of Sports Medicine* 8, no. S2 (1987): 124-131.

John Raglin et al., "Training Practices and Staleness in 13–18-Year-Old Swimmers: A Cross-cultural Study," *Pediatric Exercise Science*, no. 12 (2000): 61-70.

CHAPTER 1 매번 한계를 넘어서는 사람들의 비밀

Matt Fitzgerald, "Deena Kastor's Comfort Zone," competitor.com, November 2, 2009, http://running.competitor.com/2009/11/training/deena-kastors-comfort-zone_6616.

Stephen Seiler, "What is Best Practice for Training Intensity and Duration Distribution in Endurance Athletes?," *International Journal of Sports Physiology and Performance*, no. 5 (2010): 276-291.

Mihaly Csikszentmihalyi, *Creativity: The Psychology of Discovery and Invention* (New York: HarperCollins Publishers, 1996): 21-127.

Roy F. Baumeister et al., "Ego Depletion: Is the Active Self a Limited Resource?," *Journal of Personality and Social Psychology* 74, no. 5 (1998): 1252-1265.

Mark Muraven, et al., "Self-Control as Limited Resource: Regulatory Depletion Problems," *Journal of Personality and Social Psychology* 74, no. 3: 774-789.

Dylan D. Wagner et al., "Self-Regulatory Depletion Enhances Neural Responses to Rewards and Impairs Top-Down Control," *Psychological Science* 24, no. 11 (November 2013): 2262-2271.

Malte Friese et al., "Suppressing Emotions Impairs Subsequent Stroop Performance and Reduces Prefrontal Brain Activation," *PLoS ONE* 8, no. 4 (April 2013): e60385.

Michael Inzlicht and Jennifer N. Gutsell, "Running on Empty: Neural Signals for Self- Control Failure," *Psychological Science* 18, no. 11 (2007): 933-937.

Kelly McGonigal, PhD, *The Willpower Instinct: How Self-Control Works, Why It Matters, and What You Can Do to Get More of It* (New York: Avery, 2012), 55-81.

Josh Waitzkin, *The Art of Learning: An Inner Journey to Optimal Performance* (New York: Free Press, 2007), 181-182.

CHAPTER 2 나를 살리는 스트레스 나를 죽이는 스트레스

David G. Myers, *Psychology*, 6th ed. (Michigan: Worth Publishers, 2001), 604. Manu Kapur, "Productive Failure in Learning the Concept of Variance," Instructional Science 40, no. 4 (July 2012): 651-672.

Kurt VanLehn et al., "Why Do Only Some Events Cause Learning During Human Tutoring?," *Cognition and Instruction* 21, no. 3 (2003): 209-249.

Daniel Kahneman, *Thinking, Fast and Slow* (New York: Farrar, Straus and Giroux, 2011), 3-31.

Ian A. McKenzie et al., "Motor Skill Learning Requires Active Central Myelination," *Science* 346, no. 6207 (October 17, 2014): 318-322.

Frederick Reif and Sue Allen, "Cognition for interpreting Scientific Concepts: A Study of Acceleration," *Cognition and Instruction* 9, no. 1 (1992): 1-44.

K. Anders Ericsson, "Deliberate Practice and the Acquisition and Maintenance of Expert Performance Medicine and Related Domains," *Academic Medicine* 79, no. S10 (October 2004): S70-81.

Robyn M. Dawes, *House of Cards: Psychology and Psychotherapy Built on Myth* (New York: Free Press, 1994), 55-56.

Richard Gawel, "The Use of Language by Trained and Untrained Experienced Wine Tasters," *Journal of Sensory Studies* 12, no. 4 (December 1997): 267- 284; D. Valentin et al., "What's in a Wine Name? When and Why Do Wine Experts Perform Better than Novices?" *Abstracts of the Psychonomic Society* 5 (2000): 36.

K. Anders Ericsson, Ralf Th. Krampe, and Clemens Tesch-Romer, "The Role of Deliberate Practice in the Acquisition of Expert Performance," Psychological Review 100, no. 3 (1993): 363-406.

K. Anders Ericsson, "The influence of Experience and Deliberate Practice on the Development of Superior Expert Performance," in *The Cambridge Handbook of Expertise and Expert Performance*, ed. K. Anders Ericsson et al. (New York: Cambridge University Press, 2006), 685-706.

K. Anders Ericsson, "The Acquisition of Expert Performance: An introduction to Some of the issues," in *The Road to Excellence: The Acquisition of Expert Performance in the Arts and Sciences, Sports, and Games*, ed. K. Anders Ericsson (Mahwah, NJ: Lawrence Erlbaum Associates, inc., Publishers, 1996), 1-50; K. Anders Ericsson and A.C. Lehmann, "Expert and Exceptional Performance: Evidence of Maximal Adaption to Task Constraints," *Annual Review of Psychology* 47 (1996): 273-305.

Christina grape et al., "Does Singing Promote Well-Being? An Empirical Study of Professional and Amateur Singers During a Singing Lesson," *Integrative Physiological & Behavioral Science* 38, no. 1 (January 2002): 65-74.

J.M. Watson and D.L. Strayer, "Supertaskers: Profiles in Extraordinary

Multitasking Ability," *Psychonomic Bulletin & Review* 17, no. 4 (August 2010): 479-485.

Gisela Telis, "Multitasking Splits the Brain," *Science*, April 15, 2010, http://www.sciencemag.org/news/2010/04/multitasking-splits-brain.

Joshua S. Rubinstein, David E. Meyer, and Jeffrey E. Evans, "Executive Control of Cognitive Processes in Task Switching," *Journal of Experimental Psychology: Human Perception and Performance* 27, no. 4 (2001): 763-797.

"Injury Prevention & Control: Motor Vehicle Safety," Centers for Disease Control and Prevention, last updated March 7, 2016, http://www.cdc.gov/motor vehiclesafety/distracted_driving/.

Patrick Anselme and Mike J.F. Robinson, "What Motivates Gambling Behavior? Insight into Dopamine's Role," *Frontiers in Behavioral Neuroscience* 7 (2013): 182.

Michelle Drouin, Daren H. Kaiser, and Daniel A. Miller, "Phantom Vibrations among Undergraduates: Prevalence and Associated Psychological Characteristics," *Computers in Human Behavior* 28, no. 4 (July 2012): 1490-1496.

Justin Worland, "How Your Cell Phone Distracts You Even When You're Not Using It," *Time*, December 4, 2014, http://time.com/3616383/cell-phone-distraction/.

Walter Mischel, *The Marshmallow Test: Mastering Self-Control* (New York: Little, Brown and Company, 2014): 233-273.

K. Anders Ericsson, "The Path to Expert Golf Performance: Insights from the Masters on How to Improve Performance by Deliberate Practice," in *Optimising Performance in Golf*, ed. Patrick R. Thomas (Brisbane, Australia: Australian Academic Press, 2001), 1-57; K. Anders Ericsson, "Development of Elite Performance and Deliberate Practice: An Update From the Perspective of the Expert Performance Approach," in *Expert Performance in Sports: Advances in Research on Sport Expertise*, ed. Janet L. Starkes and K. Anders Ericsson (Champaign, IL: Human Kinetics, 2003), 49-81.

Julia Gifford, "The Secret of the 10% Most Productive People? Breaking!," *DeskTime*, August 20, 2014, http://blog.desktime.com/2014/08/20/the-secretof-the-10-most-productive-people-breaking/.

Awwad J. Dababneh, Naomi Swanson, and Richard L. Shell, "Impact of Added Rest Breaks on the Productivity and Well Being of Workers," *Ergonomics* 44, no. 2 (2001): 164-174.

P.S. Tiwari and L.P. Gite, "Evaluation of Work-Rest Schedules During Operation of a Rotary Power Tiller," *International Journal of Industrial Ergonomics* 36, no. 3 (March 2006): 203-210.

Wolfram Boucsein and Michael Thum, "Design of Work/Rest Schedules for Computer Work Based on Psychophysiological Recovery Measures," *International Journal of Industrial Ergonomics* 20, no. 1 (July 1997): 51-57.

Traci L. Galinsky et al., "A Field Study of Supplementary Rest Breaks for Data-Entry Operators," *Ergonomics* 43, no. 5 (2000): 622-638.

A.J. Crum et al., "Mind Over Milkshakes: Mindsets, Not Just Nutrients, Determine Ghrelin Response," *Health Psychology* 30, no. 4 (July 2011): 424-429.

Lisa S. Blackwell, Kali H. Trzesniewski, and Carol Sorich Dweck, "Implicit Theories of Intelligence Predict Achievement Across an Adolescent Transition: A Longitudinal Study and an Intervention," *Child Development* 78, no. 1 (January/ February 2007): 246-263.

Abiola Keller et al., "Does the Perception that Stress Affects Health Matter? The Association with Health and Mortality," *Healthy Psychology* 31, no. 5 (September 2012): 677-684.

Lee J Moore, et al., "The effect of challenge and threat states on performance: An examination of potential mechanisms," *Psychophysiology* 49, no. 10 (October 2012): 1417-1425.

Alia K. Crum, Peter Salovey, and Shawn Achor, "Rethinking Stress: The Role of Mindsets in Determining the Stress Response," *Journal of Personality and Social Psychology* 104, no. 4 (April 2013): 716-733.

Graham Jones, Sheldon Hanton, and Austin Swain, "Intensity and Interpretation of Anxiety Symptoms in Elite and Non-Elite Sports Performers," *Personality and Individual Differences* 17, no. 5 (November 1994): 657-663.

Brad Stulberg, "Should I Give Whitewater Kayaking a Try?," *Outside*, November

9, 2015, https://www.outsideonline.com/2034356/should-i-give-whitewater-kayaking-try.

Sara W. Lazar et al., "Meditation Experience is Associated with Increased Cortical Thickness," *Neuroreport* 16, no. 17 (November 28, 2005): 1893-1897.

Amy F.T. Arnsten, "Stress Signalling Pathways that Impair Prefrontal Cortex Structure and Function," *Nature Reviews Neuroscience* 10, no. 6 (June 2009): 410-422.

Antoine Lutz et al., "Altered Anterior Insula Activation During Anticipation and Experience of Painful Stimuli in Expert Meditators," *NeuroImage* 64 (January 1, 2013): 538-546.

Stephen Seiler, Olav Haugen, and Erin Kuffel, "Autonomic Recovery after Exercise in Trained Athletes: Intensity and Duration Effects," *Medicine & Science in Sports & Exercise* 39, no. 8 (August 2007): 1366-1373.

M. Tudor, L. Tudor, and K.I. Tudor, "Hans Berger (1873-1941) — The History of Electroencephalography," *Acta Medica Croatica* 59, no. 4 (2005): 307-313.

Susan Whitfield-Gabrieli and Judith M. Ford, "Default Mode Network Activity and Connectivity in Psychopathology," *Annual Review of Clinical Psychology* 8 (April 2012): 49-76.

Marcus E. Raichle et al., "A Default Mode of Brain Function," *Proceeding of the National Academy of Sciences of the United States of America* 98, no. 2 (January 16, 2001): 676-682.

Mason Currey, *Daily Rituals: How Artists Work* (New York: Knopf, 2013), 120-121.

Frank Stewart, *A Natural History of Nature Writing* (Island Press, 1994), 4.

Jonathan Smallwood and Jonathan W. Schooler, "The Science of Mind Wandering: Empirically Navigating the Stream of Consciousness," *Annual Review of Psychology* 66 (January 2015): 487-518.

Simone M. Ritter and Ap Dijksterhuis, "Creativity — The Unconscious

Foundations of the Incubation Period," *Frontiers in Human Neuroscience* 8 (2014): 215.

Shantanu P. Jadhav et al., "Awake Hippocampal Sharp-Wave Ripples Support Spatial Memory," *Science* 336, no. 6087 (June 15, 2012): 1454-1458.

CHAPTER 5 성과 최강자들의 휴식 습관

Steven Pressfield, *The War of Art: Winning the Inner Creative Battle* (New York: Rugged Land, LLC, 2002), 125.

Marily Oppezzo and Daniel L. Schwartz, "Give Your Ideas Some Legs: The Positive Effect of Walking on Creative Thinking," *Journal of Experimental Psychology: Learning, Memory, and Cognition* 40, no. 4 (2014): 1142-1152.

Patti Neighmond, "Walking 2 Minutes an Hour Boosts Health, But It's No Panacea," NPR, May 1, 2015, http://www.npr.org/sections/health-shots/2015/05/01/403523463/two-minutes-of-walking-an-hour-boosts-health-but-its-no-panacea; Srinivasan Beddhu et al., "Light-Intensity Physical Activities and Mortality in the United States General Population and CKD Subpopulation," *Clinical Journal of the American Society of Nephrology* 10 (July 2015): 1-9.

Marc G. Berman, John Jonides, and Stephen Kaplan, "The Cognitive Benefits of Interacting with Nature," *Psychological Science* 19, no. 12 (2008): 1207-1212.

J.E. Stellar, "Positive Affect and Markers of Inflammation: Discrete Positive Emotions Predict Lower Levels of Inflammatory Cytokines," *Emotion* 15, no. 2 (April 2015): 129-133.

Lorenzo S. Colzato et al., "Prior Meditation Practice Modulates Performance and Strategy Use in Convergent- and Divergent-Thinking Problems," *Mindfulness* (2014): 1-7.

C.J. Cook and B.T. Crewther, "The Social Environment During a Post-Match Video Presentation Affects the Hormonal Responses and Playing Performance in Professional Male Athletes," *Physiology & Behavior* 130 (May 10, 2014): 170-

175.

Brad Stulberg, "Use Your Mind to Restore Your Body After a Run," *Runner's World*, June 28, 2016, http://www.runnersworld.com/recovery/use-your-mind-to-restore-your-body-after-a-run.

Jeffrey M. Jones, "In U.S., 40% Get Less than Recommended Amount of Sleep," *Gallup*, December 19, 2013, http://www.gallup.com/poll/166553/less-recommended-amount-sleep.aspx.

Maria Konnikova, "Why Can't We Fall Asleep?," *The New Yorker*, July 7, 2015, http://www.newyorker.com/science/maria-konnikova/why-cant-we-fall-asleep.

Anne-Marie Chang et al., "Evening Use of Light-Emitting eReaders Negatively Affects Sleep, Circadian Timing, and Next-Morning Alertness," *Proceeding of the National Academy of Sciences of the United States of America* 112, no. 4 (January 27, 2015): 1232-1237.

Maria Konnikova, "The Work We Do While We Sleep," *The New Yorker*, July 8, 2015, http://www.newyorker.com/science/maria-konnikova/why-we-sleep.

Erin J. Wamsley, PhD, and Robert Stickgold, PhD, "Memory, Sleep and Dreaming: Experiencing Consolidation," *Sleep Medicine Clinics* 6, no. 1 (March 2011): 97-108.

S. Groch et al., "The Role of REM Sleep in the Processing of Emotional Memories: Evidence from Behavior and Event-Related Potentials," *Neurobiology of Learning and Memory* 99 (January 2013): 1-9.

Matthew P. Walker and Els van der Helm, "Overnight Therapy? The Role of Sleep in Emotional Brain Processing," *Psychological Bulletin* 135, no. 5 (September 2009): 731-748.

June J. Pilcher et al., "Interactions Between Sleep Habits and Self-Control," *Frontiers in Human Neuroscience* (May 11, 2015).

Gary Wittert, "The Relationship Between Sleep Disorders and Testosterone in Men," *Asian Journal of Andrology* 16, no. 2 (March-April 2014): 262-265.

P.T. Res, "Protein Ingestion Before Sleep Improves Postexercise Overnight Recovery," *Medicine & Science in Sports & Exercise* 44, no. 8 (August 2012):

1560-1569.

Cheri D. Mah et al., "The Effects of Sleep Extension on the Athletic Performance of Collegiate Basketball Players," *Sleep* 34, no. 7 (July 1, 2011): 943-950.

Kathleen McCann, "Ongoing Study Continues to Show that Extra Sleep Improves Athletic Performance," *American Academy of Sleep Medicine*, June 4, 2008, http://www.aasmnet.org/Articles.aspx?id=954.

Mark R. Rosekind et al., "Alertness Management: Strategic Naps in Operational Settings." *Journal of Sleep Research* 4, no. 2 (1995) 62-66.

Michael J. Breus, PhD, "Nap vs. Caffeine vs. More Nighttime Sleep?," *Psychology Today*, July 20, 2009, https://www.psychologytoday.com/blog/sleep-newzzz/200907/nap-vs-caffeine-vs-more-nighttime-sleep.

Clifford B. Saper, Thomas C. Chou, and Thomas E. Scammell, "The Sleep Switch: Hypothalamic Control of Sleep and Wakefulness," *Trends in Neurosciences* 24, no. 12 (December 1, 2001): 726-731.

"Sleep Hygiene Tips," Centers for Disease Control and Prevention, December 10, 2014, http://www.cdc.gov/sleep/about_sleep/sleep_hygiene.html.

"What is Sleep Hygiene?," National Sleep Foundation, accessed November 17, 2015, https://sleepfoundation.org/ask-the-expert/sleep-hygiene.

"Sleep Hygiene Tips," American Sleep Association, accessed November 17, 2015, https://www.sleepassociation.org/patients-general-public/insomnia/sleep-hygiene-tips/.

Scott Cacciola, "The Secret to Running: Not Running," *The Wall Street Journal*, September 20, 2012, http://www.wsj.com/articles/SB10000872396390444032404578006274010745406.

Carmen Binnewies, Sabine Sonnentag, and Eva J. Mojza, "Daily Performance at Work: Feeling Recovered in the Morning as a Predictor of Day-Level Job Performance," *Journal of Organizational Behavior* 30, no. 1 (2009): 67-93.

Carmen Binnewies, Sabine Sonnentag, and Eva J. Mojza, "Recovery During the Weekend and Fluctuations in Weekly Job Performance: A Week-Level Study Examining Intra-Individual Relationships," *Journal of Occupational and Organizational Psychology* 83, no. 2 (June 2010): 419-441.

Jessica de Bloom, *How Do Vacations Affect Workers' Health and Well-Being?* (Oisterwijk, Netherlands: Uitgeverij BOXPress, 2012).

Dalia Etzion, "Annual Vacation: Duration of Relief from Job Stressors and Burnout," *Anxiety, Stress, & Coping* 16, no. 2 (2003): 213-226.

Leslie A. Perlow and Jessica L. Porter, "Making Time Off Predictable—and Required," *Harvard Business Review*, October 2009, https://hbr.org/2009/10/making-time-off-predictable-and-required.

CHAPTER 6 나에게 최적화된 루틴을 찾는 방법

Kim Constantinesco, "Olympic Hopeful and Filmmaker Alexis Pappas Churns Miles and Words for the Perfect Mix," *Purpose2Play*, December 17, 2015, http:// purpose2play.com/olympic-hopeful-and-filmmaker-alexi-pappas-churns-miles-and-words-for-the-perfect-mix/.

John Kounious and Mark Beeman, "Aha! The Cognitive Neuroscience of Insight," *Current Directions in Psychological Science* 18 (2009): 210-216.

Sheena Lewis, Mira Dontcheva, and Elizabeth Gerber, "Affective Computational Priming and Creativity," *CHI 2011 Conference on Human Factors in Computing Systems* (2011).

Anthony Blanchfield, James Hardy, and Samuele Marcora, "Non-Conscious Visual Cues Related to Affect and Action Alter Perception of Effort and Endurance Performance," *Frontiers in Human Neuroscience* 8 (December 11, 2014): 967.

Travis Proulx and Steven J. Heine, "Connections from Kafka: Exposure to Meaning Threats Improves Implicit Learning of an Artificial Grammar," *Psychological Science* 20, no. 9 (September 2009): 1125-1131.

Stephen King, *On Writing: A Memoir of the Craft* (New York: Scribner, 2000), 155.

Silvano Zipoli Caiani, "Extending the Notion of Affordance," *Phenomenology and the Cognitive Sciences* 13, no. 2 (June 2014): 275-293.

Mihaly Csikszentmihalyi, *The Evolving Self: A Psychology for the Third Millennium* (New York: HarperCollins Publishers, Inc., 1993), 139-141.

Mason Currey, *Daily Rituals: How Artists Work* (New York: Knopf, 2013), 120-121.

A.M. Graybiel, "Habits, Rituals, and the Evaluative Brain," *Annual Review of Neuroscience* 31 (2008): 359-387.

O. Beauchet, "Testosterone and Cognitive Function: Current Clinical Evidence of a Relationship," *European Journal of Endocrinology* 155, no. 6 (December 2006): 773-781.

CHAPTER 7 맥시멀리스트가 되기 위한 미니멀리스트 전략

Drake Baer, "The Scientific Reason Why Barack Obama and Mark Zuckerberg Wear the Same Outfit Every Day," *Business Insider*, April 28, 2015, http://www.businessinsider.com/barack-obama-mark-zuckerberg-wear-the-same-outfit-2015-4.

Michael Lewis, "Obama's Way," *Vanity Fair*, October 2012, http://www.vanityfair.com/news/2012/10/michael-lewis-profile-barack-obama.

Neil Vidmar, "The Psychology of Trial Judging," *Current Directions in Psychological Science* 20 (2011): 58-62.

Ed Yong, "Justice is Served, But More So After Lunch: How Food-Breaks Sway the Decisions of Judges," *Discover*, April 11, 2011, http://blogs.discovermagazine.com/notrocketscience/2011/04/11/justice-is-served-but-more-so-after-lunch-how-food-breaks-sway-the-decisions-of-judges/#.VpLKhvHer40.

Nicholas Bakalar, "Doctors and Decision Fatigue," *New York Times*, October 27, 2014, http://well.blogs.nytimes.com/2014/10/27/doctors-and-decision-fatigue/?_r=0.

Kathleen D. Vohs et al., "Making Choices Impairs Subsequent Self-Control: A Limited- Resource Account of Decision Making, Self-Regulation, and Active Initiative," *Journal of Personality and Social Psychology* 94, no. 5 (2008): 883–898.

Joseph Tzelgov, "Automaticity and Processing Without Awareness," *Psyche* 5, no. 3

(April 1999).

Till Roenneberg, *Internal Time: Chronotypes, Social Jet Lag, and Why You're So Tired* (Cologne, Germany: DuMont Buchverlag, 2010).

Brigitte M. Kudielka et al., "Morningness and Eveningness: The Free Cortisol Rise after Awakening in 'Early Birds' and 'Night Owls,'" *Biological Psychology* 72, no. 2 (May 2006): 141-146.

J.A. Horne and O. Ostberg, "A Self-Assessment Questionnaire to Determine Morningness-Eveningness in Human Circadian Rhythms," *International Journal of Chronobiology* 4, no. 2 (1976): 97-110.

Mareike B. Wieth and Rose T. Zacks, "Time of Day Effects on Problem Solving: When the Non-Optimal is Optimal," *Thinking & Reasoning* 17, no. 4 (2011): 387-401.

Scott E. Carrell, Mark Hoekstra, and James E. West, "Is Poor Fitness Contagious? Evidence from Randomly Assigned Friends," *Journal of Public Economics* 95 (August 2011): 657-663.

Ron Friedman et al., "Motivational Synchronicity: Priming Motivational Orientations with Observations of Others' Behaviors," *Motivation and Emotion* (March 2010): 34-8. doi: 10.1007/s11031-009-9151-3.

Paula M. Niedenthal, "Embodying Emotion," *Science* 316, no. 5827 (May 18, 2007): 1002-1005.

Philip L. Jackson, Andrew N. Meltzoff, and Jean Decety, "How Do We Perceive the Pain of Others? A Window into the Neural Processes Involved in Empathy," *NeuroImage* 24, no. 3 (February 1, 2005): 771-779.

Emma Seppälä, *The Happiness Track: How to Apply the Science of Happiness to Accelerate Your Success* (New York: HarperCollins Publishers, 2016), 162

Nicholas A. Christakis, MD, PhD, MPH, and James H. Fowler, PhD, "The Spread of Obesity in a Large Social Network over 32 Years," *The New England Journal of Medicine* 357 (2007): 370-379.

Nicholas A. Christakis, MD, PhD, MPH, and James H. Fowler, PhD, "Quitting in Droves: Collective Dynamics of Smoking Behavior in a Large Social Network," *The New England Journal of Medicine* 358, no. 21 (May 22, 2008):

피크 퍼포먼스

effort (blog), accessed December 13, 2015, http://jamesclear.com/required-for-success.

Jocelyn K. Glei and Scott Belsky, *Manage Your Day-to-Day: Build Your Routine, Find Your Focus, and Sharpen Your Mind* (Amazon Publishing, 2013), 103.

CHAPTER 8 내면의 목소리에 귀 기울이기

Alexis Huicochea, "Man Lifts Car Off Pinned Cyclist," Tuscon.com, July 28, 2006, http://tucson.com/news/local/crime/article_e7f04bbd-309b-5c7e-808d-1907d91517ac.html.

Julie Halpert, "On Purpose," *Michigan Today*, March 5, 2014, http://michigantoday.umich.edu/on-purpose/.

T.D. Noakes, "Time to Move Beyond a Brainless Exercise Physiology: The Evidence for Complex Regulation of Human Exercise Performance," *Applied Physiology, Nutrition, and Metabolism* 36, no. 1 (February 2011): 23-35.

T.D. Noakes, "J.B. Wolffe Memoiral Lecture. Challenging beliefs: ex Africa semper aliquid novi," *Medicine & Science in Sports & Exercise* 29, no. 5 (May 1997): 571-590.

Brad Stulberg, "What's the Point?," *Blue Ridge Outdoors Magazine*, July 22, 2015, http://www.blueridgeoutdoors.com/go-outside/whats-the-point/.

Emily B. Falk et al., "Self-Affirmation Alters the Brain's Response to Health Messages and Subsequent Behavior Change," *Proceedings of the National Academy of Sciences of the United States of America* 112, no. 7 (February 17, 2015): 1977-1982.

Stephen E. Humphrey, Jennifer D. Nahrgang, and Frederick P. Morgeson, "Integrating Motivational, Social, and Contextual Work Design Features: A Meta-Analytic Summary and Theoretical Extension of the Work Design Literature," *Journal of Applied Psychology* 92, no. 5 (September 2007): 1332-1356.

T.D. Shanafelt et al., "Career Fit and Burnout Among Academic Faculty," *Archives of Internal Medicine* 169, no. 10 (May 25, 2009): 990-995.

P.R. Harris et al., "Self-Affirmation Reduces Smokers' Defensiveness to Graphic On-Pack Cigarette Warning Labels," *Health Psychology* 26, no. 4 (July 2007): 437-446.

A.M. Grant and D.A. Hofmann, "It's Not All About Me: Motivating Hand Hygiene Among Health Care Professionals by Focusing on Patients," *Psychological Science* 22, no. 12 (December 2011): 1494-1499.

Adam Grant, "How Customers Can Rally Your Troops," *Harvard Business Review*, June 2011, https://hbr.org/2011/06/how-customers-can-rally-your-troops.

Samuele M. Marcora, "Do We Really Need a Central Governor to Explain Brain Regulation of Exercise Performance?," *European Journal of Applied Physiology* 104 (2008): 929-931.

Daniel Pink, *Drive: The Surprising Truth About What Motivates Us* (New York: Riverhead Books, 2012): 145.

David S. Yeager et al., "Boring But Important: A Self-Transcendent Purpose for Learning Fosters Academic Self-Regulation," *Journal of Personality and Social Psychology* 107, no. 4 (October 2014): 559-580.

Viktor Frankl, *Man's Search for Meaning* (Boston: Beacon Press, 2006), 80.

Shelley E. Taylor, "Tend and Befriend Theory," in *Handbook of Theories of Social Psychology*, ed. Paul A.M. van Lange, Arie W. Kruglanski, and E. Tory Higgins (London: Sage Publications, 2012).

David Conrad and Yvonne Kellar-Guenther, "Compassion Fatigue, Burnout, and Compassion Satisfaction among Colorado Child Protection Workers," *Child Abuse & Neglect* 30, no. 10 (October 2006): 1071-1080.

Adam M. Grant, *Give and Take: Why Helping Others Drives Our Success* (New York: Viking, 2013), 166.

Brad Stulberg, "The Cure for Fitness Burnout," *Men's Fitness*, October 15, 2014, http://www.mensfitness.com/training/pro-tips/cure-fitness-burnout.

Anthony Blanchfield, James Hardy, and Samuele Marcora, "Non-Conscious Visual Cues Related to Affect and Action Alter Perception of Effort and Endurance Performance," *Frontiers in Human Neuroscience* 8 (December 11, 2014): 967.

Antonis Hatzigeorgiadis, Nikos Zourbanos, Evangelos Galanis and Yiannis Theodorakis, "Self-Talk and Sports Performance: A Meta-Analysis," *Perspectives on Psychological Science* 6, no. 4 (July 2011): 348-56.

Karen A. Baikie and Kay Wilhelm, "Emotional and Physical Health Benefits of Expressive Writing," *Advances in Psychiatric Treatment* 11, no. 5 (August 2005): 338-46.

감사의 말

이 책은 우리 둘만이 아니라 나름의 방식으로 우리를 도와주신 많은 분과의 탄탄한 협업을 통해 세상에 나왔다. 이제 그분들께 감사 인사를 전하며, 《피크 퍼포먼스》를 즐겁게 읽은 독자들도 지면으로나마 우리와 함께해 주시기 부탁드린다. 이 책 곳곳에는 그분들의 흔적이 남아 있다.

제일 먼저, 우리 팀에 감사드린다. 그분들이 아니었더라면 이 책은 아직도 종이에 옮겨지지 못한 채 우리 머릿속에만 잠자고 있을 것이다. 우리 중 한 명의 훌륭한 아내인 케이틀린 스털버그는 우리 두 사람 모두에게 훌륭한 편집자가 되어 주었다. 이 책의 원고는 3개월이 채 못 되어 완성됐는데, 그렇게 빨리 일을 진행한 비결을 묻는 사람이 많았다. 답은 케이틀린이다. 케이틀린은 낮에는 변호사로 일하고 밤에는 우리가 일해 본 어느 전문가보다 신속하게 이 책 한 장 한 장을 읽으며 편집해 주었다. 케이틀린은 끊임없이 글을 다듬어 주기도 했지만, 무엇보다 우리를 아낌없이 지지해 주었다. 그 덕분에 이 책 한 쪽 한 쪽이 더 좋은 옷을 입었다.

경험 없는 두 어린 작가와 함께해 준 에이전트 테드 와인스타인에게도 감사를 전한다. 테드가 우리의 기획안을 구체화한 덕분에 이 책이 나올 수 있었다. 테드 같은 뛰어난 전문가와 일하고 거기서 배우는 과정은 큰 기쁨이었다.

로데일북스Rodale Books의 엘리 모스텔과 앤지 지아마리노도 감사하다. 특출한 편집자 마크 와인스타인은 처음부터 이 책이 말하려는 바를 믿어 주었다. 마크는 우리가 원하던 책을 자유롭게 쓰도록 도와주었고, 더 나은 책으로 만들어 주었다. 우리는 작가로서 편집자인 마크에게 더 바랄 것이 없었다.

초고를 읽어 준 분들께도 감사를 전한다. 그분들의 피드백 덕분에 이 책은 훨씬 더 좋은 책이 됐다. 이분들은 아직은 MS워드 문서 상태였던 원고를 시간과 에너지를 내서 읽어 주셨고, 전화 통화와 스카이프를 통해, 그리고 카페에서 직접 만나 귀한 의견을 나눠 주셨다. 세라 바움, 마크 데이비스, 켈리 매쿰버, 조너선 마커스, 앨런 매클레인, 힐러리 몽고메리, 앨런 펜스커, 멀리사 스턴, 에릭 스털버그, 린다 스털버그, 피비 라이트, 그리고 2015 휴스턴대학교 크로스컨트리 팀(케일럽 비첨, 니키타 프라사드, 맥킨지 일레리, 캠 래버티, 마리아 곤잘레스, 릭 홀리, 코디 앤더슨, 제니퍼 던랩, 맷 팜리, 저스틴 배럿, 게이브 라라, 브라이언 바라자, 메러디스 소렌슨, GJ 레이나, 트레버 워커)에 감사 드린다. 특히 에밀리 매그니스에게 감사를 전한다. 에밀리는 매그 니스 가문에서 글 잘 쓰기로 손꼽히는 사람으로, 에밀리의 편집과 의견은 이 책에 큰 보탬이 되었다.

우리의 멘토들도 절대 빼놓을 수 없는 분들이다. 그분들의 격려 와 여러 해에 걸친 모범에 감사드린다. 평생의 스승이자 지혜와 친 절, 보살핌을 구할 수 있는 분들이 곁에 계셔서 우리는 정말 행운이 다. 데이비드 엡스타인, 마리오 프라이올리, 번 감베타, 애덤 그랜 트, 브루스 그리에슨, 알렉스 허친슨, 마이크 조이너, 밥 코커, 켈리 맥고니걸께 깊은 감사를 전한다.

우리가 자주 글을 쓰는 매체에도 감사 인사를 전한다. 매체들 은 다음과 같다(괄호 안은 담당 편집자들의 이름이다).《블루리지아웃도 어스》(윌 할런),《뉴욕》(멀리사 달),《아웃사이드》(린 베러시니, 미겐 브 라운, 웨슬리 저드),《러닝타임스》(조너선 비벌리, 스캇 더글라스, 에린 스 카우트),《러너스월드》(케이티 니츠, 메건 키타). 특히 브래드의 칼럼 을 통해 이 책의 이야기와 통찰을 처음 소개하도록 지면을 내어 준 《아웃사이드》,《뉴욕》,《러너스월드》에 감사를 전한다. 이렇게 유서 깊은 매체에 정기적으로 글을 쓸 수 있다는 건 큰 영광이다.

무엇보다, 이 책에 수록된 모든 '성과의 최강자'들께 깊이 감사 드린다. 한 분 한 분 거론하기는 너무 많아서, 보고 과정에서 특별히 가까워진 몇 분만이라도 언급하고 싶다. 이분들은 망설임 없이 우리에게 개인적인 삶을 보여주셨다. 에밀 알자모라, 맷 빌링슬리, 맷 딕슨, 메건 가르니에, 데이비드 고스, 데이브 해밀턴, 마이크 조이너, 밥 코커, 제니퍼 파르 데이비스, 브랜든 레널스, 대런 스미스, 빅 스트레처는 정말 고마운 분들이다.

마지막으로 우리 가족들께 감사하다. 가족들은 우리가 각자 최고의 성과에 다다를 수 있도록 언제나 우리를 지지해 주었다. 가족이 아니었더라면 무엇 하나 가능하지 않았을 것이다. 케이틀린, 린다와 밥 스털버그, 에릭 스털버그, 로이스 스털버그, 밥과 엘리인 에펄, 랜디와 밥 블룸, 윌리엄과 엘리자베스 매그니스, 필립과 에밀리 매그니스께 진심으로 감사하다.